教育部2017年度高校示范马克思主义学院和优秀教学科研团队建设重点项目
《增强大学生对思想政治理论课的获得感研究》（17JDSZK021）

2020年度国家社科基金高校思政课研究专项
《增强思政课教师的职业认同感荣誉感责任感研究》（20VSZ077）

2022 年度河南省教师教育课程改革研究项目
《中小学教师课程思政育人能力提升研究》

河南师范大学优势特色学科资助成果

河南师范大学马克思主义
“牧野论丛”

大学生思想政治理论课获得感研究

蒋占峰 等◎著

DAXUESHENG SIXIANG
ZHENGZHI LILUNKE HUODEGAN YANJIU

上海三联书店

河南师范大学马克思主义

“牧野论丛”

编辑委员会

河南师范大学马克思主义“牧野论丛”总序

马克思主义理论学科的建设和发展对于繁荣中国哲学社会科学、做好意识形态工作、发展21世纪中国的马克思主义、落实党和国家的教育方针,具有重要理论价值和现实意义。自2005年马克思主义理论一级学科建立以来,在全国众多专家学者的努力下,马克思主义理论学科的发展呈现一片繁荣景象:学术交流争鸣更加频繁,学术研究范围更加广泛,学术成果迅猛增长。在此大背景下,河南师范大学马克思主义学院决定推出马克思主义“牧野论丛”,以期为马克思主义理论学科发展作出自己的贡献。

河南师范大学坐落于广袤的牧野大地,马克思主义学院为河南省重点马克思主义学院,其前身是成立于1951年的平原师范学院马列主义教研室,1986年改设政治理论教学研究部,2001年与学校德育教研室合并,更名为社会科学教学部,2011年正式成立马克思主义学院。学院主要承担马克思主义理论学科建设和全校本科生、研究生及独立学院、继续教育学院学生的思想政治理论课教学任务。学院专任教师中教授20人、副教授36人、博导11人,博士48人,拥有国家万人计划“教学名师”1人、教育部高校思想政治理论课教学指导委员会委员1人、全国高校思政课名师工作室1个、国家社科基金重大项目首席专家1人、教育部“新世纪优秀人才”1人、教育部示范马克思主义学院和优秀教学科研团队1个、河南省高校黄大年式教学团队1个、中原文化名家1人、河南省优秀专家3人、河南省特聘教授2人、河南省高层次人才2人、河南省思政课教指委委员4人、省宣传思想文化战线“四个一批”人才4人、河南省学术技术带头人3人、河南省高校哲学社会科学年度人物1人、河南省高校哲学社会科学优秀学者3人、河南省百名优秀青年社科理论人才5人，1人入选教育部“思想政治教育杰出青年人才”培育计划，1人被评为“高校思想政治理论课教师2017年度影响力标兵人物”，1人入选2015年全国思想政治理论课优秀中青年教师择优资助计划，1人获得“全国高校思想政治理论课教学能手”称号，多位教师先后获得“河南省教学标兵”“河南省思想政治理论课优秀教师”“河南省教学能手”等荣誉称号。

学院现有马克思主义理论博士后科研流动站，马克思主义理论一级学科博士点，马克思主义理论一级学科硕士点，少年儿童组织与思想意识教育、课程与教学论（思政）、学科教学（思政）3个二级硕士点以及中国共产党历史、马克思主义理论、思想政治教育3个本科专业，形成了马克思主义理论本硕博一体化人才培养体系。学院拥有“全国高校思想政治理论课教师研修基地”“全国高校思想政治工作队伍培训研修中心”“共青团中央中国特色社会主义理论体系研究中心研究基地”“中国共产党革命精神与中原红色文化资源研究中心”“青少年问题研究中心”“少年儿童组织与思想意识教育研究中心”“中原红色文化研究中心”“河南省中共党史协同研究基地”等多个国家级、省部级学科平台。

2011年建院以来，马克思主义理论学科快速发展，取得了较为丰硕的科研成果。近年来，先后获批国家社科基金重大项目1项、国家社科基金重点项目3项，一般项目17项，国家自然科学基金项目1项，教育部重大项目1项，省部级项目49项，横向课题28项，各项科研经费累计近800万元。获得河南省社会科学优秀成果奖、河南省政府发展研究奖等省部级以上科研奖励20项。出版学术著作30余部，在《马克思主义研究》《人民日报》理论版、《光明日报》理论版等权威期刊发表高层次学术论文30余篇，在CSSCI源期刊、中文核心期刊发表学术论文230多篇，一批学术论文被《新华文摘》《中国社会科学文摘》《中国人民大学复印报刊资料》转载或摘编，在学界产生了较大影响。学院还积极致力于社会服务，在政府决策咨询、理论政策宣讲、红色文化资源开发、教师研修培训、横向项目协作等方面，发挥了积极的作用，服务社会的功能有效彰显。

为支持和鼓励学院教师开展马克思主义理论相关研究，我院从2017年开始组织出版马克思主义“牧野论丛”，本次出版的著作是第三批。该丛书的作者多为我院中青年教师，他们潜心马克思主义理论教学科研工作。我们相信本丛书的出版一定会激励学院教师更加努力地开展马克思主义理论相关研究，多出高质量的学术成果。当然，这些著作会有许多不足之处，敬请各位专家同行批评指正。

河南师范大学马克思主义学院

目录

导 论

2013年8月19日，习近平总书记在全国宣传思想工作会议上指出："经济建设是党的中心工作，意识形态工作是党的一项极端重要的工作。"[①]高校作为党的意识形态工作的主阵地，肩负着为谁培养人、培养什么样的人、怎样培养人的重大使命。切实抓好落实习近平总书记的有关讲话精神，就要把习近平总书记提出的"让人民群众有更多获得感"落实到学生思想政治理论课的培养体系中，落实到课堂教学中，在学习理论知识不断塑造自己的政治品格中切实感到获得满满，受益良多，从而树立起马克思主义信仰、中国特色社会主义共同理想。基于此，学生对思想政治理论课有无获得感、获得什么、获得多少成为衡量高校思想政治理论课教学成效的重要价值指标。

一、研究缘起

(一) 高校思想政治理论课建设和改革概述

高校思想政治理论课肩负着对大学生进行系统的马克思主义理论教育和思想道德教育的重要任务，其教学效果直接关系到育人效

---

① 《习近平谈治国理政》，北京：外文出版社2014年版，第153页。

果，关系到大学生对各种社会思潮和社会现象的认知、理解和评价，是大学生正确的世界观、人生观和价值观形成的重要手段，事关学生的未来、国家的前途、民族的命运，关系到中华民族的伟大复兴。因此，我们说，高校思想政治理论课，对于强化学生的国家认同、民族认同和政治认同，增强“四个意识”，坚定“四个自信”，做到“两个维护”，培育共产主义接班人和建设者具有重大的现实意义。

新中国成立以来，大学生的思想政治教育一直是高等教育的重心所在，党的历代领导集体都非常重视大学生思想政治教育，重视高校思想政治理论课建设和改革。毛泽东时代，高校坚持用马克思主义理论教育学生，来取代封建的、买办的和帝国主义的思想教育。为此，党全面接管了旧中国承办的各类学校，从教育思想、教育体制、教育内容和教育方法上全面构建适应新中国文化建设的教育体制，正如毛泽东指出的，“一切奴化的、封建主义的和法西斯主义的文化和教育，应当采取适当的坚决的步骤，加以扫除”①。具体做法是：一是派遣干部到学校全面接管学校的党务工作，并对职工进行马克思列宁主义教育；二是改革教育管理体系，理清隶属关系，有领导有步骤地开展各类人才的培养工作；三是改革课程体系，逐步在各高等院校开设马克思主义理论课程等，不断丰富和发展思想政治教育理论，精细教学内容，不断创新思想政治教育工作的方式方法，增强课堂教学的实效性。

党的十一届三中全会后，为强化大学生思想道德素质，坚定其共产主义的理想信念，党和政府从增强思想政治理论课教学的实效性着手，不断推出一系列思想政治理论课的课程建设和教学改革的政策及举措，先后实施思想政治理论课课程改革的“78”方案、“85”方案、“98”方案和面向 21 世纪的“05”方案，其目的就在于提高大学生

① 《毛泽东选集》(第 3 卷)．北京：人民出版社 1991 年版，第 1083 页。

对思想政治理论课的获得感，把知识体系转化为信仰体系，为中国特色社会主义事业培养合格的建设者和接班人。2004 年，中共中央、国务院出台了《关于进一步加强和改进大学生思想政治教育的意见》，重新进行学科布局，设立了马克思主义理论一级学科，随后规划出台了“05”方案，其核心要义是把教材的编写和修订纳入中央马克思主义理论研究和建设工程，明确专科、本科、研究生的思想政治理论课的教材体系，这使得各高校有了统一的教学遵循。但问题在于，如何把教材体系转化成教学体系，把知识体系转化成信仰体系，全国各类高校都进行了积极的探索和研究。特别是十八大以来，党中央高度重视高校思想政治工作，2015 年 7 月 27 日，中宣部、教育部联合印发了《普通高校思想政治理论课建设体系创新计划》，该计划指出：“办好思想政治理论课，事关意识形态工作大局，事关中国特色社会主义事业后继有人，事关实现中华民族伟大复兴的中国梦，必须始终摆在突出位置，持之以恒、常抓不懈。”[①]从教材、教法、教师等方面做出了全面安排，体现了中央对高校思想政治理论课“全员、全过程、全方位”育人的要求。为进一步强化高校立德树人的教育目标，习近平总书记在 2016 年主持召开的全国高校思想政治工作会议上指出：“高校思想政治工作关系高校培养什么样的人、如何培养人以及为谁培养人这个根本问题。要坚持把立德树人作为中心环节，把思想政治工作贯穿教育教学全过程，实现全程育人、全方位育人，努力开创我国高等教育事业发展新局面……思想政治工作从根本上说是做人的工作，必须围绕学生、关照学生、服务学生，不断提高学生思想水平、政治觉悟、道德品质、文化素养，让学生成为德才兼备、全面发展的人才……要用好课堂教学这个主渠道，思想政治理论课要坚持在改进中加强，提升思想政治教育亲和力和针对性，满足学生成长发展需求

---

① 中央宣传部　教育部：关于印发《普通高校思想政治理论课建设体系创新计划》. 教社科〔2015〕2 号. 2015。

和期待……做好高校思想政治工作，要因事而化、因时而进、因势而新。要遵循思想政治工作规律，遵循教书育人规律，遵循学生成长规律，不断提高工作能力和水平。”[①]这一重要论述，为高校教书育人指明了方向，深刻回答了高校思想政治工作的重大问题，为思想政治教育引领，思想政治理论课教师队伍建设，思想文化阵地的建设提供了基本遵循。

围绕习近平总书记有关高校思想政治工作的有关论述，2017 年 5 月 12 日教育部党组审议通过了《2017 年高校思想政治理论课教学质量年专项工作总体方案》，目的就是增强大学生对思想政治理论课的获得感，使其能够在思想政治理论课学习中获得理论和品格的双重收获，着力提高思想政治理论课的教学质量。鉴于此，中宣部、教育部围绕“大调研、大提升、大格局”展开部署，以满足学生发展需求和期待为着力点，以增强大学生对思想政治理论课的获得感为中心，以培养社会主义建设者和接班人为根本任务，着力加强高等学校思想政治理论课教师队伍建设，以提升高校思想政治理论课的质量为重心，多角度、多举措提升大学生对思想政治理论课的获得感。为进一步推动搞好思想政治理论课课程建设和教学工作，2019 年 3 月 18 日，习近平总书记主持召开学校思想政治理论课教师座谈会，围绕“培养什么人、怎样培养人、为谁培养人”这一根本问题与与会教师进行了深入交流，对学校思想政治理论课建设再次作出一系列重要部署和安排，为提高大学生对思想政治理论课的获得感进行了全局谋划，提供了方法指导。

中国特色社会主义进入新时代，高等学校面临的教书育人形势更加复杂多变，思想政治理论课教学和建设也面临新的形势和要求，课程建设和教学改革都要与时俱进，不断适应 00 后大学生的成长需

① 《习近平在全国高校思想政治工作会议上强调：把思想政治工作贯穿教育教学全过程　开创我国高等教育事业发展新局面》，《人民日报》2016 年 12 月 9 日。

求和新期待。要让大学生从思想政治理论课中获得满满,学懂、弄通、领会、管用,形成正确的人生观、世界观、价值观,解决现实社会问题,必须着力加强教材体系建设和教学体系改革,从整体性的视角来把握思想政治理论课的教学时效性问题,用马克思主义中国化的最新成果武装学生,增强道路自信、理论自信、制度自信、文化自信。这是新形势下思想政治理论课建设的着力点,也是马克思主义与时俱进理论品质的内在要求,更是当前对高校育人的现实关照。

中国特色社会主义进入新时代,国际国内形势正在发生不同以往的复杂变革,各种社会思潮此起彼伏,对国家意识形态安全和稳定发展带来深刻影响,人们的思想观念、生活方式、价值选择出现多元状态,时常与社会主流意识形态发生强烈碰撞,历史虚无主义、新自由主义、民主社会主义等错误思潮层出不穷,这对我国高校思想政治理论课教育与教学构成严峻挑战。因此,李建、马辉等指出,我们要居安思危,紧跟时代发展步伐,要从理论和现实的双重视野开展高校思想政治理论课的教材和教学研究,不断增强思想政治理论课的吸引力和关注度,回应现实重大关切,把思想政治理论课建设成为学生真心喜爱、终身受益、毕生难忘的优秀课程,这不仅是当下思想政治理论课教育教学改革的关键,也是增强大学生思想政治理论课获得感的关键。

中国特色社会主义进入新时代,在党中央的高度重视下,高校思想政治理论课教学改革如火如荼,“全国绝大多数高校建立了直属学校领导、独立的思想政治理论课教学科研二级机构。截至 2018 年底,全国有 85.2%的高校设有独立二级机构,其中本科高校 1109 所,占本科高校总数的 89.5%”[①]。为强化马克思主义在当代中国的引领地位,中宣部、教育部先后推出北京大学、清华大学等 37 所全国重点

① 胡浩、施雨岑:《打牢学生成长成才的科学思想基础——全国高校思想政治工作会议以来学校思想政治理论课建设综述》,《光明日报》2019 年 3 月 18 日。

马克思主义学院。为贯彻中央精神，各省市在优选的基础上也分别推出自己的重点马克思主义学院建设单位，目的在于构建重点突出、载体丰富、协同创新的思想政治理论课建设体系，推进习近平新时代中国特色社会主义思想进教材、进课堂、进头脑，不断改善高校思想政治理论课的教学状况，努力打造精品课，提升思想政治理论课实效性。

诚然，这种安排和部署是正确的，取得的成绩也是显著的，大学生对思想政治理论课的兴趣逐步增强，学生课堂抬头率明显提高，获得感效果明显。但是，不容忽视的事实是，思想政治理论课建设不可能一蹴而就，而是一个长期工程、系统工程。同时，高校大学生是敌对势力不断渗透的重要对象，在这场较量中，非赢即输，因此，立足新时代，打造优化高校思想政治理论课建设这一工程，不会有完成时，只有进行时。从“获得感”的角度审视高校思想政治理论课建设和改革，必须从全局出发，以创新为第一抓手，在教材建设、教学理念、教学方法、教学体系、教学内容、教学手段等方面同向发力，构建更加开放、更加包容、更加主动、更加有活力、更加有作为的思想政治理论课教学体系。在继承传统思想政治教育教学体系优势的基础上，不断自我反思、自我革命、自我突破，以当代中国的现实问题为中心，以习近平新时代中国特色社会主义思想为指南，使高校思想政治理论课与时俱进，不断焕发出新的生机和活力。

中国特色社会主义进入新时代，中国面临的问题和挑战不比以往任何时期少，处理不好或者认识不清都有可能引发更大的社会危机甚至动荡。大学生群体更是敌对势力争夺的对象，斗争由显性不断趋于隐性，无硝烟的战争从未消停。在这种社会背景下，大学生群体不会置于事外，也不能置于事外。由于他们社会经验少，政治敏感性不强，容易混淆是非，对各种社会现象不能正确分析。为了应对这些挑战，增强大学生对思想政治理论课的获得感，从而形成坚定的马克思主义信仰显得极为重要。面对挑战，高校思想政治理论课要贯穿问题意识，围绕学生重大关切的问题，不回避问题，直面现实，回应学生诉求，研究学生思想实际和成长规律、教材体系如何转化为教学体系、知识体系如何转化为信仰体系，建构教学体系要以问题意识为导向，回答学生对各种社会思潮的关切和困惑，让学生确实感到思想政治理论课的学习管用、真行。

党的十八大以来，党中央高度重视高校思想政治理论课的教学和改革，在中央的全面部署下，思想政治理论课教学质量有了很大提升，呈现出良好的发展势头，学生的获得感明显增强。但不可否认的是，正如前面提到的由于受国内国际各种思潮的影响，部分大学生存在价值观扭曲、政治信仰丧失甚至无信仰、金钱至上论、社会责任感缺失等现象。出现这些现象，高校思想政治理论课质量不高，学生获得感不强是原因之一。因此，本书围绕“增强大学生对思想政治理论课的获得感”展开研究，其目的就是把高校思想政治理论课建设成为“学生真心喜爱、终身受益、毕生难忘”的课程，发挥马克思主义的引领作用，把学生培养成真正信马、爱马的中国特色社会主义事业建设者和接班人，实现育人和育德双重价值目标的实现，这是高校的使命和责任，更是高校思想政治理论课教师的使命和责任。

（二）思想政治理论课与学生获得感的关系

思想政治理论课是当代中国高等教育改革所聚焦的重要环节，其根本内涵绝非外观华丽、形式新颖、流程精致，而是在于学生获得理论知识，形成实在的政治素养，涵养理性的心智。思想政治理论课教学的使命是开发学生学习的潜能，让学生融入课堂，增强学生对思想政治理论的真切感受与生命质感，回应学生的期待，使学生领略到沉甸甸的学习获得感。

基于此，学生获得感是思想政治理论课的内在价值诉求。一切目标的预设与实现，只有与学生心灵、生命波动的脉搏相谐共振才能生效。可以想象，没有行为参与、思维运转、智慧涌动、心灵感应的课，学生怎可能找到学习的感觉，学生感觉缺失怎能有真正的获得感？教学中学生到底获得了什么，教学中学生是否有获得的新颖感、满足感、成就感与快乐感？

思想政治理论课教学绝对不是平庸教学、灌输教学、模式化教学，绝非教师假想的学生收获，它是教师与学生心灵感应、情感共融、智慧共生的结果。学生课堂所学理论知识不一定转化为信仰，信仰也不一定转化为能力，而一旦有了学生获得感的媒介与助力，这些“不一定”就能成为“一定”。获得感是联通课堂与学生素养的桥梁，是撬动学生心灵的杠杆。牵住学生获得感的红线，教学才可能真正实现从平庸说教向有滋有味、从有滋有味向津津有味的转变。学习感觉的表达总是直白式的，学会了就是学会了，没学懂就是没学懂，没有任何的客套；学生的感受是真切的，学得快乐就是学得快乐，学得不快乐就是不快乐，无须任何的掩饰。思想政治理论课所追求的就是这种质朴的内在的获得感。

再者，学生获得感是思想政治理论课的“试金石”。思想政治理论课最权威的认证是社会的满意与学生的认可，而社会满意度与学生认可度，取决于学生的获得感。学生获得感是教学品质的内在“度量衡”。学生只要参与教学活动，就会有获得，区别在于“获得”的品质差异悬殊，优质“获得”伴随着积极体验与兴奋感觉，劣质“获得”只会激起学生的负面情感与消极感受，最终成为学生厌倦教学、逃避课堂的根源。获得感是学生对教学活动评价的结果，只有教学深度嵌入学生成长的过程，获得感才会油然而生。

（三）研究意义

研究大学生思想政治理论课的获得感，其理论意义和现实意义主要体现在：

其一，研究大学生思想政治理论课获得感，对于完善高校思想政治理论课的学科教学和建设，具有重要的理论和实践意义。从前面的研究背景不难看出，党和国家领导人都极其关注高校思想政治理论课教学和建设，经过多年的实践与探索，课程体系建设已经取得了丰硕的成果，具有中国特色的高校思想政治理论课教学体系已经形成。但问题是，教育教学手段改革仍有所滞后，知识灌输式、填鸭式教学仍是一些教师惯用的手段；大学本身重科研、轻教学，项目论文至上，教师本身重职称、轻业务，完成课时为要的理念仍然存在，在一些高校甚至较为严重；教师在教学改革方面的精力投入不多，只关注自身的专业成长和发展，对学生的主体地位和作用认识不足，难以做到"以人为本"和从学生主体出发来开展教学，等等。这些是思想政治理论课教学活动中学生课堂抬头率不高、获得感不强、课堂教学效果打折扣的主要原因。诚然，知识灌输式教学是必要的，这也是对大学生开展思想教育的重要环节，但真正让学生形成正确的理想信念，进而体现为正确的行为，需要对思想政治理论课内容理解和外化，这也就是我们讲的"获得感"。因此，思想政治理论课教学不仅要对学生进行马克思主义理论的灌输教育，更重要的是要从学生主体地位出发，紧密结合社会热点难点问题，让学生学会用马克思主义基本原理来理解和解答社会现实问题，进而增强其理论素养，从而"获得"满满。开展大学生对思想政治理论课的获得感研究，就是从理论上厘清获得感以及思想政治理论课获得感的内涵，在实践中弄清学生到底需要什么样的获得，深入剖析学生获得感不强的本质问题，全面分析获得感与思想政治理论课教学的内在机理，进而强化当代中国大学生思想政治理论课教学的价值目标，健全教材体系向教学体系转化的机制、教师的培养体系、课堂教学和实践教学的融合机制、学生获得感的评估机制，全面提升思想政治理论课的教学质量，从而实现教学目标。

其二，研究大学生思想政治理论课获得感，对于推动新时代中国大学改革目标的落实有极强的现实意义。当代中国大学改革的价值目标在于立德树人、培养具有坚定马克思主义信仰的中国特色社会主义事业建设者和接班人，大学生受教育的获得感，特别是思想政治理论课的获得感是这一目标达成的决定因素之一。通过本课题的研究，有助于深化我们对大学思想政治理论课教学的科学意识和学术立场的认识；有助于我们对其教学的内在规律进行深入探讨，进一步完善思想政治理论课教学其他方面的研究；有助于从方法论上进一步阐明大学生思想政治理论课的获得感是高等教育教学改革的关键，进而从教学内容、教学方法、教学原则、教学模式等方面展开研究。通过这些方面的研究，推动大学教学改革，提升教学质量和效果，进而让学生学有所得，信仰坚定，信心饱满。

其三，研究大学生思想政治理论课获得感，有助于培养大学生坚定的马克思主义信仰和中国特色社会主义共同理想，巩固马克思主义在当代中国意识形态的主流地位。习近平总书记指出，高校是意识形态工作的前沿阵地，我们要抓好意识形态工作，必须抓好大学生的思想政治教育。用马克思主义基本原理和马克思主义中国化最新成果武装大学生头脑，有助于青年学生正确分析各种错误思潮，自觉抵制西方意识形态的渗透，形成良好的世界观、人生观、价值观。

二、内涵厘清

研究大学生思想政治理论课获得感，首先要厘清获得感的内涵。在全国思想政治工作会议上，习近平总书记指出："思想政治理论课要坚持在改进中加强，提升思想政治教育亲和力和针对性，满足学生成长发展需求和期待。"[①]不言而喻，这里的"满足学生成长发展需求

① 《习近平在全国高校思想政治工作会议上强调：把思想政治工作贯穿教育教学全过程开创我国高等教育事业发展新局面》，《人民日报》2016年12月9日。

和期待”就是讲的“获得感”。思想政治理论课要满足学生的成长需求和期待，就要让学生在思想政治理论课学习中基于精神层面获得而产生一种能够长久维持下去的满足感和成就感，是学生在思想政治理论课上学到的理论内化于心、外化于行而形成的情感意志状态。因此，为切实贯彻习近平总书记的讲话精神，增强大学生对思想政治理论课的获得感，就需要对思想政治理论课的获得感进行更加深入的研究，从而助力思想政治理论课在改进中加强，提高思想政治理论课的教学质量。

有学者认为，获得感包含物质和精神两个层面，是人们在物质和精神层面都能得到，从而产生的一种能够长久维持下去的满足感和成就感，它强调在自我基础上的一种实实在在的得到。自习近平总书记在2015年2月27日中央全面深化改革领导小组第十次会议上首次提出“改革的目标是让民众收获实实在在的获得感”以来，“获得感”迅即成为最热议的话题之一。2015年12月，语言文字期刊《咬文嚼字》上公布的2015年度“十大流行语”中，“获得感”荣居榜首；在教育部、国家语委2016年发布的《中国语言生活状况报告(2016)》中，“获得感”入选十大新词，彰显了人们对“获得感”的新期待。

“获得感”是一个复合词，由“获得”和“感”两个词构成，汉语词典中对“获得”的解释为：取得(多用于具体事物)；得到(多用于抽象事物)。这说明“获得”本身就包括显性和隐性两个层面，既有物质方面看得见的得到，也有精神方面看不见的得到。“感”的本义指事物对人的激发、触动，《说文解字》将其解释为“动人心也”；在《现代汉语词典》中，“感”的一个基本义项是“感觉、情感、感想”，可见“感”与人的主观意愿、精神层面联系密切。有学者认为，“获得是指客观层面的取得或得到，是‘感’的前提和基础，只有有了具象或者抽象的‘获得’，才能有‘获得感’；‘感’是在‘获得’之后的触动或感觉，是一种正向的主观感受。由于‘获得’是一个量变的增长过程，因此，‘获得’并不必然产生‘获得感’，相反‘获得感’却常常能促生新的‘获得’”①。

高校思想政治理论课教学，实际上是学生对思想政治教育知识和核心价值获取的一个过程，是培养学生树立正确的人生观、世界观和价值观的过程。“获得”是教育的过程，“感”是人格的升华，素质的提升。杨志平、沈震从知识、价值、审美和人际交往四个方面进行了概括，他们认为，大学生对思想政治理论课的获得感在知识方面的体现就是大学生通过对思想政治理论课的学习，能够对国际国内大势了然于胸，对各种社会现象能够明辨分析，做出正确判断，从而在精神层面形成的新鲜感、震撼感、趣味感和愉悦感；在思维层面形成的确定感、贯通感和深刻感；在学业层面获得好成绩的成就感。在价值方面的体现就是大学生通过对思想政治理论课的学习，不仅学到了理论知识，而且思想素质得到极大提升，在价值判断、价值选择和价值取向上能够作出正确选择。通过思想政治理论课的知识传授、实践关照、平台展示、基地观摩，把社会主义核心价值观融入课堂教学中，使其真正成为大学生自觉的行为，学生真正形成“社会主义核心价值获得感”，进而坚定其共产主义的理想信念，形成中国特色社会主义事业的自豪感；对中国特色社会主义理论、制度、道路、文化的自信感；运用所学理论、方法解决现实问题的自我肯定感；对祖国发自内心的热爱，以及个人的自尊心、自信心的增强等。在审美方面的体现就是大学生在思想政治理论课的学习中得到美的享受。思想政治理论课教师在理论教学的同时，更应该注重教学艺术的提高，要善于“以美导真”“以美引善”，把“美”贯穿在整个教学过程中，深入挖掘思想政治理论课中“美”的素材，以美的形式感染学生，按照“美的规律”构建思想政治理论课，最终使思想政治理论课达到真、善、美的有机统一。在人际交往方面的体现就是大学生通过思想政治理论课的学

① 房广顺、李鸿凯：《以大学生获得感为核心提升思想政治理论课教学质量》.《思想理论教育》2018 年第 2 期。

习，能够正确和别人相处，形成有共同兴趣、爱好、价值观等特定的人际圈子，具体表现为在思想政治理论课教学中形成的特殊的师生关系、生生关系等，这种关系不是思想的激烈碰撞中的尖锐对立，而是在激烈碰撞中形成的相互信任的一种“快乐”感受，是一种“亲其师，信其道”的高度境界，是在快乐的人际交往中所形成的存在感、归属感、自我肯定等一系列感受体验。

也有学者认为，大学生对思想政治理论课的获得体现在世界观、方法论、价值观三个层面。比如，房广顺、李鸿凯在《以大学生获得感为核心提升思想政治理论课教学质量》一文中认为，大学生对思想政治理论课的获得在世界观方面的体现，就是通过对思想政治理论课的学习，能够运用辩证唯物主义和历史唯物主义的观点来分析现实世界，从而有所感、有所得。世界观获得直接影响着大学生的政治信仰和抵制各种错误思想渗透的能力，是其他两个层面获得的基础。在方法论层面的体现就是通过对大学生进行以唯物辩证法为主体的马克思主义方法论教育，学生能够掌握理论认识和社会实践的方法后而产生的满足感。这也是马克思主义哲学区别于其他哲学的重要标志，是大学生认识世界和改造世界的有力武器。在价值观层面的体现就是通过对大学生进行马克思主义理论和社会主义核心价值观教育，使大学生形成符合社会主义道德原则的价值判断和行为选择后产生的认同感。这种价值观是与“利益”密切相关的，只有尊重大学生的个体利益诉求，积极弘扬集体主义价值观，才能在个人、集体、国家利益面前作出“小我”的选择，这既是个人价值的体现，也是社会主义核心价值的内在要求①。

综上，大学生思想政治理论课获得感，就是通过对思想政治理论课的学习，学生在物质和精神层面被满足后的一种状态。胡菊华等

---

① 房广顺、李鸿凯：《以大学生获得感为核心提升思想政治理论课教学质量》，《思想理论教育》2018 年第 2 期。

人认为其可分为直接获得和间接获得，直接获得就是理论、知识的获得，间接获得就是信仰、观念的建立。也就是说，通过对思想政治理论课的学习，构建起自己的道德体系、价值体系、方法体系、观念体系，进而形成自己的信仰体系，作为自己的行动指南。

厘清思想政治理论课获得感的内涵，必须关注其核心要素：一是知识要素。作为课程群，学生学习这些课程的首要期待就是增加知识、提升水平，期望自己从这些课程中学到分析问题、解决问题的方法和手段，提升自己的理论素养。他们期望老师能在课堂教学中解答社会热点问题，期望老师对重大理论和现实问题给予权威的解读，期望了解国家和社会发展的更多信息，期望在国内外比较中认识中国、了解世界，进而形成自己的知识体系和价值共识。二是信仰要素。思想政治理论课肩负育人和育德的双重功能，这里的育人即指“培养什么样的人”，显然，思想政治理论课不仅是知识教育，更是信仰教育。教育的最终目的就是建立起大学生的马克思主义信仰，坚定其道路自信、理论自信、制度自信、文化自信，为自己一生的发展奠定信仰之基。三是问题要素。高校思想政治理论课教学的问题意识是增强大学生获得感的关键，只有从问题出发开展教学，才能引发学生的探究兴趣，在探究、反思与互动中培养学生运用马克思主义的基本立场、观点和方法观察、分析和解决各种问题的能力，从而提升获得感。

三、研究现状

自习近平总书记 2015 年 2 月 17 日在中央全面深化改革领导小组第十次会议上提出“让人民群众有更多获得感”以来，“获得感”成为中央重要会议和文件中的高频词和当今中国最热议的话题之一。这一思想从民生领域迅速延展到教育领域，教育领域尤以思想政治理论课获得感最为受“关照”。2016 年 12 月 7 日至 8 日召开的全国高校思想政治工作会议，明确提出要打一场提高高校思想政治理论课质量和水平的攻坚战，切实增强大学生的获得感。理论界、学术界围绕“获得感”的研究如火如荼，综合现有文献来看，涉及获得感的内涵、影响学生获得感的因素、提升学生获得感的途径等。

（一）获得感和思想政治教育获得感的内涵研究

一种观点认为，“获得感是在获得之后产生的主观感受。获得既有‘物质性获得’，也有‘思想性获得’。思想政治教育的获得感主要来自‘思想性获得’，是教育对象在思想政治教育过程中获得的满足其成长和发展之思想需要的主观感受”[①]。也有一种观点如张艳丽博士认为，获得感包含物质和精神两个层面，特指人在获取某种利益后产生的满足感。“思想政治教育获得感是指人在思想政治教育过程中获得的满足感，具体表现为参与感、受益感、存在感、价值感、认同感、信仰感等情感。”[②]

有学者从哲学的角度探讨了思想政治教育获得感。赵建超认为，“思想政治理论课获得感是主体（受教个体或群体）基于人的需要和现实可能性对思想政治理论课教学内容做出的认知和评价。本质上是体现人对自由追求的类特性和人文精神时代特征的‘现实’而非‘现存’的理论认识，思想政治理论课获得感的形成就成为追求认识自由的过程”[③]。

有学者从说文解字的角度对“获得感”进行了解读。如欧晓静、苏国红认为，“‘获得’强调的是得到的一个过程，而获得感则包含两

---

① 王习胜：《“思想咨商”助力提升思想政治教育“获得感”》，《教学与研究》2018 年第 1 期。

② 付安玲：《大数据时代思想政治教育“获得感”的人学意蕴》，《思想教育研究》2018 年第 2 期。

③ 赵建超：《“思想政治理论课获得感”的哲学意蕴》，《思想政治教育研究》2018 年第 1 期。

个方面的维度：实实在在的得到、获得；获得之后的心理感受。'获得'是一种具体的过程，'感受'是一种抽象的过程，获得感强调的是从具体到抽象的整体过程，既可以是具体事物方面的获得，也可以是观念、精神及抽象层面的获得。即获得感是基于物质和精神两个维度的获得时所产生的一种心理状态"[①]。刘经纬，郝佳婧则认为，"获得感（thesense of obtain）一词由'获得'（obtain）和'感'（sense）两个部分复合而成，'感'是中心词汇，是人的一种主观体验，是指客观或主观事物对人的触动与刺激而产生的感觉；'获得'是习得、取得与赢得之意，既可以是一种动作，也可以是一种状态。获得感是由于取得收获成果而激发的一种满足情绪与情感体验，是实在性的收获而触发的感觉。思想政治教育获得感是'教育对象在参与思想政治教育实践活动中因实实在在地收获体验而产生的持续的正向的主观感受'"[②]。

也有观点认为，获得感是一种绝对和相对的感觉，绝对获得感是指主体获取某种利益后所产生的内在满足感，需要一定的看得见、摸得着的实物实质作为支撑。相对获得感反映的是主观期望与客观供给之间的匹配程度。思想政治理论课获得感是学生通过思想政治理论课的学习，在意识层面深深感受到的一种主观体验，内心的一种满足感，可以分为直接性获得感和间接性获得感。直接性获得感，是指学生通过思想政治理论课的学习，学习到一定的理论、知识，能够运用理论知识解决现实问题，起到立竿见影的效果。间接性获得感，是指学生通过思想政治理论课的学习，在意识层面能够认同社会主流意识形态，形成正确的人生观、世界观和价值观，具有坚定的信仰。

---

① 欧晓静、苏国红：《大学生思想政治教育获得感的内涵、结构及本质》.《安徽工程大学学报》2018 年第 6 期。

② 刘经纬、郝佳婧：《高校思想政治教育获得感生成探赜》.《思想教育研究》2018 年第 4 期。

思想政治理论课获得感是直接性获得感和间接性获得感的有机统一①。

也有学者从内容和时空二个维度探讨思想政治理论课的获得感。程仕波、熊建生认为,"从内容的维度看,思想政治教育获得感是指教育对象对思想政治理论课教学内容的一种积极主观体验,是对教学内容的一种认可,并能够从学习中获得精神方面的享受,从而身心愉悦的一种感受。从时空的维度看,思想政治教育获得感是对以往所学、所得的回忆,对当下教学的满足和愉悦,对未来充满期待的信心"②。黄冬霞、吴满意认为思想政治教育的获得感可以"划分为心理层面的获得感、思想层面的获得感和行为层面的获得感"③。李昊婷认为,获得感是一种积极的心理体验,是指个体通过自身持续不断的努力奋斗,在物质层面获得一定实实在在的利益从而在精神和心理层面产生的主观感受和情感反应,是一种内在的情感表达。思想政治理论课获得感是指学生在思想政治理论课的学习中,对教学内容、教学方法、教学形式、教学环节、教师语言、教学环境等比较满意的一种状态,强调的是学生在受教育过程中实实在在的一种内在体验,在心理层面的"满足感",表现在学生主体收获体验而产生的持续、正向的主观感受,可细化为知识、情感和行为三个层面。④

综观学界对"获得感"和"思想政治理论课获得感"的研究,总体上说,学界观点基本一致,取得了不少研究成果,不仅从学术层面提出了一些获得感及思想政治教育获得感的价值意蕴、内涵特征,而且

① 阎国华:《高校思想政治理论课获得感的内在要素与形成机制》.《思想理论教育》2018 年第 1 期。

② 程仕波、熊建生:《论思想政治教育获得感》.《思想教育研究》2017 年第 7 期。

③ 黄冬霞、吴满意:《思想政治教育获得感: 内涵、构成和形成机理》.《思想教育研究》2017 年第 6 期。

④ 李昊婷:《新时代高校思想政治理论课获得感的生成机制与提升路径》.《思想教育研究》2019 年第 6 期。

在实践层面也进一步展开了探讨。

（二）影响大学生思想政治理论课获得感的因素研究

增强大学生获得感是高校教育改革的重要目标，也是检验教学质量的根本标尺，到底什么因素影响大学生思想政治理论课的获得感，学界展开了积极研究，研究视域集中在：

一种观点认为，“当前思想政治理论课中部分教学内容供给与学生实际需求之间存在供需矛盾、部分教学方式与学生主体地位之间存在一定错位、部分语言表达形式与学生思想特点之间存在一定脱节等问题”①，这都影响了大学生的获得感。阎国华也有类似观点，他认为影响学生获得感的障碍有，“部分教学内容与现实社会生活结合不够紧密、部分话语方式与学生接受心理存在错位、部分教学方式相对于教育技术发展稍显滞后”②，这些都容易削弱学生的获得感。

邵雅利通过调查分析认为，影响大学生思想政治理论课获得感的因素主要在于，一是学生中的大多数因思想政治理论课是“必修课”才愿意学习，缺乏主动性，且大多数认为该课程对自身未来的工作和发展用处不大，表现出极强的功利主义色彩；二是部分学生对教材内容的深度认识不足，对人民的主体地位、社会公平正义信心不足；三是部分学生认为教师教学方法陈旧、单一，难以提升思想政治理论课堂教学的吸引力；四是部分学生认为学生在思想政治理论课学习中感受到快乐，但未能转化为学生的情感；五是部分学生认为课堂学生到课率较高，但参与度较低，行为层面获得感不足。③

① 张一：《大学生思想政治理论课获得感的制约因素及提升策略》，《思想理论教育导刊》2018年第12期。

② 阎国华：《高校思想政治理论课获得感的内在要素与形成机制》，《思想理论教育》2018年第1期。

③ 邵雅利：《大学生思想政治理论课获得感现状调查分析》，《学校党建与思想教育》2018年第3期。

王易、茹奕蓓认为，内在需要是思想政治教育获得感生成的原动力，在思想政治教育开始前，教育对象对于思想政治教育的地位和功能、目的和任务、内容和方法认知不足，这使得“最先一公里”难以迈出；实际获得是思想政治教育获得感生成的前提条件，当前的思想政治教育，教育者与被教育者之间依然存在着教育供给不平衡不充分与教育需求多样化的矛盾，“中梗阻”现象仍难消除；价值认同不足，教育对象对于实际的获得敏感性不强，难以将实际获得外化为日常生活的行为，“最后一公里”仍难打通。①

（三）增强大学生思想政治理论课获得感的策略与路径研究

有学者认为，增强大学生对思想政治理论课的获得感，要坚持“四个结合”，如“要努力坚持导向鲜明与育人为本相结合、理论灌输与互动参与相结合、课堂教学与实践教学相结合、线上教育与线下教育相结合”②。也有学者认为，增强大学生对思想政治理论课的获得感，要“坚持问题导向，深入解答大学生最关心、最需要回答的问题；坚持正确价值导向，注重思想引导；强化需求导向，激发学习兴趣；注重目标导向，发挥好课程以史育人功能”③。

也有一种观点认为，增强大学生对思想政治理论课的获得感，要“在课堂教学上用情，做到课堂教学理论深度与教学形式创新两者兼顾，实现教学内容与讲课艺术的完美结合；在教学考核上用心，做到教学考核理论掌握与学生实际表现两者兼顾，体现考核评价的过程性和多元化；在教师魅力上用力，做到教师的思想魅力、学术魅力和

---

① 王易、茹奕蓓：《论思想政治教育获得感及其提升》.《思想理论教育导刊》2019 年第 3 期。
② 刘富胜、赵久烟：《增强大学生思想政治理论课获得感要坚持“四个结合”》.《思想理论教育导刊》2017 年第 6 期。
③ 朱孝红：《增强大学生对“纲要”课教学获得感的路径研究》.《学校党建与思想教育》2019 年第 5 期。

人格魅力三者兼顾，努力让教师成为一个有魅力的人”。[①]

也有学者从“思想咨商”的视角来论及大学生思想政治理论课的获得感。如王习胜认为，“思想咨商是以消解求助者思想症结、解除求助者精神困扰为旨要的思想关怀活动。以马克思主义理论、中华优秀传统文化和西方优秀文化为思想资源开展的思想咨商活动，可以帮助思想政治教育对象化解其思想困惑，助力提升思想政治教育的获得感”[②]。

高燕、李扬从“创新教学机制”的角度论及提升大学生思想政治教育获得感。他们认为，提升大学生思想政治理论课的获得感，“要从学生需求和问题导向入手，在四个方面创新机制：明确课程定位，回应学生‘新需求’；整合优秀师资，提升教师队伍‘新能量’；规范教学管理，创新教学方法‘新格局’；夯实课程支撑，联动多学科共创‘新机制’”[③]。

也有论者认为，提升大学生思想政治教育获得感，“要坚持以满足大学生的现实需求为目标和导向，更新教学理念，谋划教学内容，改进教学方法，优化教师队伍，增强课堂的吸引力和感染力，倾心打造‘配方’新颖、‘工艺’精美、‘包装’时尚的思想政治理论课，以此提升大学生思想政治理论课的获得感”[④]。

另有学者认为，增强大学生思想政治教育获得感，从理论建构的角度讲，要对多边沟通理念进行重塑性调试，需要明确双向沟通理念的理论性内涵，需要将双边规律的理论抽象扩大升华为实践诉求，进

---

① 金文斌：《增强大学生对思想政治理论课获得感的路径研究》，《思想理论教育导刊》2017年第9期。

② 王习胜：《“思想咨商”助力提升思想政治教育“获得感”》，《教学与研究》2018年第1期。

③ 高燕、李扬：《创新教学机制提升大学生对高校“形势与政策”课的获得感》，《思想理论教育导刊》2017年第11期。

④ 张一：《大学生思想政治理论课获得感的制约因素及提升策略》，《思想理论教育导刊》2018年第12期。

行多重建构，组织促进多重双向沟通；从制度建构的角度讲，要完善多向对话机制，即要健全师生对话机制，完善同侪对话机制，优化内外对话机制；从力量建构的角度讲，要对多方力量进行协同性整合，即加强领导力量，整合社会力量，利用网络力量。①

还有学者认为，增强大学生思想政治教育获得感，一要立足学生需求增强教学供给侧结构性改革。即要创建一流的教育资源和教育产品、教育思想；在教学内容选取上注意回应社会热点和学生关切；教师要教学科研相结合，提升教学内容的广度和深度。二要以获得感为着力点改进教学理念。即在充分理解思想政治理论教育获得感内涵的基础上，处理好直接获得和间接获得的关系，在知识传播和信仰形成、讲课形式和内容选择上寻求一种动态平衡；要对获得感的内在形成机制有一个科学的认知，要关照到学生的个体差异，从教育产品供给、弹性化的学习环境创造、包容性的课堂教学三个层面来适应不同层次学生的需求；教师要不断提高自己业务能力，提升教学艺术，用知识魅力、人格魅力感召学生，成为学生价值观的引领者。三要协同教师主导和学生主体改进教学方法。即要探索现代教育技术与思想政治理论课的有效融合，优化课堂教学模式、推动教学质量提升；在教学中引入学生参与机制，营造良好的师生关系；注意讲述方式，发挥逻辑魅力。②

李菊英、颜州认为，增强大学生思想政治理论课的获得感，一要贯彻“以生为本”的教育理念，以“满足学生成长发展需求和期待”为中心，在实践中“围绕学生”开展教学；要重视增强思想政治理论课教师的“亲和力”，在教学中“关照学生”，即做学生“良师”，更应做学生“益友”；要切实落实“立德树人”的根本任务，在施教过程中自觉做到

---

① 刘经纬、郝佳婧：《高校思想政治教育获得感生成探赜》.《思想教育研究》2018 年第 4 期。

② 阎国华：《高校思想政治理论课获得感的内在要素与形成机制》.《思想理论教育》2018 年第 1 期。

“服务学生”。二要遵循“三因三律”的教学内容，即在教学内容的选择上要“因事而化、因时而进、因势而新”，不断补充、丰富和创新教学内容；育人工作上要“遵循思想政治工作规律、遵循教书育人规律、遵循学生成长规律”，力避脱离实际的“空话”“大话”；理论讲授要“接地气”，教师要善于把抽象的理论转化为可践行的价值观，让教育内容在多维度的转换中既有深度又有温度。三要善用“管用得法”的教学方法，即要沿用好办法、改进老办法、探索新办法；课堂要讲究艺术性，“大水漫灌”与“精准滴灌”相结合；教师要善用“网言网语”“微言微语”，通过运用新媒体新技术使教学工作活起来，让网络这个“最大变量”变成“最大正能量”。四要秉持“学为人师”的职业素养，要敬畏讲台、珍惜讲台、热爱讲台，讲好每一堂课；教师要做“经师”，更要做“人师”，践行“为人师表”的宗旨，担当“立德树人”的责任；坚持“四个相统一”，做到“以德立身、以德立学、以德施教”①。

以上研究成果，对于如何增强大学生思想政治理论课获得感的各方面均有涉及，比如，获得感及思想政治理论课的获得感内涵阐释，影响大学生获得感的因素、获得感的提升路径、教师队伍、教学环境、教学手段、教材体系、教学目标、教学内容、学生需求等，这些都为进一步开展本课题的研究提供了借鉴。但也存在一定不足：一是相关研究多聚焦在理论层面，少量实证研究也只局限于调查问卷，存在一定偏差，相关数据缺乏标准、专业的量表研究；二是对策研究多聚焦在策略和方法，理论分析较多，可操作性不强；三是缺乏实现机制保障机制、评价机制的研究。因此，本书试图以问题意识为导向，以学生需要为中心，以机制建设为抓手展开研究。

---

① 李菊英、颜州：《获得感：思想政治理论课实效性的重要生成要素》，《思想理论教育导刊》2018 年第 1 期。

四、研究内容与框架

全书分为七章，分别涉及增强大学生思想政治理论课获得感的理论基础、增强大学生对思想政治理论课获得感的历史回顾、大学生思想政治理论课获得感的现实状况、大学生思想政治理论课获得感的影响因素、国外高校政治教育课程教学的经验与启示、十八大以来增强大学生思想政治理论课获得感的基本经验、增强大学生思想政治理论课获得感的路径建设。

第一章，增强大学生思想政治理论课获得感的理论基础。论述了马克思主义关于大学生思想政治理论课获得感的理论溯源，中国共产党关于大学生思想政治理论课获得感的思想积淀，国外关于大学生思想政治教育的理论借鉴。本章论述的马克思主义关于社会存在与社会意识关系原理、人的本质学说以及人的全面发展学说，毛泽东、邓小平、江泽民、胡锦涛、习近平以及其他党和国家领导人的重要论述，都是本课题研究的理论基础，影响着本课题研究的有关判断和增强大学生思想政治理论课获得感的基本定位，也决定了本研究的基本格调。与此同时，借鉴了国外教育学、心理学和社会学的有关理论。

第二章，增强大学生思想政治理论课获得感的历史回顾。主要包括向社会主义过渡过程中增强大学生思想政治理论课获得感的历史回顾(1949—1956)、全面建设社会主义时期增强大学生思想政治理论课获得感的历史回顾(1956—1978)、改革开放进程中增强大学生对思想政治理论课获得感的历史回顾(1978—　)。在系统回顾大学生对思想政治理论课获得感的历史脉络时，本书着重梳理和分析了各个历史发展阶段增强大学生对思想政治理论课获得感的具体做法。

第三章，大学生思想政治理论课获得感的现实状况。探讨大学生思想政治理论课获得感的源起，包括大学生思想政治理论课获得感的内涵、层次结构等。梳理大学生思想政治理论课获得感的现实状况，涉及到与大学生思想政治理论课获得感密切相关的课程设置、教学内容、教学目标、教学方式、课程评价、教师综合素质等方面问题。在此基础上，对目前消减大学生思想政治理论课获得感的问题进行分析。

第四章，大学生思想政治理论课获得感的影响因素。从宏观、中观及微观三个层面深入分析大学生思想政治理论课获得感的影响因素。大学生思想政治理论课获得感强调的是大学生是否能够从思想政治理论课中有所收获，这种收获不仅包括知识上的收获，同时也包括精神上的收获，如情感、道德及价值观等方面的体验。基于此，在分析大学生思想政治理论课获得感的影响因素时，应该站在一个较为宽广的视角，不仅要考虑校园因素，还要考虑社会因素；不仅要考虑国内因素，还要考虑国际因素。只有这样，才能厘清影响大学生思想政治理论课获得感的主要因素。

第五章，国外高校政治教育课程教学的经验与启示。本章选取美国、英国、俄罗斯、日本和韩国等发达资本主义国家，将这些国家的大学生政治教育课程教学的实施现状作为研究对象，从教育目标、内容及实施方法等方面进行分析，寻找其在增强大学生政治教育课程教学实效性的实践中值得我们借鉴、利用的有益成分。大学生思想政治教育不是社会主义中国所独有的，其他国家的高等教育也存在宣传资产阶级政治观、价值观、道德观的课程教育，只是名称不同而已，他们称之为公民教育课、价值观教育课、人格发展课、政治学课等。国外的有关做法，对于增强我国大学生思想政治理论获得感，具有一定的批判借鉴价值。

第六章，十八大以来增强大学生思想政治理论课获得感的基本经验。本章的基本任务是梳理十八大以来我国在增强大学生思想政治理论课获得感问题上形成的一系列好的做法与经验。本书认为，十八大以来，以习近平总书记为核心的党中央高度重视高校思想政治理论课的建设，对于思想政治理论课究竟如何提升教学水平、怎样为社会主义现代化建设培养接班人做了顶层设计，思想政治工作者不断探索，形成了一系列可以复制、颇有成效的经验，为如何增强大学生思想政治理论课获得感提供了具有时代性的解答。

第七章，增强大学生思想政治理论课获得感的路径建设。本章从价值获得、内容获得、方式获得和实践获得等四个方面提出了增强大学生思想政治理论课获得感的基本路径。主要包括价值获得即落实思想政治理论课教学目标、内容获得即提供思想政治理论课优质供给、方式获得即创新思想政治理论课教学形式、实践获得即用好思想政治理论课社会实践。本书认为，增强大学生思想政治理论课的获得感，需要四个方面综合发力，打造高精尖水平的思想政治理论“金课”，切实增强大学生思想政治理论课的认同感、获得感。

第一章 增强大学生思想政治理论课获得感的理论基础

一、马克思主义关于大学生思想政治理论课获得感理论溯源

（一）关于社会存在与社会意识关系的原理

社会存在和社会意识的关系是马克思主义哲学的核心研究范畴，也是社会历史观的基本问题。社会存在区别于自然存在，是社会实践和社会物质生活条件的总合，包含人类改造社会的实践活动及改造方式、经济结构、人口因素等内容。社会意识是社会存在的反映，包含社会心理、社会道德、风俗习惯、意识形态、法律政策、伦理约束、哲学艺术等内容，可以从不同角度将其划分为个人意识和群体意识、社会心理和社会意识形式、上层建筑和非上层建筑。马克思、恩格斯围绕意识的产生、发展、本质等，批判唯心主义从纯粹精神层面出发解释现实的观点，阐释了社会存在和社会意识的辩证关系：一方面，社会存在决定社会意识，社会意识反作用于社会存在；另一方面社会意识具有相对独立性，在反映社会存在的同时具有自身的发展形式和发展规律。

社会存在决定社会意识，社会意识是社会存在的反映。第一，社会意识产生的根源是社会实践。社会意识是物质资料生产活动的主观反映，思想、观念、意识、法律并非天然存在，而是直接与人的生产、生活、发展相伴随的，换言之，就是随着社会实践的不断发展变化而产生，“人们的意识，随着人们的生活条件、人们的社会关系、人们的社会存在的改变而改变”①。随着人们物质生活的变化，脑力劳动和体力劳动逐渐剥离，甚至对立发展，社会意识逐步获得相对独立性，获得构建自身理论的可能性。“意识一开始就是社会的产物，而且只要人们存在着，它就仍然是这种产物。”②第二，社会意识是物质交往的产物。马克思主义历史观主要考察人类社会的发展规律，强调人类社会所依赖的物质资料生产过程以及交往活动是人类社会生产活动中最重要的生活方式。“发展着自己的物质生产和物质交往的人们，在改变自己的这个现实的同时也改变着自己的思维和思维的产物。”③人们在自己的生活过程中形成的社会意识，任何时候都只能是被意识到了的存在。因此，马克思指出“不是意识决定生活，而是生活决定意识”④。第三，社会意识是具体的历史的。社会意识的发展变化随着社会存在的变化而变化，与社会存在的发展变化不完全同步，总是或迟或早出现的。每一个时代的社会意识都有其独特的内容和特点。例如，宗教、政治、法律、艺术等是在社会需要的基础上诞生和发展的，且由于不同历史阶段、不同区域需求，其表现形式和内涵也不尽相同。

从社会存在和社会意识的辩证关系角度出发，加强大学生思想道德建设是推动社会主义现代化建设的必要途径与永恒主题。第

---

① 《马克思恩格斯文集》(第 1 卷). 北京：人民出版社 2009 年版，第 50 页。
② 《马克思恩格斯选集》(第 1 卷). 北京：人民出版社 2012 年版，第 161 页。
③ 《马克思恩格斯选集》(第 1 卷). 北京：人民出版社 2012 年版，第 152 页。
④ 《马克思恩格斯选集》(第 1 卷). 北京：人民出版社 2012 年版，第 152 页。

一，思想政治教育服从并服务于社会主义现代化建设。社会存在决定社会意识，社会意识对社会存在具有能动的反作用。思想政治教育应从我国的基本国情出发，从现实的社会物质生活条件出发，适应社会生产力的发展程度和社会主义现代化建设的要求。同时，思想政治教育作为文化建设的重要组成，包含于社会意识之中，为社会主义现代化建设提供思想保证、精神动力和智力支持。加强大学生思想政治教育，使其形成正确的人生观、价值观和义利观，激发其建设社会主义现代化的主动性、积极性和创造性，从而推动社会经济持续健康发展。第二，思想政治教育提高社会交往能力和水平。强化学校教育的学科建设、课程设置、教学方法和教师队伍建设，合理增加实践性教学环节，加强学生和社会、学生和老师、学生和学生之间的互动交流，在双向互动中提高学生的社会交往能力和水平。第三，思想政治教育提升认识具体社会的能力。高校思想政治教育改革，将学校教育与具体的社会、政治、经济、文化相结合，避免教育中照本宣科、大水漫灌而与时代相脱节，充分发挥思想政治教育的预见性、引领性作用，引导学生用发展的眼光看问题，提高学生分析问题和解决问题的能力。

社会存在决定社会意识，但是社会意识具有相对独立性，并非完全依赖或者同步于社会存在。社会意识能够基于社会存在的发展变化，形成自己的发展规律和具体形态，反过来影响社会存在。首先，社会意识和社会存在发展的不完全同步性和平衡性。社会意识可能会超前或者滞后社会存在的发展。先进的社会意识，因其符合社会发展趋势且能够预见社会存在的发展趋势，起着指导社会变革的作用。相反，落后的社会意识因其与社会实际状况的不适应而对社会发展起到阻碍作用。其次，各种社会意识之间互相渗透。一定历史发展阶段上的社会意识，在内容上主要是反映现实的社会存在，但同时也会吸收、保留以往形成的某些思想材料即“古为今用”，在形式上继承以往既有的方式和方法，同时又根据新的内容和条件，形成一定历史发展阶段上的社会意识，然后进行剔除、补充、发展即“推陈出新”。

从社会意识的相对独立性角度出发，大学生思想道德建设是必修功课。首先，思想政治教育促进学生个体素质的提高、能力的发展。发挥好大学课堂在大学生思想政治教育中的特殊作用，增强重视思想道德建设的自觉性和主动性，用发展的眼光加强思想政治理论教育，切实改革教学内容、教学方法、教学手段，用学生获得感程度检验教学效果，培养出更多思想独立、善于思考、能够创新的优秀大学生。其次，大学生是社会意识的实践者和参与者。青年大学生是国家的未来，青年强则国强。按照社会意识对社会存在具有反作用的原理，高校必须与时俱进，承担起大学生思想道德建设的使命。加强大学生思想政治教育不能局限在某一学科、某一理论，而应该是综合性、多学科教育。新时代的大学生，要学贯中西、通晓古今，更要增强道德与法治观念，如此便能去伪存真，吸收精华，剔除糟粕，不断提高自身思想水平，进而担当起中华民族伟大复兴之重任。

（二）关于人的本质的学说

人的本质学说是马克思主义哲学的基础性问题。人的本质是什么，如何看待人的本质是中外哲学史上无法回避、争论不休的问题。在中国，孟子、王守仁提出了性善论，荀子提出了性恶论，韩非子、董仲舒、朱熹、黄宗羲、严复、康有为提出了趋利避害论；在西方，柏拉图提出理性即人性，中世纪神学坚持人有原罪，卢梭、霍尔巴赫、费尔巴哈等主张性善论。马克思主义哲学在批判吸收黑格尔、费尔巴哈等关于人的本质的理论基础上，从“现实的人”出发，探索人的本质，阐述了人、人的本质、人的类本质等命题，提出了人的本质是社会关系的总和。

人的本质是社会关系的总和。在《关于费尔巴哈的提纲》中，马克思提出“人的本质不是单个人所固有的抽象物，在其现实性上，它是一切社会关系的总和”[①]，涵盖了人的本质的社会性和现实性两个方面的内容。一方面，社会性体现在“社会关系”。马克思批驳黑格尔、费尔巴哈把人当作一个个孤立的抽象个体，将人的本质与人的存在混淆，认为人通过社会交往、物质交换等社会实践活动，建立多样的社会关系，在社会互动中把人和动物区别开来。马克思摒弃人是单独的、肉体的、自然的观点，提出人是存在的、活动着的、自由的人，消除异化劳动才能实现人的本质，认为“共产主义是对人的本质的真正占有，是对私有财产即人自我异化的积极扬弃”[②]。另一方面，现实性体现在“其现实性上”。“现实性”指的是社会存在，亦指社会物质状况。在马克思看来，社会物质是随着社会生产力的发展不断变化的，说明人的本质要与具体的社会发展阶段相结合，是具体的历史的。因此，大学生思想政治教育，要充分考虑到人的社会性和现实性特点。一是要研究学生群体的特点，把握学生群体的规律。在学校教学中，针对学生群体特点，调整学科内容和教学方法，促进学生与社会、学校、教师、其他学生之间的交流互动，引导学生自觉学习科学文化知识，加强自身思想道德修养；二是要研究社会发展规律，把握社会发展与学生群体的关系。教育教学要与社会具体经济状况、社会认识水平、思想道德情况相结合，做到与时俱进、共同发展，同时要注重把握学生个体差异，将学生特点和具体社会物质文化状况相融合，促使学生在具体的社会发展中实现“人的本质”。

人的本质是在实践中生成的。人的本质是以实践为核心的能动性与社会性的统一。第一，“实践”具有纽带性，打通了主客体二元对立的思维。传统观点中，未能看到人的主客体相统一，出现了两种倾

① 《马克思恩格斯选集》(第 1 卷). 北京：人民出版社 2012 年版，第 135 页。

② 谭培文、陈新夏、吕世荣：《马克思主义经典著作选编与导读》. 北京：人民出版社 2005 年版，第 37 页。

向：一种是单纯从主体视角解释人的本质，将其规定为人自身所固有的天然属性，例如，柏拉图的理想化、亚里士多德的人的理性、黑格尔的绝对精神；另一种是单纯从客体视角解释人的本质，将其固化为完全脱离自身之外的抽象的、超现实的神秘力量，如中世纪的上帝、费尔巴哈的自然人等。“实践”完美解决了主体、客体割裂的思维模式，将二者统一起来，有助于更为全面地理解人性。第二，“实践”具有生成性。马克思提出，自由的有意识的活动就是人的类特性。人类将劳动作为社会实践最基本的形式，正是在改造对象世界的过程中，来真正证明自己是类存在物，也彰显了自身的本质力量。劳动证实了人的本质，而异化劳动则贬低、否定人的自主活动和自由活动，导致了人的本质异化。第三，“实践”具有辩证性。实践一方面造就了各种具体的社会关系，另一方面又在各种社会关系的土壤中前进。“人的真正本质是人的真正社会联系，所以人在积极实现自己本质的过程中创造生产人的社会关系、社会本质”①，因此人的社会性本质与人的实践活动是一个有机统一体，人只有通过实践活动才能实现自然属性与社会属性的结合，实现“社会的人”与“自然的人”的统一。因此，要发挥实践在大学生思想政治教育中的重要作用，增加实践教学环节，运用现代教育学习手段，引导学生参与社会实践、认识社会问题，打通理论学习和解决问题的壁垒，促使学生在实践中认识理论、使用理论解决具体问题，并促进理论学习的升华。

人的本质和人的需要一致。“我的劳动满足了人的需要，从而物化了人的本质，又创造了与另一个人的本质的需要相符合的物品。”②这也就是说，人的需要和人的本质具有一致性。马克思从“人的异化劳动”出发，说明了人的本质是自由自觉的劳动。阶级社会

---

① 万光侠：《马克思“现实的个人”的唯物史观审思》，《中国高校社会科学》2021 年第 1 期。

② 转引自远志明，薛德震：《马克思关于人的需要即人的本质的学说》，《江汉论坛》1983 年第 3 期。

中，社会劳动以剥削为前提，人们从事的劳动是被迫的、非自愿的，是一种“异化劳动”，这导致了“人的本质”的丧失。对此，马克思提出只有消灭阶级、消灭剥削，才能实现人的“自由自觉的劳动”，才能恢复人的本质。同时，马克思认为，人与动物的区别在于人不仅有生存本能的需要，更包含社会层面的需要，人的需要是具体的、现实的，是建立在自我意识基础上的，具有强烈的现实性和丰富性。据此而言，满足自身的需要，成为人们改造社会的实践活动的强大动力源泉，推动人的认识实践活动的丰富，实现人的“自由自觉的劳动”。新中国成立以后，我们从人的需要出发，坚持以人民为中心的思想，把增进人民福祉、促进人的全面发展作为奋斗目标，取得了巨大成就。建设小康社会、实施供给侧结构性改革、实现中华民族伟大复兴等都是以人的需求为出发点，朝着实现“人的本质”前进的。[①] 因此，高校思想政治教育应该树立以学生为中心的教育理念，认识到学生在教育教学中的主体作用，建立学生需求反馈渠道，掌握学生变化的广泛的需求，及时回馈且并满足学生的需求，才能促进教育、学校、学生的良好发展，进而促进学生成为全面发展的人和实现自身的“本质”。

（三）关于人的全面发展的学说

马克思主义关于人的全面发展学说是马克思主义教育思想的重要组成部分。人的全面发展学说是在历史唯物主义和剩余价值学说的理论基础上建立起来的，它把人的全面发展看成是现代化大生产的客观要求，同时是对于共产主义接班人的理想期待。人的全面发展既表现为人的劳动能力、人的体力和智力的全面发展，又表现为人的个性才能和志趣的全面发展。人的发展是与社会生产力发展程度相一致的。旧式劳动分工使人被束缚，从而造成了人的片面发展。

① 刘旭友：《习近平对马克思人的本质学说的新发展——兼论坚持以人民为中心发展的理论基础》，《改革与战略》2015 年第 12 期。

大工业机器生产发展对人的全面发展提出了新要求,并为人的全面发展奠定了坚实的物质基础。因此,要实现人的全面发展,就必须发展生产力,通过教育与生产劳动相结合促进人不断"全面发展"。

在《1844年经济学哲学手稿》中,马克思在批判资本主义异化劳动的过程中,指出旧式分工造成了人的体力劳动和脑力劳动的对立,提出要将人的体力和智力相结合,"人的全面发展"应该是人的劳动能力的全面发展,包含体力劳动、脑力劳动。因此,人的发展应该是"以一种全面的方式,作为一个完整的人,自由地占有自己的全面的本质"[①],即人的体力、脑力得到充分的、自由的、全面的、协调的发展。

人的全面发展是现代教育的共同追求。新中国成立以来,我们不断丰富马克思主义关于"人的全面发展"中国化理论成果。1951年3月,第一次全国中等教育会议召开,首次提出教育目标是培养智育、德育、体育、美育各方面获得全面发展的人,使其成为新民主主义社会自觉的积极的成员。1952年,教育部颁布了三项规程,分别对中学、小学和幼儿园的教育目标提出了具体的要求,明确规定小学实施智育、德育、体育、美育全面发展的教育。1957年,毛泽东提出国家教育方针应该是"使受教育者在德育、智育、体育几方面都得到发展,成为有社会主义觉悟的有文化的劳动者"[②],这奠定了我国教育方针的历史基调。2001年,江泽民同志在《七一讲话》中提出了人的全面发展与社会的全面发展统一于人民根本利益的重要思想,根据中国特色社会主义的实践,丰富和发展了马克思主义关于"人的全面发展"学说。

需要指出,人的全面发展不是"个人"的全面发展。马克思指出,人的本质不仅是指单一的某个人,而应该是人的类本质。"人的全面发展"首先应该实现人的体力和智力的充分、自由、和谐的发展,实现

---

① 朱立元:《试论马克思现代存在论思想的提出及其理论意义(下)——重读〈巴黎手稿〉札记之五》,《复旦学报(社会科学版)》2021年第1期。

② 毛泽东:《关于正确处理人民内部矛盾的问题》,《人民日报》1957年6月19日。

“完整发展”，即人的各种最基本或最基础的素质必须得到完整的发展，换言之，就是德、智、体、美、劳等各方面获得完整发展。同时，马克思强调的“人的本质不是单个人所固有的抽象物，在其现实性上，它是一切社会关系的总和”[①]。作为个体的人都是处在一定社会环境和社会关系中，因此个人的全面发展受环境影响并最终影响环境。因此，思想政治教育还应该从社会层面考虑，提升国民的道德素养和思想意识。

人的全面发展是一个永无止境的历史过程。“我们建设有中国特色社会主义的各项事业，我们进行的一切工作，既要着眼于人民的现实的物质文化生活需要，同时又要着眼于促进人民素质的提高，也就是要努力促进人的全面发展。”[②]实现人的全面发展不仅是共产主义社会的发展要求，而且也是社会主义初级阶段的本质要求，不仅是对青少年的要求，而且也是涉及每一个人民群众的素质提升的伟大事业，不仅是一个教育方针，而且也是社会主义精神文明建设方针。因此，实现人的全面发展是一个漫长的、渐进的、逐步提高、永无止境的历史过程。关于“人的素质”，不同时代提出的标准和要求也不尽相同，毛泽东同志提出“身体好、学习好、工作好”的“三好”标准，邓小平同志提出“有理想、有道德、有文化、有纪律”的“四有”新人及“革命化、年轻化、知识化、专业化”的“四化”干部标准，江泽民同志提出德育、智育、体育、美育等全面发展的社会主义事业建设者和接班人的标准，胡锦涛同志提出理想远大、信念坚定，品德高尚、意志顽强，视野开阔、知识丰富，开拓进取、艰苦创业的“四个新一代”标准，习近平总书记提出要培养德智体美劳全面发展的社会主义建设者和接班人。因此，人的全面发展的内涵和要求是逐渐丰富、不断丰满的过程，只有经过复杂的、艰苦的历史过程才能最终实现。

---

① 《马克思恩格斯选集》(第 1 卷). 北京：人民出版社 2012 年版，第 135 页。

② 中共中央文献编辑委员会：《江泽民文选》(第 3 卷). 北京：人民出版社 2006 年版，第 294 页。

马克思主义认为，教育和劳动是促进人的全面发展的根本途径。作为培养高级专门人才、提升社会整体素质的一种活动，高等教育必须以特定的目标去完成自己的历史使命，从“工具性”中摆脱出来，找寻学校教育“社会本位”和“个人本位”的平衡点，加强学生的科学精神、人文精神、道德情操教育，努力培养学生的创新精神和创造精神。此外，高等教育要促使学生的生理素质、心理素质、思想道德素质和科学文化素质等得到发展和完善，使得学生都可以按自己的天赋、特长、爱好，自由选择活动领域、生活空间和发展方向，使他们既能够从事体力劳动，又可以从事脑力劳动，最终实现个人的自我完善和社会的进步发展相统一，达到个人和社会的共同发展。

（四）关于认识与实践的理论

马克思主义哲学克服了旧唯物主义认识论的缺陷，把实践引入认识论，把辩证法应用于反映论，创建辩证唯物主义认识论。辩证唯物主义认识论揭示了认识和实践之间辩证关系是以实践为基础的，要求把认识世界和改造世界看作统一的辩证发展过程。辩证唯物主义之前的理论都未能解决认识和实践的关系问题。唯心主义忽视了实践的作用，将认识看成是纯粹的心理的、意志的活动，是一种纯粹的精神领域的活动。旧唯物主义离开了人的社会性，虽然在一定程度上看到了认识对实践的依赖关系，但是将认识看成是对客观事物的直接的现实的反映，把实践归结为个人的生活实践或伦理道德实践。辩证唯物主义将认识论和辩证法引入其中，科学地解决了认识与实践的关系，指出认识和实践是具体的历史的统一，认识的有限性与无限性、现实性和可能性是辩证统一的，遵循着“实践、认识、再实践、再认识，循环往复以至无穷”①的规律。

---

① 中共中央党史研究室：《毛泽东思想年编》．北京：中央文献出版社 2011 年版，第 156 页。

实践决定认识。首先，实践是认识的来源。实践为认识的产生提出了现实的需要和相应的条件。具体而言，认识包含认识的主体、认识的客体、认识活动三个要素。人是认识的主体，根本原因在于人有改造客观世界活动的需要，人需要解决现实问题、完成实践任务；客观事物之所以是认识的客体，究其根本是因为实践的需要，实践将其作为被改造的对象才能被认识。同时，对于认识来源于实践，不能狭隘地、简单化理解。人的认识不是一次完成的，也并不都是在实践中直接产生的，需要经过人的大脑和感官进行处理、思考和加工，经过多次反复的感性认识，逐渐形成理性认识。不可否认先天的生理条件对人的实践活动有一定影响，但是起决定性作用的还是人的后天的社会实践活动结果。认识来源于实践并不否认学习间接经验的必要性和重要性，每个认识主体的能力、时间、精力是非常有限的，不可能事事亲身实践，也不可能穿越时空经历过去或者未来，但是可以通过学习、培训获取大量的知识，来获取间接经验，提升自身认识的科学性。其次，实践为认识的形成提供可能。主体和客体通过实践联结起来，在直接的、现实的实践活动中，通过实践、认识、再实践、再认识，主体从客体中获得了真实可靠的信息，逐渐获得理性的认识。人在认识世界和改造世界的过程中，通过具体的实践活动，将自己对客体的认识和加工、处理方式表现出来。也正是通过一次次认识世界和改造世界的实践活动，作为实践主体的人形成一定的思维模式、意识形态，最终积累成改造世界的经验。

实践是认识发展的动力。首先，实践不断给人们提出新的认识课题，不断为人们提供经验材料和新的认识工具，不断提高人们的认识能力。社会实践推动人的思维能力的发展，具体实践行为总会不断遇到新的情况，从而向人们提出新的认识课题，促使人们进行新的探讨、研究，并不断在实践中解决新问题，从而推动认识向更深更广发展。恩格斯说："社会一旦有技术上的需要，则这种需要就会比十所大学更能把科学推向前进。”[①]其次，实践为认识发展提供必要的条件。一方面，实践是物质性的行为，天然属性是客观性，实践的发展不断揭示客观世界越来越多的特性，为解决认识上的新课题积累越来越丰富的经验材料。另一方面，实践本身又具备能动性，任何实践活动都是在一定思想、意识的支配下，通过一定手段和方法进行客观世界改造，在具体实践中产生日益完备的物质手段，不断强化主体的认识能力。最后，实践锻炼和提高了主体的认识能力。实践活动具有社会性，必须在一定社会关系中进行。实践的发展不断给人们创造新的认识工具和其他物质条件，克服和弥补人的感官不足，锻炼并提升观察、记忆、想象、判断、推理等思维能力。

实践是检验认识的唯一标准。马克思说：“人的思维是否具有客观的真理性，这并不是一个理论的问题，而是一个实践的问题。”[②]人的认识是否符合客观事物发展规律、是否能够促进事物发展，不是通过想象和推理证明的，而是要在具体的实践中进行检验和验证。换言之，检验真理的标准只能是社会实践。通常情况下，人们根据已有的经验或者认识，在头脑中构建客体模型，然后再用实践加以检验，当理论预言与实践结果一致时，就证明理论内容的正确性、科学性。例如，马克思主义的科学性并不是因为其理论的宏大、逻辑的缜密、论述的精致，而是通过一百多年来，在无数国家阶级斗争和民族革命中证实了其真理性。

实践是认识的目的。认识从实践中产生，反过来又指导具体实践。在实践中获得的认识，不仅能够解释实践行为，而且能够对以后的实践进行指导和服务。认识的目的并不在于认识活动本身，而在于更好地改造客体，如果科学的认识不应用在具体实践活动中，其本身是没有任何意义的。人类获得理性认识的目的是改造客观世界，

① 《马克思恩格斯选集》(第 4 卷). 北京：人民出版社 2012 年版，第 648 页。
② 《马克思恩格斯选集》(第 1 卷). 北京：人民出版社 2012 年版，第 134 页。

认识指导实践、为实践服务的过程，也是认识价值的实现过程。总之，实践是认识的起点，也是认识的归宿，是全部认识的基础。

马克思主义哲学十分重视认识对实践的反作用即正确认识促进事物的发展、错误认识阻碍事物的发展。首先，人的实践活动离不开认识。不同于动物的本能活动，人的实践活动是受意识支配的，这就要求人的实践活动不能离开认识的指导。同时，认识活动及其成果具有相对独立性，遵循其特有的活动方式和发展规律，它一经形成，便能反作用于实践。其次，认识对实践具有指导作用。认识可以使主体把握主客体间相互作用的规律性，使主体在实践活动之前，确定既符合自身需要，又符合客观实际的目标、方案、步骤和措施，对实践活动做出预测和规划；认识可以使主体根据变化了的情况及时调节自己的行动，选择实现目的的最佳行为方式；认识可以指导主体将局部经验上升为理论；认识可以使主体实现对自身的认识，并自觉调整自身活动，以适应改造客体的需要。最后，认识反作用于实践的表现主要有两种：一是正确的认识会使实践顺利进行，达到预期的效果或者按照计划的方向前进。例如，只有把握好学生的思想状况、学习需求、性格特点，并与时代要求相结合，才能呈现出符合学生需要、社会需要的思政课程。二是错误的认识会对实践产生消极的乃至破坏性的作用，导致实践失败或走向预期相反的方向。例如，社会主义建设探索过程中，由于错误判断社会生产力发展水平而导致“大跃进”，不仅没有促进社会的快步前进，反而由于脱离实际而产生很多负面效应。

总之，就认识的来源和基础而言，马克思主义强调实践决定认识；就认识的功能和作用而言，马克思主义强调以正确的认识和理论指导实践；就实践与认识的辩证关系而言，马克思主义强调实践与认识的辩证统一。我们学习马克思主义认识论，要坚持实践第一的观点，要坚持实事求是、一切从实际出发，只有尊重实践，才能有力地反对各种形式的唯心主义，克服主观主义，防止用空想代替现实、用抽象原则裁剪实际生活。毛泽东同志提到，“理论与实践的统一，是马克思主义的一个最基本的原则”①。坚持主观和客观、认识和实践的具体的历史的统一，既是马克思主义的基础内容，也是党的思想路线的重要内容。

二、中国共产党关于大学生思想政治理论课获得感的思想积淀

（一）毛泽东关于思想政治理论课获得感的主要思想

毛泽东一直非常重视思想政治教育问题，在不同历史阶段提出了思想政治教育的不同目标。第二次国内革命战争时期，毛泽东指出要确保革命胜利就需要从党内教育做起，思想政治教育是重要任务之一。抗日战争时期，毛泽东提出思想政治教育是团结全党进行斗争的中心环节。1957 年，毛泽东在杭州召开会议听取上海、江苏等四省一市思想动态汇报时，明确提出思想政治工作的目标是为了争取群众。社会主义建设时期，毛泽东提出政治工作是一切经济工作的核心，提出将思想政治教育工作作为“中心环节”和“生命线”，将思想政治教育工作提高到了一个新的高度。

1. 思想政治教育具有核心地位。“掌握思想教育，是团结全党进行伟大政治斗争的中心环节。如果这个任务不解决，党的一切政治任务是不能完成的。”②这里，毛泽东强调了思想政治教育工作在全局工作中的核心地位，提出要充分发挥思想政治工作在谋划、服务、

---

① 中共中央文献研究室：《毛泽东著作专题摘编（上）》. 北京：中央文献出版社出版 2003 年版，第 204 页。

②《毛泽东选集》(第 3 卷). 北京：人民出版社 1991 年版，第 1094 页。

引领和推动全局工作的重要作用。在《论持久战》一文中，关于抗日战争，毛泽东强调："如此伟大的民族革命战争，没有普遍和深入的政治动员，是不能胜利的。"[①]解放战争即将胜利时，毛泽东指出党的工作重心应该由争取民族独立和解放转到社会主义建设，由农村转向城市，并及时注意到社会上存在的一些骄傲自我、贪图享受的不良风向。他强调："务必使同志们继续地保持谦虚、谨慎、不骄、不躁的作风，务必使同志们继续地保持艰苦奋斗的作风。"[②]因此，要充分认识思想政治工作的重要地位，把学生思想政治教育工作作为教育教学工作的中心环节，将思想政治教育贯穿到培养学生的全过程、全方位，为学生学好科学文化知识、实现个人全面发展提供坚强思想保障。

2. 思想政治教育要发挥主动性。"任何有群众的地方，大致都有比较积极的、中间状态的和比较落后的三部分人"[③]，思想政治教育工作的任务就是要引导中间状态的人、改造落后思想的人，启发思想自觉，充分发挥受教育者的积极性、主动性和创造性，在主动参与中充分实现、维护和发展好自己的利益。毛泽东相信和依靠"从群众中来，到群众中去"[④]的群众路线，主旨也是充分尊重受教育者的主体作用，启发群众自觉改造思想。同时，他认为"凡是反动的东西，你不打，他就不倒"[⑤]。就此而言，我们要掌握思想政治工作的主动性，当学生出现错误的、落后的思想苗头时，要及时主动进行干预，避免小问题变成大问题。学校更要重视学生在教育教学中的特殊地位，统筹做好思想政治教育学科设置、课程安排、教师队伍建设、学生培养方法等工作，及时掌握学生思想动态，加强思想教育引导。

---

① 《毛泽东选集》(第 2 卷). 北京：人民出版社 1991 年版，第 480 页。
② 《毛泽东选集》(第 4 卷). 北京：人民出版社 1991 年版，第 1438 页—1439 页。
③ 《毛泽东选集》(第 3 卷). 北京：人民出版社 1991 年版，第 898 页。
④ 《毛泽东选集》(第 3 卷). 北京：人民出版社 1991 年版，第 984 页。
⑤ 《毛泽东选集》(第 4 卷). 北京：人民出版社 1991 年版，第 1131 页。

3. 思想政治教育注重以理服人。第一，注重联系实际。毛泽东反对脱离实际的思想政治教育，反对不顾受教育对象的实际需求和感受，单纯为了教育而教育的形式主义、本本主义。对于如何赢得拥护、动员群众到一条战线上，毛泽东指出“就得关心群众的痛痒，就得真心实意地为群众谋利益，解决群众的生产和生活的问题，盐的问题，米的问题，房子的问题，衣的问题，生小孩子的问题，解决群众的一切问题”[①]。通过解决实际利益问题，来解决人们的思想认识问题，进而争取广大人民群众的认同与支持。因此，思想政治教育工作要警惕为了理论而理论、照本宣科而不能解决实际问题的现象和做法，既要注重理论知识的学习，又要加强实践锻炼，充分发挥社会实践在育人中的重要作用。第二，坚持以理服人。毛泽东主张思想政治教育要注重以理服人，用严密的逻辑、科学的方法论、深厚的知识，通过说理的方式，春风化雨、以理服人。我们知道，思想政治教育的对象是改造思维、认识、观念、价值观等主观世界，因而不能照搬改造客观世界的方式方法，强制的、粗暴的、过于简单的方法都是不可取的。三大改造完成后，在《关于正确处理人民内部矛盾的问题》一文中，毛泽东曾专门强调：“不能采取粗暴的强制的方法，只能用细致的讲理的方法。”[②]学校思想政治教育工作要注重人文关怀，通过关心困难、民主讨论、说理讲道的方法，进行引导、疏导、开导，把讲道理和摆事实结合起来，把教育人和引导人结合起来，把理论学习和解决问题结合起来，最终转变思想观念，提升思想认识。第三，注重榜样引领。教育者要以身作则，塑造自我为榜样，在善于学习、纵横求知上做榜样，在严格要求、立德尚廉上做榜样，充分发挥引领和感召作用。同时，教育者要注重思想政治教育过程中身教的重要性，要求别人做到的自己先做到，禁止别人做的事情自己先不做，以身作则，以行导人。

---

① 《毛泽东选集》(第1卷). 北京：人民出版社1991年版，第138—139页。
② 《毛泽东文集》(第7卷). 北京：人民出版社1999年版，第231页。

此外，教育者要善于运用时代优秀典型和骨干力量，用先进典型的鲜活事例和高尚品格，为受教育者提供一个可参考、可模仿、可复制的例子，带动受教育者自觉认同高尚品质、靠拢价值追求、规范自身行为。教育者要重视树立榜样，开展道德模范、优秀学生干部、优秀党员等评选活动，充分挖掘身边优秀典型，用先进典型教育、引导、激励其他学生。

（二）邓小平关于思想政治理论课获得感的主要思想

邓小平强调思想政治教育的重要作用，提出要加强马克思主义教育、基本路线教育、民族精神教育，教育人民坚持四项基本原则，为社会主义现代化建设事业的健康发展提供了思想保证。

1. 思想政治教育重点对象是青年人。邓小平同志提出要把青年作为教育重点。他说："十年来，我们最大的失误是在教育方面，对青年的政治思想教育抓得不够，教育发展不够。"[①]把青年人作为教育的重点，加强社会主义精神文明建设，把他们培养成有理想、有纪律、有知识、有礼貌的新时代青年是邓小平思想政治理论教育思想的重要特点之一。高校的教育对象就是青年群体，因此必须认识到青年群体思想政治教育的重要性。思想政治教育服从并服务于国家，必须加强马克思主义理论教育，提高大学生思想道德素质，促使学生坚定共产主义的共同信仰，成为适应新时代要求的社会主义现代化新人。

2. 思想政治教育内容是马克思主义、基本路线和爱国主义教育。第一，马克思主义教育。马克思主义是科学，是精神之钙、力量源泉。因此当代大学生应该掌握马克思主义理论，提高解决问题的本领，坚定共产主义的共同信仰，凝聚共识推进社会主义建设事业发

① 《邓小平文选》(第3卷). 北京：人民出版社1993年版，第287页。

展。邓小平认为,"为了国家和集体的利益,为了人民大众的利益,一切有革命觉悟的先进分子必要时都应当能牺牲自己的利益"。共产主义理想信念是思想政治工作的主题,正是因为我们坚持了马克思主义信仰,坚持了共产主义信念,才能在非常艰苦的情况下奋斗出来,战胜千难万险,最终取得革命的伟大胜利。第二,基本路线教育。始终抓住"一个中心,两个基本点"这个党的基本路线的核心内容,理解"坚持以经济建设为中心不动摇,坚持四项基本原则,坚持改革开放"的深刻含义,经常用四项基本原则教育人民。面对资产阶级自由化思潮,邓小平指出"四个坚持本身没有错,如果说有错误的话,就是坚持四项基本原则还不够一贯,没有把它作为基本思想来教育人民,教育学生,教育全体干部和共产党员"①,"教育人民坚持四项基本原则,这就为我们事业的健康发展根本上提供了保证"②。第三,民族精神教育。1989 年在会见中日经济协会访华团时,邓小平强调:"一个大的失误就是思想政治教育少了,连爱国主义宣传也少了。""青年人当中,有人认为外国的月亮也比中国的圆,这实际上是一种洋奴思想。"③针对思想战线出现的一些混乱,邓小平认为这是一个重大失误,是对青年学生引导不力造成的。因此,在抓好经济建设的同时,要加强爱国主义、艰苦奋斗、勤俭节约、自强不息等民族精神教育。第四,历史事实教育。他认为,"我们的思想战线上出现了一些混乱,对青年学生引导不力"④,要改变引导不力的状态,就要加强历史教育,引导青年群体树立正确的历史观,让他们了解自己国家的历史,增强爱国主义情感,凝聚起推进社会主义事业前进的动力。

---

① 《邓小平文选》(第 3 卷).北京:人民出版社 1993 年版,第 305 页。

② 《邓小平文选》(第 3 卷).北京:人民出版社 1993 年版,第 202 页。

③ 中共中央文献研究室编:《邓小平思想年编(1975—1997)》.北京:中央文献出版社 2011 年版,第 682 页。

④ 中共中央文献研究室编:《邓小平思想年谱(1975—1997)》.北京:中央文献出版社 1998 年版,第 1163 页。

3. 思想政治教育要坚持以人为本。第一,坚持走群众路线。邓小平指出要充分认识到思想问题主要来源于生活中的具体问题,及时回应受教育者的生活实际,解决实际困难,多办实事,引领受教育者思想的转变。因此,我们需要探索受教育者容易接受的形式开展思想政治教育工作,采用讲道理的方式,提高他们的政治觉悟和思想水平。此外,我们还要多到青年群体中,开展深入细致的调查研究,掌握青年人的心理特点和需求,针对性开展思想政治教育。第二,批评与自我批评。批评与自我批评是我们党的传家宝,是解决思想混乱问题的有效方法。没有批评与自我批评精神,就不能及时地总结经验,修正错误,也不会用错误的教训来教育干部、党员和群众。第三,加强典型引领。思想政治教育不仅要扫除负面思想,而且要注意发挥优秀典型的引领示范作用,通过宣传一些优秀人物的具体事例和高尚品质,引导受教育者学习、模仿、靠拢。邓小平指出,党的思想政治教育工作要树立一大批现实生活中的典型,这些同志能够为党的教育事业诚心诚意地办好事,这样的正能量在任何时候都可以影响别人的价值观。第四,注意言传身教。以身作则是最好的思想政治教育方法,不能说的是一套,做的又是另外一套。学校思想政治教育要加强教师队伍建设,在思想、行为、知识上树立良好榜样,在学习知识、掌握方法、提升能力上做表率。

(三)江泽民关于思想政治理论课获得感的主要思想

江泽民立足于改革开放和发展社会主义市场经济,立足社会发展过程中遇到的矛盾问题,结合时代特征,形成了江泽民思想政治教育观。20 世纪 90 年代,东欧剧变、苏联解体,世界社会主义运动陷入低潮,一些民众对社会主义的信心也出现了动摇。江泽民通过正确分析资本主义发展规律,明确回答社会主义经过长期发展必将代替资本主义,提出“越是发展经济,越是改革开放,越要重视思想政治工作”①,“越是深化改革,越是遇到困难,越要加强思想政治工作”②,并将“努力培养造就有理想、有道德、有文化、有纪律的社会主义公民”作为教育的根本任务。

1. 思想政治教育的根本任务是培养全面发展的社会主义建设者和接班人。1994 年,江泽民同志在全国宣传思想工作会议上系统阐述了新时期党的思想政治工作的任务:从“如何培养人”的方法论出发,提出要以科学的理论武装人,以正确的舆论引导人,以高尚的精神塑造人,以优秀的作品鼓舞人;从“培养什么样的人”的任务论出发,提出努力培养造就有理想、有道德、有文化、有纪律的“四有”公民;从“为什么培养人”的目的论出发,提出要保证党的路线方针政策和国家的法律法规的贯彻执行,保证改革开放和现代化建设的顺利进行。高校思想政治教育要紧扣国家的国民教育、人才培养体系,围绕着“为什么培养人”“培养什么样的人”“如何培养人”,培养全面发展的社会主义建设者和接班人,确保党的路线方针政策的贯彻执行。

2. 思想政治教育的主要内容是马克思主义、基本国情和道德法制。第一,马克思主义教育。江泽民非常重视马克思主义教育,指出要坚持马克思主义的指导地位,用马列主义、毛泽东思想、邓小平理论教育武装全党,“特别是要加强马克思主义哲学教育、党的基本路线的教育、党的基本知识教育”③。第二,理想信念教育。2002 年,江泽民在共青团成立 80 周年大会上指出,青年人是富有理想的,真正的远大理想是要和祖国同呼吸、共命运,青年人的理想就是努力把我国建成社会主义现代化国家,实现中华民族的伟大复兴。因此,要加强爱国主义、集体主义和社会主义教育,引导正确处理个人、集体与

---

① 《江泽民文选》(第 3 卷). 北京:人民出版社 2006 年版,第 74 页。

② 《江泽民文选》(第 3 卷). 北京:人民出版社 2006 年版,第 513 页。

③ 中共中央宣传部编:《毛泽东邓小平江泽民论思想政治工作》. 北京:学习出版社 2000 年版,第 117 页。

国家的关系，坚定对马克思主义的信仰，对社会主义、共产主义的信念，对国家现代化建设的信心。① 第三，基本国情教育。在改革开放和发展社会主义市场经济条件下，我国经济的发展繁荣的同时也面临着西方文化的冲击，资本主义的腐朽思想文化趁机而入，滋生了一些消极丑恶现象，动摇了部分人的理想信念，腐蚀了一些党员干部。究其根本，在于这些人对中国基本国情不了解、对社会主义初级阶段特点不清楚，从而导致缺乏道路自信、理论自信、制度自信、文化自信。因此，思想政治教育必须加强"一个中心，两个基本点"的基本路线教育、增强中国历史、人口自然条件、经济文化现状、传统文化等教育，加深民众对党的基本理论、基本路线、基本方针的理解。第四，德治法治教育。2001 年，在全国宣传部长会议上，江泽民首次提出将依法治国和以德治国相结合，指出"在建设有中国特色社会主义，发展社会主义市场经济的过程中，要坚持不懈地加强社会主义法制建设，依法治国；同时也要坚持不懈地加强社会主义道德建设，以德治国"②。法律明确了"禁区"，但是无法解决思想和道德问题，法是他律，德是自律，二者并用才能规范自身行为、提高思想行为自觉。因此，我们既要通过法律规范人们的行为，也要通过道德提高人们行为的自觉。第五，科学技术教育。江泽民反复强调牢牢把握"科学技术是第一生产力"这一基本原理，指出在实施科教兴国这一战略的同时，"要在全社会加强科学知识、科学方法、科学思想、科学精神的宣传教育，增强识别和抵制各种唯心主义、封建迷信及伪科学的能力"③。概言之，思想政治教育要加强马克思主义教育，帮助学生掌握认识问题、分析问题、解决问题的方法论；要加强理想信念教育，补足

---

① 朱清：《江泽民思想政治教育理论的时代特征》.《徐州师范大学学报（哲学社会科学版）》2008 年第 6 期。

② 中共中央文献研究室编：《江泽民思想年编（1989—2008）》. 北京：中央文献出版社 2010 年版，第 515 页。

③《江泽民文选》（第 3 卷）. 北京：人民出版社 2006 年版，第 90 页。

精神之钙;要加强国情教育,厚植爱国情怀;要加强法制教育,提高学生行为自觉;加强科学技术教育,提升能力水平。

3. 思想政治教育应该春风化雨。第一,坚持以人为本。思想政治教育力求做到生动活泼、喜闻乐见,切忌形式主义、教条主义,切忌简单生硬、粗暴僵化,做到既讲道理又办实事,既以理服人又以情感人,在解决实际问题中,引导群众提高思想境界。第二,加强制度建设,把思想政治教育与制度建设相结合,继承和发展我们党的政治优势。第三,发挥榜样引领作用。榜样的力量是无穷的,思想政治教育要充分发挥先进人物、先进事迹的感召、激励作用,树立正气,推动发展。第四,重视互联网技术,思想政治教育工作者一方面积极利用网络优势和信息资源,丰富思想政治教育的内容和形式,另一方面加紧研究其传播规律特点,拓展思想政治工作的空间和渠道,掌握网络信息斗争的主动权。

(四)胡锦涛关于思想政治理论课获得感的主要思想

21世纪,国内外形势复杂多变,机遇和挑战前所未有。国际上,综合国力竞争更加激烈,西方敌对势力加大渗透、分化力度,各种思潮交织叠加。从国内看,改革发展进入关键期,经济发展不平衡加剧,社会转型矛盾问题繁多,各种文化思想相互激荡,加强思想政治教育迫在眉睫。① 这种情况下,思想政治教育工作面临的形势极其严峻、面临的考验异常复杂。对此,胡锦涛认为:“思想政治教育工作面临着许多新情况新问题,还面临着与新形势新任务不相适应的问题,存在着不少的薄弱环节。”②在对面临形势进行精准分析的基础上,胡锦涛首次提出建设社会主义核心价值体系,指出教育的目标任务是

① 任福全、王美娜、王鑫:《胡锦涛思想政治教育理论创新探索》.《求实》2011年第3期。

② 中共中央文献研究室编:《十六大以来重要文献选编(中)》.北京:中央文献出版社2006年版,第632页。

培养造就具有高尚思想品质和良好道德修养、掌握现代化建设所需要的丰富知识和扎实本领的优秀人才。

1. 思想政治教育的目标任务是培养“四个新一代”。第一，提出培养“四个新一代”。鼓励广大青年努力成为“思想远大、信念坚定的新一代，品德高尚、意志坚强的新一代，视野开阔、知识丰富的新一代，开拓进取、艰苦创业的新一代”[①]，目的是通过造就千千万万的“四个新一代”的优秀人才，为国家建设、改革、发展积蓄强大后备力量，使他们与祖国同呼吸、共奋斗。第二，提出构建社会主义和谐社会。思想政治教育工作为构建社会主义和谐社会提供强大精神动力。通过思想政治教育的理论创新、体系创新、方法创新，凝聚全社会共识，共同建设一个“民主法治、公平正义、诚信友爱、充满活力、安定有序、人与自然和谐相处”的美好社会。因此，高校作为培养人才的重要基地，必须把培养社会主义建设者和接班人作为根本任务，[②]要坚持以人为本，以“一切为了人，为了一切人，为了人的一切”为出发点，培养时代新人，为构建社会主义和谐社会提供强大的精神动力。

2. 思想政治教育的基本内容是马克思主义、民族精神和荣辱观。第一，马克思主义教育。胡锦涛将江泽民“三个代表”思想作为新时期思想政治教育的基本内容，提出科学发展观、构建社会主义和谐社会、“八荣八耻”的社会主义荣辱观等战略思想，进一步丰富和发展了马克思主义思想政治教育理论。第二，民族精神教育。民族精神是中华民族五千年生生不息、发展壮大的强大精神动力，我们必须结合时代和社会的发展要求加以继承和发扬。鉴于此，胡锦涛反复强调“抗日精神”“长征精神”“革命精神”，提出要对民族精神赋予新

---

① 周光迅、武群堂：《试论胡锦涛同志对思想政治教育理论的创新》，《浙江学刊》2009 年第 2 期。

② 《胡锦涛在全国加强和改进大学生思想政治教育工作会议上发表重要讲话强调　进一步加强和改进大学生思想政治教育工作　大力培养造就社会主义事业建设者和接班人——温家宝曾庆红吴官正罗干等出席　李长春主持并讲话》，《思想教育研究》2005 年第 2 期。

的时代内涵，发挥其培养人、塑造人的作用。第三，荣辱观教育。为旗帜鲜明表明“坚持什么、反对什么、倡导什么、抵制什么”，胡锦涛同志提出“八荣八耻”的社会主义荣辱观，引导中国广大干部群众特别是青少年树立社会主义荣辱观，丰富公民道德体系。第四，核心价值观体系教育。在党的十六届六中全会上，胡锦涛首次提出建设社会主义核心价值体系，明确其基本内容是：马克思主义指导思想、中国特色社会主义共同理想、以爱国主义为核心的民族精神和以改革创新为核心的时代精神、社会主义荣辱观。

3. 思想政治教育要坚持以人为本和“三贴近”原则。第一，以人为本原则。以人为本是思想政治教育的根本原则。党的十七大报告中，胡锦涛提到要坚持以人为本，坚持人民在建设中国特色社会主义事业中的主体地位，“坚持发展为了人民、发展依靠人民、发展成果由人民共享，不断实现好、维护好、发展好最广大人民的根本利益”[①]。因此，思想政治教育必须坚持“人民”这个核心，以“一切为了人，为了一切人，为了人的一切”为基本原则。第二，“三贴近”原则。胡锦涛紧密结合思想政治教育的规律和特点，结合马克思主义世界观和方法论，提出了“贴近实际、贴近生活、贴近群众”的“三贴近”原则，反映了新阶段新形势下思想政治教育的新要求。坚持“三贴近”，才能正确把握好社会主义初级阶段这个基本前提，才能从生活中汲取智慧，才能吸引群众引起情感共鸣，才能提高思想教育工作的针对性、时效性，最终真正把思想政治教育工作做实做深做细。

4. 思想政治教育坚持教育与管理相结合。第一，坚持解决思想问题和解决实际问题相结合。思想问题大部分是由生活具体实际问题引起的，解决思想问题要同群众的生活状况、切身利益相结合，做到既解决问题，又以理服人。第二，坚持教育和自我教育相结合，要

① 中共中央文献编辑委员会：《胡锦涛文选》(第 3 卷). 北京：人民出版社 2016 年版，第 559 页。

激发受教育者内生动力，主动进行自我反思、自我提升。第三，完善思想政治教育制度，加强教育的规范管理，将教育引导和科学管理相结合，实现相互促进。第四，坚持继承传统和改进创新相结合，既要继承好中华民族五千多年历史酝酿的优秀传统文化，又要密切关注新的历史条件下的新思想，尤其要注意提高网络思想政治教育水平，牢牢把握话语权和主动权。大学生思想政治教育要坚持以学生为中心，坚持贴近实际、贴近生活、贴近学生，实现生活问题和思想问题的“共赢”，引导学生自觉从生活中汲取智慧，引起情感共鸣，激发学生内生动力。因此，大学生思想政治教育既要以理服人、春风化雨，又要简单直接、立竿见影；既要继承好中华优秀传统文化精华，又要学习掌握新科技新知识，最终真正把宣传思想工作做实做深做细。

（五）习近平关于思想政治理论课获得感的主要思想

随着中国特色社会主义进入新时代，我国社会主要矛盾已经转化为人民日益增长的美好生活需要和不平衡不充分的发展之间的矛盾。时值大发展大变革大调整时期，各种价值观念和社会思潮纷繁复杂，原有经济基础和社会基础的变化，相对应的意识形态也发生着变化，对思想政治教育工作形成严峻挑战。如何引导各阶层人民在改革和发展中真正认同中国特色社会主义道路，如何用马克思主义坚定人民信念，如何用社会主义核心价值观凝聚“中国梦”，怎样破解信息技术大发展对传统思想政治工作的冲击和争夺意识形态领域的话语权，是当前思想政治工作迫切需要解决的问题。2019 年，在全国思想政治理论课教师座谈会上，习近平指出“努力培养担当民族复兴大任的时代新人，培养德智体美劳全面发展的社会主义建设者和接班人”①是思想政治工作的根本任务。

---

①《习近平主持召开学校思想政治理论课教师座谈会强调　用新时代中国特色社会主义思想铸魂育人贯彻党的教育方针落实立德树人根本任务”》.《人民日报》2019 年 3 月 19 日。

1. 社会主义核心价值观教育贯穿思想政治教育全过程。2013年，中共中央办公厅下发《关于培育和践行社会主义核心价值观的意见》，从国家、社会、公民三个层次，提出了24字的社会主义核心价值观即“富强、民主、文明、和谐；自由、平等、公正、法治；爱国、敬业、诚信、友善”，并将其纳入国民教育全过程，成为凝聚全党全社会价值的重要论断。2017年，习近平在党的十九大报告中强调，“发挥社会主义核心价值观对国民教育、精神文明创建、精神文化产品创作生产传播的引领作用，把社会主义核心价值观融入社会发展各方面，转化为人们的情感认同和行为习惯”。2018年通过的中华人民共和国宪法修正案，将“国家倡导社会主义核心价值观，提倡爱祖国、爱人民、爱劳动、爱科学、爱社会主义的公德”写入其中。可见，我们要把培育和践行社会主义核心价值观贯穿于国民教育的全过程，贯彻落实到经济社会发展实践和社会治理中，把提高人民道德水平、引领社会思潮、凝聚社会共识，作为新时代思想政治工作的核心内容。

2. 思想政治教育必须抓好教师队伍建设。习近平强调，办好思想政治理论课关键在教师，关键在发挥教师的积极性、主动性、创造性，思政课教师要给学生种下真善美的种子，引导学生扣好人生的第一粒扣子。基于此，习近平从政治强、情怀深、思维新、视野广、自律严、人格正等六方面出发，对思政课教师队伍提出要求。因此，高校要在薪酬待遇、职称评定、教学环境、人文氛围等方面，为教师教育教学提供坚实保障，激发教师的主动性、积极性。同时，高校要加强教师队伍管理，培养一支讲政治、有情怀、善创新、能自律、眼光远、人品正的教师队伍。

3. 推动思想政治理论课改革创新。习近平从“八个相统一”出发，强调要增强思想政治理论课的思想性、理论性、亲和力和针对性，分别是：坚持政治性和学理性相统一，回应困惑，感召思想；坚持价值性和知识性相统一，加强价值引导；坚持建设性和批判性相统一，传导主流意识形态；坚持理论性和实践性相统一，在实践中吸收转化；坚持统一性和多样性相统一，因地因时因材施教；坚持主导性和主体性相统一，发挥学生能动作用；坚持灌输性和启发性相统一，提升分析思考能力；坚持显性教育和隐性教育相统一，挖掘丰富教育资源。因此，大学生思想政治教育改革，要重视学生主体作用，不断丰富完善教学目标、教育方式方法、教学内容，并将其贯彻落实到学生教育和培养中，提高学生科学理论知识和道德水平，凝聚学生思想共识，将教育成果转化为学生的自我提高。

4. 坚持思想政治教育正确的政治方向。2018 年，习近平在北京大学师生座谈会上的讲话中提到，“每个国家都是按照自己的政治要求来培养人”①，说明正确的政治方向是培养人才的前提。在 2018 年全国教育大会上，习近平强调要坚持社会主义办学方向。对于如何才能保持正确的政治方向，习近平提出要抓好马克思主义理论教育、培育和弘扬社会主义核心价值观、坚持以德树人、培养社会主义建设者，与此同时，还要加强党对思想政治工作的领导，各级党委在工作格局、队伍建设、支持保障等方面采取有效措施，确保政治方向“不偏”。因此，大学生思想政治教育要加强马克思主义理论教育，加强党的路线方针政策教育，加强国情历史教育和革命传统教育，培养担当民族复兴大任的时代新人。

5. 构建思想政治教育高水平人才培养体系。习近平提出，人才培养体系涉及面比较广，而思想政治工作体系是贯通学科体系、教学体系、教材体系、管理体系的生命线。因此，要加强思想政治工作体系建设，保证其他四个体系的正确政治方向、协调它们之间的矛盾、激励它们高效运转。

6. 思想政治教育坚持以人民为中心。习近平把人民对美好生

① 《习近平在北京大学师生座谈会上的讲话》.《人民日报》2018 年 5 月 3 日。

活的向往作为我们党的奋斗目标，提出“中国梦”具体内涵是国家富强、民族振兴、人民幸福，并指出中国梦归根到底是人民的梦，必须依靠人民来实现。在此基础上，习近平倡导教育要“接地气”“讲真话”，要像空气一样无所不在、无时不有，指出思想政治工作要从人民群众的日常生活出发，紧密结合群众的需求，才能充分发挥正面宣传鼓舞人、激励人的作用。“思想政治工作说到底是人的工作”①，大学生思想政治教育要坚持以“学生”为中心，一方面关注学生需求、回应学生渴望、解决学生问题，激发学生自觉提升思想境界，另一方面，充分发挥学生在思想政治教育中的主动作用，注重挖掘学生潜能。②

（六）其他党和国家领导人关于思想政治理论课获得感的主要思想

1. 周恩来思想政治工作主要思想。周恩来认为，教育是大众的，是服务人民、利于人民的，指出能否培养出为社会主义服务的合格人才，关键在于能否做好学校的思想政治教育工作。对于如何改造旧思想，他认为思想问题、世界观问题要慢慢改造，不能急。

第一，思想政治工作的重要性。首先，思想政治工作是革命建设的基础和保障。1938 年，在《抗战军队的政治工作》中，周恩来指出正是由于中国革命军队有坚强的革命政治工作，中国红军才能够团结苏区人民进行残酷战斗，并且断言“以革命主义为基础的革命政治工作是一切革命军队的生命线与灵魂”。其次，思想政治工作是提高人们认识能力的有力武器。周恩来强调坚持思想改造的长期性，肃清旧社会的陋风败习、提高人们理性认识能力。1961 年，他在文艺工作座谈会上指出：“对于思想上作风上的问题，搞精神生产的文艺工作

① 《习近平在全国高校思想政治工作会议上强调：把思想政治工作贯穿教育教学全过程　开创我国高等教育事业发展新局面》，《人民日报》2016 年 12 月 09 日。

② 张博、张世昌：《习近平用典中的思想政治教育元素探析》，《思想教育研究》2020 年第 1 期。

者要尤其注意。我们从旧社会来,所以旧思想旧作风在人们的脑子里或多或少地存在。”对于如何改造旧思想,他认为“思想问题,世界观问题要慢慢改造,不能急”,要求各级各部门都要加强思想政治工作,把思想改造看成空气一样,无时无刻不在改造、终生改造。再次,思想政治教育工作是培养人才的关键。周恩来认为,教育是大众的,是服务人民、利于人民的。指出能否培养出为社会主义服务的合格人才,关键在于能否做好学校的思想政治教育工作。1957 年,他在第一届全国人民代表大会第四次会议上强调,要加强青年政治思想教育,培养他们成为国家建设的合格人才。第二,思想政治工作的基本内容。首先,四项基本原则是核心内容。1951 年,周恩来在谈到关于知识分子改造时,指出鸦片战争以来的斗争经验,证明中国必须坚持社会主义的道路、坚持中国共产党的领导、坚持人民民主专政、坚持马克思主义,强调“党的思想政治工作必须坚持不懈地把对人们进行四项基本原则的教育作为自己的中心内容和最根本的任务”。[①] 其次,人生观、价值观教育是基本要求。他强调要进行集体主义教育,培养为建设新中国奋斗的观念,并且指出集体主义和个人主义是对立的,但集体主义并不否认个人的价值和个性的发展。他强调进行爱国主义教育,凝聚民族共识,激发人民力量,但是反对狭隘的民族主义。此外,他还注重革命传统教育,告诫青年要珍惜来之不易的革命胜利,做到不忘本。第三,思想政治教育工作方法。首先,教育者要以身作则。教育者要有坚定的政治立场、博学的知识、优良的品格,身体力行、以身作则、做好“人类灵魂的工程师”。其次,理论联系实际。教育者要加强马列主义理论教育,并积极引导学生通过劳动、交流和社会调查等实践活动,促进对理论的理解吸收。再次,做到以理服人。他指出,促使个人思想的转变必须通过本人的自觉,因此

---

① 陈成文:《周恩来的思想政治工作思想初探》.《理论与改革》1998 年第 4 期。

“用粗暴的方法进行思想改造，是不能解决问题的”，必须动之以情、晓之以理，促使心悦诚服、自觉转变。

高校要认识到思想政治教育在人才培养中的关键地位，把思想政治教育贯穿在学校教育的全过程中，常抓不懈，培养学生成为国家建设的合格人才，要加强进行集体主义教育、爱国主义教育、革命传统教育，激发爱国力量，保持和发扬自力更生、艰苦奋斗的优良革命传统。此外，高校要打造优良的教师队伍，要求教育者要有坚定的政治、博学的知识、优良的品格，身体力行，以身作则，做好“人类灵魂的工程师”。

2. 朱德思想政治工作主要思想。朱德指出，资产阶级思想政治教育采用模糊欺骗的手段，散布不切实际的花言巧语，因此要启发和提高无产阶级自身觉悟。在此基础上，他强调必须通过思想政治教育使红军坚定正确的政治方向，完全接受共产党的领导。

一是说服教育。朱德认为，工作中“要会说道理，要会根据事实来说服人”，但是说服别人需要深厚的理论功底，因此要学习马克思主义理论和各类其他知识，提升说服的能力，做到以理诲人。做到这一点，我们要根据受教育者的年龄、性格、经历等，统筹考虑个性特点、知识结构、接受能力等方面，针对性开展教育，同时要充分尊重、信任、爱护受教育对象，平等相待，和风细雨进行教育。二是榜样示范。朱德认为，榜样的力量是无穷的，要“拿出好的榜样教育激励群众”，提出要善于从群众中发现挖掘榜样人物，大力宣传弘扬榜样精神，关爱培养英雄人物。三是自我教育。朱德明确指出，“政治工作要走群众路线”，强调自我学习、自我检修、自我成长的重要性，提出要加强马克思主义等理论知识学习，提高自身修养，要把理论和实践相结合，实现学用相长。四是批评与自我批评。他认为，“要发扬批评和自我批评的精神，反对只能听人奉承赞扬、不能受人批评监督的恶劣行为”。因此，教育者必须端正批评态度，坚持实事求是，讲究批评方法，通过批评与自我批评，实现治病救人。

3. 刘少奇思想政治工作主要思想。第一，坚持马克思主义正确方向。20 世纪 30 年代，由于马克思主义在中国传播时间较短，我们党对于什么是真正的马克思主义没有统一的认识，在各种非马克思主义思想的影响下走了很多弯路。对此，刘少奇指出，“必须学会用正确的马克思主义来指导一切工作环节，用社会主义的、马克思列宁主义的思想去武装知识分子和人民群众”[①]，只有辨别出正确的马克思主义，才能推动中国革命和建设取得胜利。第二，坚持实事求是基本前提。刘少奇认为，要密切结合每个历史时期的具体特点和当时人民群众的思想状况，不能脱离实际，同时，“在实际工作的宣传上要联系基本理论，同时基本理论的宣传也要联系实际工作，两者要相互联系，而且要联系得很好”。第三，刘少奇注重教育内容：一是马列主义教育，着重讲马列主义关于人类社会发展规律等认识论、方法论，讲马克思主义在中国革命中的运用问题；二是人生观价值观教育，学好全心全意为人民服务这一宗旨；三是国情道路教育，认为社会主义道路是通过历史和实践证明的唯一正确道路。

因此，大学生思想政治教育要坚持马克思主义正确方向，教育学生对真正的马克思主义有统一的认识，将马克思主义基本原理与中国国情相结合，促使学生立足实际、认识国情，推动中国改革和建设朝着正确的方向迈进。

4. 陈云思想政治工作主要思想。陈云认为思想政治教育地位特殊、内容广泛、方法灵活，必须用好思想政治教育工作这个武器，保持党的先进性、纯洁性。[②] 第一，强调思想政治教育地位的重要性，认为思想政治工作是经济建设、改革开放、新时期执政党建设的可靠保

---

① 《刘少奇论党的建设》，北京：中央文献出版社 1991 年版，第 368 页—369 页。

② 王锐、王学俭：《陈云思想政治教育方法与党员干部思想政治教育》，《思想政治教育研究》2015 年第 3 期。

证。第二，强调思想政治教育内容的丰富性，主要包括进行四项基本原则教育、共产主义思想教育、爱国主义教育、革命传统教育、集体主义教育、革命理想和革命纪律教育。第三，强调思想政治教育方法的原则性，主要有：坚持实事求是、解决问题原则；坚持做好调查研究，解决实际困难原则；坚持"共产党是讲道理的"，以理服人原则；同时，他还提出正确运用批评和自我批评这一武器，发现问题，修正错误，来保持党的先进性、纯洁性。

三、国外关于政治教育课获得感的理论借鉴

（一）教育学关于获得感的理论

1. 罗杰斯人本主义理论。罗杰斯提出了"以学生为中心"的非指导性教学教育思想，认为这是一种教育的策略，而不是固定的教学方法。罗杰斯提出学习的目标是促进人的全面发展，培养"自我实现的人"和"完整的人"，认为学生是学习的中心，教师发挥着促进者的角色，良好的师生关系能够有效促进学习效果。据此，他指出，学习方法主要包含"有意义的学习"和"自由的学习"两种，教育评价应该以"学生自我评价"为主。①

在大学生思想政治教育中，要坚持"以学生为中心"，摒弃以教师为中心的理念。首先，设置以人为本的教育目标。围绕培养"完整的人"与"自我实现的人"的目标，在课程设置、培养方式、授课内容、教学工具、教学手段等方面进行调整，突出以学生中心的特点，激发学生自主学习的意识。据此，大学生思想政治教育要注重价值层面和精神层面的培养，发挥音乐、体育、美术、艺术的作用，提升学生的审

---

① 杜月菊：《罗杰斯的教育思想及对我国思想政治教育的启示》.《学校党建与思想教育》2009年第26期。

美和情感，促进学生成为“全面发展的人”。其次，教师要充分发挥学习促进者的角色。教师要充分相信学生、尊重学生，加强与学生沟通交流，建设民主、平等、和谐、互学的良好师生关系，促进学生积极参与，提高思想教育的时效性。同时，教师教学要注重学生的自我评价，改变单纯由老师进行学习效果评定的做法，使学生参与到教学评价中，激发学生参与的积极性，引导学生进行评价标准思考，自省自身学习行为。

2. 斯金纳行为主义理论。期望价值理论研究的是动机问题，认为人类在动机推动下产生的行为是由两个成分共同决定的，即人们对某种目标的期望和在当时环境下该目标所具备的价值。斯金纳在操作性条件反射理论的基础上，提出了强化理论，包含正强化、负强化和惩罚三种形式。① 人的行为取决于环境和强化，期望值和目标价值影响着个人动机的强弱。据此，他强调个体差异性，指出每一个人对价值的判断都是基于自身生活实践经验，因此对同一个目标的价值判断并不是一致的。

大学生思想政治教育，要利用好激发学生动机和加强外部刺激的方法，提高学生主动学习的动机。第一，构建个体化教学模式。大学生思想政治教育要注重学生个体差异化，以培养学生自主学习能力、创新能力为目标，通过课堂设计，让学生拥有更多的参与权、话语权，提升学习者学习兴趣；教师要突出知识点的条理性、可理解性，促使学生理解并思考，提升价值认同；同时，教师要差别化确定教学设计和学习目标，例如，根据学生需求，将培养方向定为学术型、工作型、出国深造型，针对性开展教育培养。第二，确定明确的学习目标。思想政治理论课要加大课程的趣味性、生动性，激发学生学习动机，要注意课程设计难度，避免学生因为难度系数大而影响参与意愿，影

① 刘圆圆：《斯金纳的新行为主义对当今思想政治教育的启示》，《学理论》2011 年第 14 期。

响学习主动性，同时还要为学生提供知识输出的平台和机会，让学生更有获得感、价值观，激发学生自愿参与的动机。第三，激发学生价值感知。大学生思想政治教育要引导学生对知识获得途径的认识，培养学生养成良好的思考和学习习惯。例如：努力的程度越大，越容易实现既定目标；对学生进行鼓励教育，使其感受到目标实现的可能性；帮助学生克服学习中的困难，并分析学习困难原因，总结好的学习经验做法，促进教学成果的最大化。

3. 泰勒管理理论。泰勒被称为“科学管理之父”，他的管理理论核心内容是科学化、规范化、制度化和标准化，核心思想是通过科学的管理手段，促使效率最大化。采用科学的管理方法，可以更好地实现教育目标。①

大学生思想政治教育，通过科学、高效、有序的管理，促进学习效益的最大化。首先，科学选拔优秀管理人才。高校要为各岗位匹配优秀人才，定期进行教育培训，协调好教育管理者、教育工作者、教育者之间的关系，发挥三者的积极性、主动性。与此同时，高校要实行管理者与教育者分开，形成层层管理的格局，吸收现代管理方法，提高管理者业务素质。其次，完善教师管理体制。主要内容包括：明确教师权责关系，强化教师教育者的职能和角色；对学校管理人员、行政人员、教师、辅导员等分类分批全员培训，提升队伍建设；树立以学生为本的理念，把学生看成一个独立、自由的个体，充分尊重其主体地位；促进师生平等交流，加强学生思想教育，培养其独立性、创造性引导其将个人能力和社会需求相匹配。最后，注重对效率的研究，主要内容有：把教育组织的效率问题的研究放到重要地位；注重研究方法问题；建立客观科学评价机制进行工作成效考评，解决教师、行政者、辅导员之间的利益冲突。

---

① 杜先涛、赵婷：《泰勒科学管理思想对我国高校思想政治教育管理的启示》.《哈尔滨学院学报》2008 年第 5 期。

4. 期望价值理论。期望价值理论将人的行为分为两种，应答性行为和操作性行为，应答性行为是指人自然发生的行为，例如眨眼，操作性行为是指通过一定外界条件的刺激而产生的行为，例如学习强化的类型有三种：正向强化、负向强化、自然消退。①

大学生思想政治教育，加强正向强化，注意负向强化，坚持正向强化为主，负向强化为辅。主要做法有：尊重学生的主体性，相信学生有自我适应和调试的能力，必要时采用自然消退；注重学生个体化差异，根据学生需求的不同，采用不同的激励内容和形式，对学生进行正向强化；注意强化的频率和时间，防止过分强化导致吸引力降低；善于抓住时机，及时对学生好的行为进行正向激励，避免失去时效性；物质奖励和精神奖励相结合，注意物质奖励的尺度和场合，避免“过犹不及”；注意强化的标准、内容、方向的一致性，避免差异而引起矛盾和混乱；对学生的负面行为进行消极强化，必要时采取批评教育、撤销替代性奖励等方法，及时修正学生行为。

（二）心理学关于获得感的理论

1. 班杜拉社会学习理论。社会学习理论从心理学的角度，研究了人的行为、认知和环境之间的相互作用。系统探究人的学习问题，提出了观察学习理论、自我调节理论、自我效能理论、交互理论等四个理论。②

在大学生思想政治教育中，注重培养人的行为、认知、环境之间的良性互动。首先，观察学习。人的行为来自遗传和后天习得，但主要是靠后天习得的。行为学习主要通过两种途径，一种是自身的经

---

① 唐旭姣：《斯金纳强化理论对大学生思想政治教育的启示》，《开封教育学院学报》2015 年第 2 期。

② 刘东桥：《班杜拉的社会学习理论对大学生思想政治教育的启示》，《教育教学论坛》2014 年第 23 期。

验习得的直接经验，一种是通过观察别人而获得的间接经验。而观察学习要经历注意、记忆保持、转换、再现四个阶段。在思想教育中要重视发挥观察的作用，主要做法有：培养学生善于观察的良好习惯；积极向学生推介良好的榜样，注意发挥教师、家长、同伴的榜样示范作用，为学生观察提供大量优秀素材；引导学生总结优秀经验，理解其深刻内涵和时代价值，学会辩证分析。其次，交互学习。个人的行为、认知和环境之间都不是一个独立的个体，它们相互影响、相互促进、相互决定，不能把某一个因素看得比其他因素更重要。因此，要做到：重视学校环境的建设，营造优秀学风校风；合理设置课程，将思想政治教育作为重要学习内容，使学生耳濡目染；培养学生主动学习的良好意识，激发学生自身认知动力，坚定学生信心，促进自我和环境的共同发展。再次，自我调节。自我调节是通过对行为计划和预期的结果进行理性判断和考量进而进行自我调适的动态过程，是个人内在标准的强化。自我调节分为自我观察、自我判断、自我反应三个过程，说明人具有理性认识的能力。因此，思想政治教育要培养学生自我思考和评价的能力，灌输正确的价值观和方法论，使学生在自我调节时保持正确的方向。最后，加强自我效能。自我效能主要是指人在面临一项工作或者任务时候的自我评价，评判自己"能否胜任"，是一种能力和信念的感受、判断，其形成主要受行为的成败经验、替代性经验、言语劝说、情绪的唤起、情境条件五个因素的影响。因此，思想政治教育需要做到：引导学生反思总结以往经验，客观全面看待自身优势及特点，树立正确的评判观；教授学生克服困难的技巧，提升解决问题的能力，增强自信心；及时关注学生的学习成效，调整教学方法，鼓励暂时落后学生，激发学生学习动力，高质量完成教学。

2. 马斯洛的需求层次理论。马斯洛认为人的需要是分层次的，由低到高分别是生理需求、安全需求、归属需求、尊重需求和自我实现需求。只有低层次的需求被满足后,人们才会追求更高层次的需求。需求的产生和实现必须依靠外部的刺激和自我的动力互相作用才能实现,需求是一种动机,有了动机就会确定目标并为之努力,最终实现更高层次需求的满足。

大学生思想政治教育,注重学生不同层次的需求,并有针对性地满足。第一,保障学生的生理需求。高校要关注贫困、残疾等特殊困难学生群体,通过助学金、专项扶持金、学生助学岗位等形式,适当倾斜照顾这部分人的需要,保证学生吃、穿、住、行等基本需求,使他们能够安心学习。学校各部门要强化管理,加强部门联系,为学生学习成长营造一个安全、舒适的良好环境。第二,满足学生的安全需要。学生安全不仅仅包含人身安全,还应该包含医疗安全、财产安全、环境安全、心理安全、网络安全等要素。[①] 学校要加强自身建设,为学生提供满足各种需求的基础设施,要针对不同群体学生的特点,开展引导教育工作,尤其是对刚入学的低年级学生,加强安全教育,提升学生的安全感。第三,重视学生的归属需要。学校通过开展各类文体活动、交流活动、理论讲座、学术沙龙等形式,增强学生之间、师生之间的互动和交流,提高学生参与意识,帮助学生建立良好的人际关系。学校要担负起教授学生表达沟通技巧的责任,尤其要关注困难残疾等特殊群体学生,增强其适应和融入环境的能力,提高认同感和归属感。第四,维护学生的尊重需要。充分尊重学生作为个体的独立性,认识到学生被理解、尊重、认同的迫切需求,及时更新教育理念,转变教学方式。教师要多运用激励方法,维护学生的自尊,充分发挥学生的能动性,提高学习实践的成效。善于发现学生优点,鼓励其参与到社会实践、学生服务、学校管理等工作中去,激发学生积极性,促进学生自尊、自律、自强。第五,引导学生的自我实现需要。自

---

① 郗蕴超、罗树明、周颖:《从马斯洛的需求层次理论看高校德育工作的有效实现途径》.《黑龙江高教研究》2003 年第 5 期。

我实现应该包含知识学习、品德锤炼、能力提升等内容。学校要合理设置课程，促使学生获得理论知识、专业技术知识、社会实践知识，成为综合素质高的有用人才。同时学校要加强心理引导，关注学生需求，加强职业规划培养和就业指导，引导学生树立正确的就业观。

3. 赫兹伯格双因素激励理论。双因素激励理论认为人类有保健因素、激励因素两种不同类型的需要。[①] 保健因素指造成员工不满的因素，改善后能够降低或解除员工的不满，但不能激发起员工的积极性。例如：薪酬、人事等。激发员工积极性，只有激励因素才能起作用。例如：更高的岗位、更大的成就感。

第一，激励学生干部。一方面，要重视保健因素的预防和维持作用，主要内容包括：重视学生干部在学生管理中的重要地位和特殊作用，使学生干部感到被认可、被肯定、被需要，调动工作热情；建立团结合作的人际关系，加强团队的凝聚力；完善规章制度，为工作开展提供有力遵循，提高学生干部的管理能力和服务能力；建立科学考评激励机制，为学生干部评先评优提供依据，激发积极性。另一方面，要强化激励因素的内在动力作用，主要内容包括：坚持公平性原则，保证在选拔机制、选拔原则、选拔流程等方面的科学公平，确保结果的公正公开，加强双方的信任感；加强学生培训教育，全流程、分阶段有针对性开展交流、学习、访问等活动，提高学生综合能力；引导学生树立自己的合理目标，提供更多机会和平台，使其在新岗位上进行历练；激励学生迎接更有挑战的任务，提升学生自身能力，激发学生信心。第二，提升学生课堂教学效果。一方面，确保保健因素。在学校提供良好基础设施的基础上，教师创造和谐的课堂氛围，让学生参与到课程建设中，加强师生互动，激发学生积极性。另一方面，发展激励因素。教师了解学生课堂需要，根据学生需求进行教学内容和

---

① 张婷婷：《双因素理论在高校教师管理中的应用》，《黑龙江科技信息》2010 年第 32 期。

教学方法的调整，加强学习兴趣和学习能力的培养，引导学生做职业规划。第三，提升高校教师管理。一方面，高度重视保健因素，主要包括：在工作中关心教师生活，保障福利待遇、解决衣食住行后顾之忧，营造安静舒适的工作环境；丰富学校文化建设内涵，建立良好的校园环境。另一方面，充分发挥激励因素，主要包括：科研激励，提高教师的幸福感；典型引领，激发内在工作动力；完善制度，建立上升机制。

（三）社会学关于获得感的理论

1. 符号互动论。米德结合进化论、实用主义、行为主义理论，提出了符号互动论的观点。符号互动论认为符号是传达信息的基本单元，动作、表情、语言等是被赋予了一定含义的“符号”，它们是被大家公认的。[①] 其主要内容：人类有认识“符号”的能力，能够运用符号来认识世界中的万事万物；互动是基础，人类通过与社会结构的互动交流，进而对自我有了更深的认识；人有认识自我的能力，与自我“对话”，通过扮演“他人的角色”，认识、反思和评价客体自我，在角色扮演的互动中内化社会精神。后来，符号互动论被引入到微观层次的研究上，引到了具体的学校课堂，用来研究分析人与人之间的互动过程。

学校思想政治教育工作，要运用好符号的意义和价值。第一，学校是师生互动的重要场所。学校的一项基本职能是促进学生的社会化，由于学生其自身人格发展尚不完善，学校教师受社会的委托对学生进行知识、道德、人格的教育。只有教师和学生处在同一个环境中，才能加强对共同“符号”的认识和理解，教师才能针对学生的具体行为采取恰当的处理方式，促进学生的个性发展和完善。据此，学校

---

① 宋丽范：《符号互动理论及其对教育的启示》.《教学与管理》2006 年第 27 期。

要加强精神文明建设，创建良好校风。第二，教师对教育有着特殊作用。教师在教育中占据主动地位，一定程度上扮演着学生榜样的角色，因此必须标明并扮演与社会要求相符合的文化符号，引导学生在价值观、行为规范、理想信念等方面与社会需求相适应。在日常生活和教育中，教师要注意教育方法，多对学生进行鼓励肯定，增强学生的自信，促使学生获得良好"自我"，利于健康成长。第三，教育互动要注重学生的需求。教育的过程就是教育者和被教育者不断进行互动和适应的过程，学生既是教育对象也是教育主体。因此，教师要认识把握学生表演者的角色，深入学生的内心世界，理解学生具体行为背后的心理因素，并进行正确的干预引导。此外，教育者要重视学生之间的互动，创建互爱团结上进的良好班风，营造学生成长的良好环境。同时，教育者还要引导学生多参加社会活动、社团活动，促使学生在与他人的不断交往中获得自我发展的能力。

2. 交往行动理论。哈贝马斯的交往行动理论是在批判传统的工具理性所强调的人对人统治的基础上，提出构建一种人与人之间理性、平等、和谐的人际交往模式。① 这是一种价值理性，带有理想主义的色彩。哈贝马斯的交往行动理论把人们的社会行动分为目的性行动、规范性调节行动、戏剧行动、社会交往行动四种，主要内容有：交往行动包含个人对自然的认识、主体间的相互作用、主体内在的内心活动；理想的人与人之间交往是以生活为背景、语言为媒介、满足大众审美的理性交往；交往主体之间的交往水平取决于双方的知识储备和思想道德水平。

根据以上理论，首先，学校教育应该摒弃"主体—客体"的结构模式，建立"主体—主体"的结构模式。② 这也就是说，教育教学是双方

---

① 刘隽：《哈贝马斯的交往行为理论对思想政治教育的启示》.《理论与改革》2013 年第 1 期。

② 徐萍：《从哈贝马斯交往行动理论的视角看高校师生关系的重构》.《南京社会科学》2015 年第 7 期。

平等交流的思想互动行为，不能将教学仅仅作为一种劳动或者一种任务，这两种结构模式对教师的要求是不同的。因此，教育要立足于师生之间的平等对话，通过沟通互动实现深层次交流。其次，重视价值理性，实现教书和育人的结合。目的性定位和功能性定位的区别，体现在学科设置、课程安排、教学内容、实习锻炼、考核考试等各方面，要警惕过分强调“目的性”而导致人文情怀的缺乏，否则就变成了“精致的功利主义者”。再次，课堂和课外交往促进师生互动。一方面，课堂不仅要讲授知识，更要创造机会加强交流讨论；另一方面，开展科学讲座、学术沙龙、社团活动、兴趣小组、社会实践等活动，建设教师学生可以共同使用的图书馆、餐厅、体育场馆、咖啡馆等，构架师生之间互动交流的“日常生活世界”。最后，有效性语言促进师生良性沟通。有效性言语应该满足真实性、真诚性以及正确性三个要素。因此，教师要充分考虑学生的能动性，考虑话语的有效性，避免空谈、虚假。与此同时，学校要加强教师队伍素质建设，要求教师不仅品德高尚、学识渊博，也要掌握表达、沟通、说服的技巧和能力。

3. 社会交换理论。社会学家们通过对功利主义假设的借用、修正和否定，形成并发展了社会交换理论。[①] 社会交换理论主张，人类的一切行为都受到某种能够带来奖励和报酬的交换活动的支配。在此基础上，社会交换理论认为人类一切社会活动都可以归结为一种交换，人们在社会交换中所结成的社会关系也是一种交换关系，主要观点有：社会并非是一个单独整体，而是由相互作用的个体构成的；人类行为由心理和社会两个部分构成，促使我们心理发生变化的，是个体之间发生相互作用的结果；交换一般是主动发生的，交换的内容是广泛的，不仅仅是物质的，更包含情感、价值观、思维等精神层面；社会中存在大量的价值尺度判断，交换者能够提供的交换内容的价

---

① [美]乔纳森·特纳著，印泽奇译：《社会学理论的结构》(上). 北京：华夏出版社 2001 年版，第 259 页。

值高低，影响着交换者的“自我价值感”。[1]

社会交换理论可以给大学生思想政治教育提供诸多启示。第一，预防过度承诺。大学生思想政治教育要结合学生的需求及学校、教师的实际情况，警惕不切实际的过度承诺，防止无法兑现而产生负面情绪，影响学生学习效果，而对于已经承诺的内容，要最大可能去满足。思想教育工作，要注意用正确的方法论和价值观引导学生，正确分析交换目标的价值，做到科学判断。第二，提升自我价值感。人们在社会交往中体验到的满足既取决于自己从中获得的实际利益，也取决于交往给自己带来的期望。因此，大学生思想政治教育要促进师生之间、学生之间的交流和互动，通过互动获得分析问题和解决问题的能力，促进学习者形成积极的自我价值感，进而提升学习者的学习意愿和交换行为。第三，促进发生更多交换。交换的过程就是双方不断获得满足的过程，也是推动新的交换需求和交换行为的过程。学校要通过多种形式，促使师生之间、学生之间发生更多交换，促进教育教学。同时注意，交换的目的是为了实现双方利益的最大化，学校教育要注意资源分配过程和分配结果的公平性，防止分配不均而挫伤学生积极性。

① 揭水平：《皮亚杰社会学理论研究》.《甘肃社会科学》2005年第3期。

第二章 增强大学生思想政治理论课获得感的历史回顾

中国共产党历来重视大学生的思想政治教育工作，并注重发挥思想政治理论课的主渠道作用。新中国成立后，中国共产党通过增强大学生的思想政治理论课获得感，提升思想政治理论课育人的实效，探索并形成适应中国实际的思想政治理论课建设道路。70 多年来，中国共产党在领导建设中国特色思想政治理论课的历程中，取得了辉煌的成就，积累了丰富的经验，为新时代增强大学生思想政治理论课获得感提供了重要借鉴。

一、向社会主义过渡过程中增强大学生对思想政治理论课获得感的历史回顾(1949—1956)

新中国的成立是中国进入新民主主义社会的标志，但新民主主义社会只是中国共产党的阶段性目标，它的发展前途是社会主义社会。从半殖民地半封建社会到社会主义社会之间的新民主主义社会建立在打破旧社会的基础上，一方面，它与旧社会有着不可忽视的联系，另一方面，它与旧社会在经济、政治、文化等构成社会的基础要素截然不同。新旧社会的联系和区别规定新民主主义社会的建设既不能完全与旧社会隔离开来，也不能把旧社会完全复制过来，而必须处理好继承、批判、发展、创新等之间的关系。毫无疑问，新中国成立初期的新民主主义社会具有显著的过渡性。增强大学生对思想政治理论课获得感的历史过程也必然体现这种过渡性，即从旧社会向社会主义新社会的转变。

（一）在改造旧教育中增强获得感

1949 年 9 月 21 日，中国人民政治协商会议第一届全体会议召开，会议代行全国人民代表大会的职权，通过了具有临时宪法性质的《中国人民政治协商会议共同纲领》（下称《共同纲领》）。《共同纲领》决定把“提高人民文化水平、培养国家建设人才、肃清封建的、买办的、法西斯主义的思想、发展为人民服务的思想”作为现阶段文化教育的主要任务，实际上提出了高校思想政治理论课教育的基本要求。根据《共同纲领》的决定，同年 12 月，教育部部长马叙伦在第一次全国教育工作会议上重申了《共同纲领》对文化教育的任务要求，并且强调：“我们要实施的这种新教育和旧教育是性质上完全相反的东西，是势不两立的。”[①]这些要求为增强大学生对思想政治理论课获得感的实践指明了方向。

以《共同纲领》和相关教育政策为指南，新中国思想政治理论课教育实践展开的第一步是“破”，即破除和改造与新中国教育目标相悖或不相适应的教育体系。按照马克思主义阶级分析的立场、观点和方法，教育具有阶级性，在阶级社会，教育为统治阶级服务。对于国民党统治集团而言，教育为代表大地主大资产阶级利益的国民党集团服务；对于新中国而言，教育为最广大人民服务。国民党统治集团为维护自身利益，建立了一套包含目的、方针、原则、政策、内容等要素的教育制度体系，用以规范和约束教育实践活动。新中国成立

① 教育部社会科学司：《普通高校思想政治理论课文献选编（1949—2008）》，北京：中国人民大学出版社 2008 年版，第 3 页。

后，这套制度体系还在教育领域发挥作用。换言之，旧式的教育制度已经废止，但教育影响仍在。因此，摆在党和人民面前的迫切任务是破除原有的教育制度体系。这也意味着，从思想政治上占领教育高地，改造旧制度、转变人的观念，是高校思想政治理论课实践的首要任务。

新中国在接管国民党政府遗留的旧教育时，十分重视对旧教育的批判和改造，采取了一系列有深远意义的举措。其一，从政策法规上创立新教育。破旧必须有导向，破旧的目的是立新。党和政府围绕《共同纲领》和相关教育政策，制定了一系列政策法规，通过政策法规明确教育目的、方针、原则、政策、内容，作为创立新教育的基本遵循。其二，从政治行动上打击维护旧教育的反动势力。新中国虽然成立了，但民主革命的任务没有彻底完成，在教育领域体现为少数特务分子、反动政客、阶级异己把持或操纵教育活动，试图阻断新教育的创立进程。为此，党和国家把打击教育中的反动势力作为工作的重点之一。其三，从思想政治上革故鼎新，主要体现为：突出高校思想政治理论课在学校工作中的地位，把思想政治理论课教育作为改造旧教育、创立新教育的主要渠道；废除国民党统治时期开展的政治教育科目，终止宣传反动思想的教育活动；取缔各种反动组织，断绝与国外和帝国主义在中国建立的反动组织的联系；对国民党散布的错误思想、观念、言论进行批判，结合“三反”“五反”、土地改革、肃反、抗美援朝等运动，采取宣讲、展览、参观等形式，进行新思想、新观念的高校思想政治理论课教育。

（二）在继承老区经验中增强获得感

新中国成立之初，中国共产党把新民主主义革命时期的优良传统发扬起来，把老解放区思想政治教育经验引入思想政治理论课教学，有力地促使了以增强大学生获得感为主题的思想政治理论课教学实现新旧过渡。

中国共产党历来重视学习历史，善于从历史中汲取经验教训，并且将其作为前进的重要动力，新中国高校思想政治理论课的开展也建立在汲取历史经验的基础上。面对国民党留下的教育烂摊子和破旧立新的艰巨任务，党和政府把“以老解放区新教育为基础，吸收旧教育的有用经验”作为高校思想政治理论课教育展开的方向和指针，尤为重视“苏区”和“老解放区”的思想政治教育经验。大革命失败后，党逐渐深入农村并把农村作为工作的重心，在农村中与各种非无产阶级思想的斗争贯穿于党成长的长期过程；与此同时，党还要与教条主义和经验主义进行长期的斗争。党在与其他错误思想斗争中成长起来，也在斗争中积累了丰富的思想政治教育经验，这些经验无时无刻不在进一步滋润着党的成长。无论在苏区，还是在老解放区，党在领导革命政权建设时都积累了丰富的思想政治教育经验，如井冈山斗争时期的红军大学、延安时期的抗大凝聚了中国共产党人思想政治教育的大量智慧和优良传统，对新中国高校思想政治理论课教育有重要借鉴价值。

关于新民主主义革命时期思想政治教育的理论和实践问题，毛泽东深刻地指出：“苏维埃文化教育的总方针在什么地方呢？在于以共产主义的精神来教育广大的劳苦民众，在于使文化教育为革命战争与阶级斗争服务，在于使教育与劳动联系起来，在于使广大中国民众都成为享受文明幸福的人。”[①]毛泽东对于苏维埃文化教育方针的阐述为高校思想政治教育指明了方向。正是基于这样的认识，苏区和老解放区高校思想政治教育工作能符合客观实际情况，在实践中积累了丰富的经验：其一，把政治建设放在首位，并贯穿于一切工作的始终，使学生树立共产主义远大理想，明确高校思想政治教育为无

---

① 《除旧布新：新中国成立初期中共对高等教育的接管与改造》. 北京：人民出版社 2010 年版，第 28 页。

产阶级服务、为赢得革命胜利服务的目的；其二，把启发学生的政治觉悟作为主要内容，从革命实际出发，探索出切实可行的教育形式；其三，使思想政治理论课程规范化，把阶级意识、中华民族传统美德融入教材和教学过程，培养学生分辨敌我、热爱祖国、英勇斗争的意识；其四，注重教育方法的创新，把中国共产党开展民主生活和组织革命斗争、生产实践的方式方法运用到思想政治教育中，增强教育的实效。

在新中国成立初期的高校思想政治教育实践中，各地高校结合以往的经验，创办"抗大式"大学和各种培训班，以增强思想政治理论课获得感为要求，形成了一系列理论和实践相结合、丰富多彩、形象生动、效果显著的教学形式。其一，结合国内外形势热点进行形势时事教育，如为了增强学生对抗美援朝的正确认识，促使学生理解中国人民志愿军援助朝鲜人民反抗侵略的合理性和正义性，思想政治理论课把伍修权在联合国大会的控诉即美国侵略我国台湾、派遣空军轰炸扫射我国东北边境地区、杀伤我国和平居民的罪行实时呈现给学生。其二，通过辩论的形式对学生进行党的政策教育，将直接宣讲和侧面启示相结合。辩论属于侧面启示的独特表现，辩论的形式在于把学生对政策的理解较为客观地呈现出来，此举可谓从学生的需求出发采取因地制宜的宣讲方式方法。其三，现身说法式教育。从新中国成立到60年代，现身说法式教育始终对增强大学生思想政治理论课获得感发挥着重要作用，即从学生身边寻找出身贫苦且深受国民党反动派、地主阶级、美帝国主义、日本侵略者等欺压的群众，让他们在思想政治理论课上陈述自己的悲惨遭遇，以唤起学生对旧社会的仇视和对新社会的欢迎。其四，举办各种参观会、展览会、报告会，如参观"万人坑"、土地改革、特务和反革命分子破坏新中国建设以及美帝国主义侵略朝鲜的展览以及邀请参加土地改革、抗美援朝、"三反五反"等运动一线的群众作报告。这种方式的教育效果良好，一些学生在接受教育的过程中转变了思想，投身于实践，甚至直接参与到新中国的革命运动和社会建设中。显然，这些良好的教育方法，对增强大学生思想政治理论课的获得感发挥了重要作用。

苏区和老解放区的成功经验，一方面为批判、改造历史遗留的旧学校的思想政治教育增添了斗争的武器，另一方面，又为新中国高校思想政治教育在新的教育思想指导下开辟了新道路。

（三）在学习苏联经验中增强获得感

新中国成立初期，对增强大学生思想政治理论课获得感产生深远意义的一项工作是学习苏联高校思想政治教育的经验。苏联作为社会主义阵营的领袖，是世界上第一个社会主义国家，积累了一定的社会主义建设经验，其中包括高校思想政治理论课教学经验。出于意识形态的渊源和国家利益的考量，对于社会主义事业刚起步的中国而言，把苏联作为学习的榜样是必然选择。

早在新中国成立之初的第一次全国教育工作会议上，时任教育部长的钱俊瑞就明确提出了学习苏联的问题，即在教育经验方面学习苏联、在教育方向方面遵循苏联。全国教育工作会议后，宣传、教育、出版传媒等领域开始把引介苏联教育作为一项重点工作：一是关于苏联教育重要人物的引介，如列宁、斯大林关于教育的重要观点，苏联教育家的重要论述；二是关于苏联教育的基本理论、重要方法和各学科教科书的引介；三是关于苏联教育取得的成果及经验的引介。由于苏联在社会主义阵营的领袖地位和苏联社会主义建设取得公认成就的影响，苏联教育的理论和实践一时间被奉为典范，有些教育经验甚至被照搬照抄过来，尤其是苏联思想政治理论课的教育经验，在新中国思想政治理论课教育发展过程中产生重要影响。

1952年底，随着国民经济恢复任务的完成，社会主义改造的任务历史地摆在全国人民面前。过渡时期总路线表明，恢复国民经济任务的完成开启了从新民主主义社会向社会主义社会过渡的新阶段，由于过渡时期总路线社会主义改造和社会主义工业化同时并举的特点，党和国家必须在改造的同时进行社会主义性质的建设。这意味着，教育领域以苏联为模板，构建新中国的社会主义教育体系越来越必要和迫切。1952 年 11 月，《人民教育》发表《进一步学习苏联的先进教育经验》社论，阐述了全面学习苏联教育经验的必要性和紧迫性。文章指出，由于新中国不是走资本主义道路，而是由新民主主义走向社会主义的社会，因而资本主义那套理论、制度、内容、方法等对我们根本不适用，“只有苏联的先进经验，足以供我们借鉴”。文章指出前几年学习苏联教育经验的收获，要求广大教育工作者为了发展社会主义教育，“要以如饥似渴的心情，来大量吸收苏联教育经验的补品。只有大量吸收这种优良的补品来滋养我们的头脑，才能使我们有力量来担负起教育改革和教育建设的任务”[①]。这篇社论实际上成为全盘照搬苏联教育的重要文件。在此前后，高校思想政治理论课大力学习苏联的做法，将苏联高校思想政治理论课增强大学生获得感的理论和实践作为学习的对象。

新中国成立初期全面学习苏联高校思想政治教育的经验，对增强大学生思想政治理论课获得感起了积极的推动作用，这些思想政治教育实践为中国开展高校思想政治理论课教学所广泛采用。以此为指导，新中国在改造旧的教育体系、继承老区教育经验的过程中逐渐明晰了进一步前进的道路，形成了新中国高校思想政治理论课增强大学生获得感教学的特色理论和实践。

（四）在“五爱”教育中增强获得感

“五爱”原指“爱祖国，爱人民，爱劳动，爱科学，爱公共财物”，后

① 《进一步学习苏联的先进教育经验——迎接中苏友好月》，《人民教育》1952 年第 11 期。

改为“爱祖国，爱人民，爱劳动，爱科学，爱社会主义”，这是我国宪法所规定的社会主义公民道德建设的基本要求，是我国公民共同遵循的五种基本道德规范的总称。新中国成立初期，“五爱”教育是高校思想政治理论课教育内容的重要组成部分，对增强大学生思想政治理论课获得感产生广泛而深远的影响。

新民主主义革命时期，中国共产党虽然没有提出“五爱”教育内容，但却在党员的思想政治教育中体现了“五爱”的原则和精神，把为人民服务作为党员思想政治教育的根本宗旨，培养党员爱党、爱人民、无私奉献的精神。对于“五爱”的原则和精神，毛泽东有过多次阐述。在 1938 年 10 月召开的党的六届六中全会上，毛泽东指出，“共产党员无论何时何地都不应以个人利益放在第一位，而应以个人利益服从于民族的和人民群众的利益”，[①]强调共产党员应该“大公无私，积极努力，克己奉公，埋头苦干”[②]。毛泽东的阐述体现了大公无私、爱党、爱人民的精神，也是对共产党员如何发挥模范先锋作用的指引。延安时期，毛泽东在《为人民服务》一文中再次阐述了思想政治教育中应该大公无私、为人民服务的原则和宗旨，他说，“我们这个队伍完全是为着解放人民的，是彻底地为人民的利益工作的”，正因为此，“我们如果有缺点，就不怕别人批评指出。不管是什么人，谁向我们指出都行。只要你说得对，我们就改正。你说的办法对人民有好处，我们就照你的办”[③]。

新中国成立后，中国共产党不仅在党内严格践行为人民服务的宗旨，发挥党员在新中国建设中的模范先锋作用，而且以为人民服务为原则，提出“五爱”公德，以影响广大人民群众，提升全体人民的素质以适应政治、经济、社会、文化发展的迫切需求。1949 年 9 月 29 日，《新

① 《毛泽东选集》第 2 卷. 北京：人民出版社 1991 年版，第 198 页。
② 《毛泽东选集》第 2 卷. 北京：人民出版社 1991 年版，第 198 页。
③ 《毛泽东选集》第 3 卷. 北京：人民出版社 1991 年版，第 230 页。

华月报》第1期发表的《共同纲领》对“五爱”公德有明确的规定，即中华人民共和国全体国民的公德是“爱祖国、爱人民、爱劳动、爱科学、爱护公共财物”[①]。1954年，“五爱”公德被写入新中国第一部宪法，成为公民道德教育的重要内容，也必然在思想文化领域有所体现。

“五爱”提出后，全国高校普遍把其作为思想政治理论课教育的重要内容和重要目标，推进“五爱”教育进书本、进课堂、进头脑。1950年5月，第一次全国高校教育会议制定通过了《高等学校暂行规程》，决定将大学生思想政治教育工作列为高等学校人才培养任务的第一条，并要求高校政治理论课程必须与“五爱”精神紧密结合，通过系统的马克思列宁主义、毛泽东思想的学习教育，目的在于：培养大学生热爱祖国、热爱共产党、热爱社会主义的思想感情；让大学生树立阶级和阶级斗争观点，坚定无产阶级立场，坚决反对国内外一切阶级敌人；让大学生树立为人民服务特别是为工农兵服务的思想，提高马克思主义理论的水平，确立科学的世界观和革命的人生观，培养共产主义的道德品质。[②]

“五爱”教育确立为高校思想政治理论课教育教学的重要内容后，各地高校结合实际探索行之有效、形式多样的思想政治教育途径和方法。如通过重要节日、重要时政进行“五爱”教育，在五一劳动节进行爱劳动的宣传教育，在五四青年节进行爱民主、爱科学的教育，在时事报告或劳动模范报告中进行爱护公共财物教育等。为了提升大学生对“五爱”教育的获得感，高校思想政治理论课把课堂从校内搬到校外，鼓励大学生投入到生产实践活动中去。学生在农村从事劳动、在工厂从事生产，把理论所学与实践锻炼结合起来，切身体会到了高校思想政治理论课教育的重要意义，这种方法对高校思想政治理论课如何提升大学生获得感有重要价值。这一时期的高校还把

① 《建国以来重要文献选编》第1册. 北京：中央文献出版社1992年版，第11页。
② 《高等学校暂行规程》.《人民教育》1950年第05期。

“五爱”教育融入到学校规章制度中，通过规章制度约束大学生的言行，使大学生在遵守规章制度中把“五爱”内化于心，外化于行。

总之，这一时期，高校思想政治理论课程以“五爱”教育为主题，把“五爱”教育搞得既生动活泼，又富有时代特点，取得了良好效果。通过“五爱”教育，大学生增强了思想政治理论课获得感，逐步克服了封建的、买办的及帝国主义的思想残余，激发了对党、对国家、对人民的无限热爱以及对建设新中国的无限热情，形成了新的以“五爱”为核心的时代精神风貌和建设新中国的社会价值观念。

（五）在创建“52 方案”中增强获得感

在新中国成立初期的高校思想政治理论课教学活动中，增强大学生的获得感是重要旨归。通过改造国民党旧教育、继承老区思想政治教育经验、学习苏联思想政治教育经验、进行“五爱”教育，新中国实现了将社会主义国家高校思想政治理论课的一般理论与中国由新民主主义过渡到社会主义的客观实际相结合，形成了具有中国特色的初步的高校思想政治理论课教学政策。在此基础上，1952 年 9 月 1 日，中共中央发布《关于培养高等、中等学校马克思列宁主义理论师资的指示》。同年 10 月，教育部发布《关于全国高等学校马克思列宁主义、毛泽东思想课程的指示》。在贯彻这两个文件过程中逐步建立起来的高校思想政治理论课教学方案被称为“52 方案”。

高校思想政治理论课方案的创建是一个承前启后、在探索中逐步前进的过程。在改造国民党旧教育、取消国民党反动课程体系之后，如何建立高校思想政治理论课程体系就成为当时高校思想政治教育的关键问题。在新民主主义革命时期，党就注重加强大学生的思想政治教育，探索适合革命特点的思想政治理论课程。如在抗日战争时期，抗日军政大学把“坚定的政治方向”作为重要方针，系统地开设了“联共党史”“政治经济学”“社会科学概论”等思想政治理论课程。再比如在解放战争期间，解放区各高校把思想政治教育放在首位，把马列主义作为首要学习内容，开设各种思想政治理论课程。新民主主义革命时期开设思想政治理论课的实践为新中国高校思想政治理论课教育教学方案的制定提供了针对性的经验。

《共同纲领》通过后，如何解决开设高校思想政治理论课的问题实际上已经有了初步的答案。结合新中国初期的国际国内形势，可以看出，《共同纲领》关于教育的有关规定突出了思想政治教育的首要地位。因此，新中国成立后，各地高校很快就围绕着如何开设思想政治理论课开始进行探索，其中华北地区高校的探索最具有代表意义。1949 年 10 月，华北人民政府高等教育委员会通过《华北专科以上学校一九四九年度公共必修课过渡时期实施暂行办法》，对 1949 年度思想政治理论课必修课程作了规定，其中新民主主义论课程和辩证唯物主义与历史唯物主义课程为全部年级所必修，政治经济学课程为文、法、教育（或师范）学院毕业生所必修。[①] 此后，华北人民政府高等教育委员会又颁布了《各大学专科学校文法学院各系课程暂行规定》，对文学院和法学院的必修思想政治理论课程的科目、学时等进行了明确规定。同年 11 月，教育部接连召开多次座谈会，推广华北区开设政治理论课程的经验。1951 年 9 月，教育部颁布了《关于华北区各高等学校 1951 年度上学期进行"辩证唯物论与历史唯物论"等课教学工作的指示》，规定了在华北区各高校设置"辩证唯物论与历史唯物论""新民主主义论""政治经济学"三门课程[②]，并且取得了良好的效果。从课程内容和性质看，新开设的思想政治理论课程承前启后，在一定程度上体现了新民主主义革命与社会主义革命、新

---

① 教育部社会科学司：《普通高等学校思想政治理论课文献选编（1949—2008）》. 北京：中国人民大学出版社 2008 年版，第 2 页。

② 教育部社会科学司：《普通高等学校思想政治理论课文献选编（1949—2008）》. 北京：中国人民大学出版社 2008 年版，第 9 页。

民主主义社会与社会主义社会的关系，既是新中国高校思想政治理论课程建设的起点，也为“52方案”的提出奠定了实践基础。

1952年底，随着恢复国民经济任务的基本完成，全国高等学校大规模的院校增设、院系调整和专业调整工作也接近尾声。调整之后的院校都把开设思想政治理论课作为学生所修课程的重要组成部分，并且加强教师队伍、教材、管理、评价等环节的建设。由于积累了一定的开设思想政治理论课的经验，全国系统推进高校思想政治理论课建设也逐渐步入规范化轨道。1952年10月，教育部围绕全国高等学校的思想政治理论课设置情况发出了重要指示，对思想政治理论课的名称以及学时作了明确规定，并且根据高校类型作出课程科目和学时的具体划分：对于综合性大学和财经艺术学院而言，大学一年级开设新民主主义论，大学二年级开设政治经济学，大学三年级开设辩证唯物论与历史唯物论；对于工、农、医等专门学院和三年制专科学校而言，大学一年开设新民主主义论，大学二年级开设政治经济学。关于学时问题，综合性大学和财经艺术学院思想政治理论课总学时为336，工、农、医等专门学院和三年制专科总学时为236。同时，这个指示还对思想政治理论课的课堂讲授、课堂讨论以及时事政策教育列出了具体要求。[①] 这是新中国第一轮高校思想政治理论课的建设方案，被称为“52方案”，它标志着我国高校思想政治理论课制度的初步形成。

“52方案”通过并实施后，各高校根据“52方案”的指导思想继续进行积极探索，不少高校的探索成果对进一步改革和完善“52方案”发挥了重要作用。“52方案”迎来的第一个调整就是课程名称的变化，即用“中国革命史”替换一年级必修的“新民主主义论”，把阐明马克思主义在中国的胜利、系统地讲授毛泽东思想作为该课程的教学

① 教育部社会科学司：《普通高等学校思想政治理论课文献选编（1949—2008）》，北京：中国人民大学出版社2008年版，第13页。

目的，并且从1953年6月开始施行。此后一段时间，高校思想政治理论课的课程以毛泽东思想为主，为大学生了解中国革命实际、投身社会主义革命提供了科学的指南。到1956年9月，随着社会主义改造任务的基本完成和中国社会实际状况发生的巨大变化，高校思想政治理论课根据变化了的状况开始进一步的调整。教育部新的实施方案确定了大学生必修的四门高校思想政治理论课程为“马列主义基础”“中国革命史”“政治经济学”“辩证唯物主义与历史唯物主义”。其中，“马列主义基础”在大学一年级开设，“中国革命史”在大学二年级开设，“政治经济学”在大学三年级开设，“辩证唯物主义与历史唯物主义”在大学四年级开设。此外，专科学校和本科学校分别开设什么课，学时分别为多少，课堂讲授与讨论的学时比例，如何对学生进行考核，这些问题都在实施方案中有进一步阐释。[①] 这一方案有力推动了我国高校思想政治理论课程体系建设的系统化、规范化，在一定意义上成为了我国高校思想政治理论课制度初步建立的标志。

“52方案”对于增强大学生思想政治理论课获得感有三个方面的重要意义。首先，“52方案”明确了思想政治理论课的建设目标，即肃清反动思想、改造不合时宜的旧思想、树立时代发展要求的新思想，使提升大学生思想政治理论课获得感有方向可循；其次，“52方案”从一开始就注意克服枯燥无味的教条主义偏向，坚持理论联系实际的原则，创造性提出了诸多提升大学生获得感的教育教学方法和途径；最后，“52方案”因材施教，根据不同学校层次、不同学生层次开展不同的思想政治理论课程，有针对性地提高了大学生的思想政治理论课获得感。总之，“52方案”的建立标志着我国高校思想政治理论课程体系的初步确立，为增强大学生思想政治理论课获得感奠定了基础。

---

① 教育部社会科学司：《普通高等学校思想政治理论课文献选编（1949—2008）》，北京：中国人民大学出版社2008年版，第27—30页。

二、全面建设社会主义时期增强大学生对思想政治理论课获得感的历史回顾(1956—1978)

1956 年,生产资料私有制的社会主义改造基本完成,标志着中国进入全面建设社会主义的新时期。从 1956 年到 1976 年,党的指导思想“左”的倾向越来越凸显,高校思想政治理论课增强大学生获得感的理论和实践也因此向“左”发生偏转。中国共产党“正确处理人民内部矛盾”的指导思想受“左”的倾向的影响,呈现了正确的探索与“左”的错误趋向博弈、交织的态势,最终“左”的错误占据上风,党的指导思想也因此发生改变且发展为以“阶级斗争”为纲。直至“文化大革命”的爆发,高校思想政治理论课增强大学生获得感的理论和实践逐渐凸显了政治批判性和斗争性。

(一) 在贯彻社会主义教育方针中增强获得感

社会主义制度确立后,增强大学生思想政治理论课获得感的根本问题由如何向社会主义过渡转变为如何建设好社会主义,其实质是高校思想政治理论课建设的方向性问题。此时,制定社会主义教育方针成为迫切的任务。

1957 年 2 月,毛泽东在最高国务会议第十一次(扩大)会议上的讲话中围绕社会主义教育方针问题作了阐述。他说:“我们的教育方针,应该使受教育者在德育、智育、体育几方面都得到充分的发展,成为有社会主义觉悟的、有文化的劳动者。”[①]随后,他着重强调了思想政治教育的重要性,指出:“没有正确的政治观点,就等于没有灵魂”,所以,全部受教育者都要“学习马克思主义,学习时事政治。”[②]在思想

① 《毛泽东文集》第 7 卷. 北京: 人民出版社 1999 年版,第 226 页。

② 《毛泽东文集》第 7 卷. 北京: 人民出版社 1999 年版,第 226 页。

和政治上都得到进步。毛泽东关于社会主义教育方针的阐述提出了社会主义社会教育方针应该坚持的政治原则，为社会主义社会教育方针的制定提供了指导思想。

根据毛泽东关于社会主义教育方针的思想，1958年4月15日至24日和6月10日至28日，中共中央在北京召开了全国教育工作会议，中共中央宣传部长陆定一在会上指出，教育是阶级斗争的工具，教育要为政治服务，为生产服务。他还批评了教育部门的教条主义和右倾保守主义思想，批判了教育脱离政治、脱离生产劳动、脱离实际的错误倾向，提出了教育事业"大跃进"的目标，并将党的教育工作方针阐述为：教育为无产阶级的政治服务，教育与生产劳动相结合。为了实现这一方针，教育工作必须由党来领导。9月，中共中央、国务院下发《关于教育工作的指示》(下称《指示》)。《指示》贯彻了全国教育工作会议的精神，从教育工作方针、党与教育的关系、教育的目的、教育的社会属性、教育工作的任务、教育的人才培养标准等方面系统地阐述了社会主义教育的重要问题："党的教育工作方针，是教育为无产阶级的政治服务，教育与生产劳动结合；为了实现这个方针，教育工作必须由党来领导。没有党的领导，社会主义的教育是不能设想的。教育是改造旧社会和建设新社会的强有力的工具之一。教育工作必须在党的领导之下，才能很好地为社会主义革命和社会主义建设服务，为消灭一切剥削阶级和一切剥削制度的残余服务，为建设消灭城市与乡村的差别和消灭脑力劳动与体力劳动的差别的共产主义社会服务。共产主义社会的全面发展的新人，就是既有政治觉悟又有文化的、既能从事脑力劳动又能从事体力劳动的人。"①社会主义教育方针的提出为高校思想政治理论课建设提供了指导思想、指明了工作目标、明确了工作任务、框定了工作内容与方法。但是，

① 《建国以来重要文献选编》(第11册).北京：中央文献出版社1995年版，第490—491页。

由于处于“大跃进”的社会环境，关于社会主义教育方针内涵的阐释不免带有“左”的倾向，在高校思想政治理论课教育教学中反映为日益凸显的政治批判性和斗争性。

在贯彻落实社会主义教育方针的背景下，高校思想政治理论课教学通过开展“双反”运动、“红专”辩论等活动增强大学生思想政治理论课获得感。1958年3月，中共中央发出《关于开展反浪费反保守运动的指示》（简称“双反”运动），明确指出这是一个社会主义生产大跃进和文化大跃进的运动，是在全民整风运动中改进整个国家工作和促进全民大干的一个带有决定性意义的运动。在“双反”运动精神的指引下，全国高校普遍开展了学生广泛参与的“双反”运动，扰乱了正常的高校思想政治理论课教育教学活动，事实上，思想政治理论课教育变成了“双反”运动。“双反”运动号召广大学生开展“大鸣、大放、大字报、大辩论”，举办现场会、展览会，揭发学校三风（官僚主义、宗派主义、主观主义）、五气（官气、暮气、阔气、骄气、娇气）等保守现象，要求各级领导对群众意见做好梳理，并向群众做检查；同时，“双反”运动动员学生开展“自觉革命，向党交心”运动，深挖自我错误思想，进行自我批判。在群众运动浪潮的推动下，广大学生积极地自我批判，向党坦诚交心，使运动进一步发展。“双反”运动又激发了学生的辩论热情，广大学生围绕“红”与“专”的问题展开了激烈的辩论，有的学生提出了“先红后专”的观点，有的学生认为应该“先专后红”，还有学生坚持“边红边专”。在三种观点的博弈中，“先红后专”的观点逐渐占据上风，如此一来，持后两种观点的人遭到了批判，在大字报、大辩论方式的推动下，政治不突出且有专长的学生成为批判的重点对象，甚至被批判为走“白专”道路。随着运动的发展，各高校又掀起了“拔白旗、插红旗”运动，并将他们向党交心的材料公之于众。需要指出的是，这种用大批判替代正常教育活动做法，违背了思想政治教育规律，对增强大学生思想政治理论课获得感产生了一定负面影响。

为纠正社会主义教育方针执行过程中的种种偏差，扭转“左”的倾向，提升大学生的获得感，中央制定了一系列文件，对高校思想政治理论课的教育内容和形式进行了调整。针对高校思想政治理论课在贯彻党的教育方针过程中过于强调生产劳动实践，忽略教育教学质量的问题，1958 年 12 月，中共中央转发了《教育部党组关于教育问题的几个建议》，该建议规定了高校思想政治理论课教育教学过程中的实践环节占比，如全部生产劳动时间最高 4 个月，一般安排 2—4 个月，并且，生产劳动不能脱离教学，要与教学结合起来。有两种偏向需要克服，即只要生产劳动不要教学的偏向和只要教学不要生产劳动的偏向。[①] 针对高校思想政治理论课放松深入细致的思想工作而热衷表面文章以及滥用批判斗争、采取强迫命令的办法等错误做法，1959 年 6 月，中共中央先后批转了共青团中央《关于对学生进行思想政治教育中几个问题的报告》和教育部党组、共青团中央《〈关于学校进行评比竞赛和建立教学秩序的报告〉的批示》两个文件，强调思想政治工作要按照学校、学生特点开展，不能硬搬工农业生产的某些形式和做法，要善于运用各种思想教育方法，不能把某一种形式绝对化，要具体问题具体分析，严格区别敌我矛盾和人民内部矛盾，坚持说服教育的方法，反对简单粗暴的压服方法。由于贯彻了上述文件精神，高校思想政治理论课教育教学活动中的一些错误和偏差得到了纠正。之后，高校思想政治理论课开始以教学为主合理安排学生的学习、劳动和生活，强调学生的根本任务是学习，思想政治理论课教育应围绕帮助学生更好地学习来开展。这些调整使得高校思想政治理论课教育重新回到了社会主义教育方针的正确轨道上来，并将之推进到了新的发展阶段。

---

① 何东昌主编：《中华人民共和国重要教育文献》．海口：海南出版社 1998 年版，第 867—868 页。

（二）在纠正“左”的偏差中增强获得感

社会主义教育方针制定并开始贯彻执行时，“大跃进”运动已经在全国广泛发动起来，教育领域也掀起了一场“大跃进”运动。大学生的思想政治理论课获得感发展为“左”倾狂热，思想政治理论课出现了偏差。在整个“大跃进”运动过程中，党中央持续性纠正“左”倾错误。其中，《高教六十条》就是纠“左”的重要产物，它对于引导高等教育的正常化，特别是高校思想政治理论课教育的正常化，发挥了重要作用。

为了继续纠正“教育大革命”的失误和偏差，使高校思想政治理论课教育遵循教育方针指明的方向，增强大学生高校思想政治理论课获得感，《高校六十条》的编制工作被提上日程。随着全国范围内掀起“大跃进”运动，教育领域也掀起了“大跃进”运动，表现为片面追求走群众路线，搞全民办学，盲目增加学校数量、扩大学校规模，以大兵团作战方式自编教材，搞献礼性质的科研突击。教育领域的大跃进运动违背了教育发展的规律，致使高校科研工作停滞不前，教研并重的风气被扫荡一空，教学质量严重下降。这些都促成了中央于1960年冬对教育工作的政策调整。这次调整下大力气缩小了迅速膨胀的教育规模，提出要重新加强教材建设，加强教育立法，制定法规条例，力求使高校工作制度化、规范化。

1961年3月，在邓小平的直接领导下，教育部开始进行关于高等教育工作条例的起草工作。教育部副部长、清华大学校长蒋南翔负责领导条例的起草工作，并带领调查工作组多次深入地方，调查高校教学、管理等工作的实际状况。针对调查所反映的问题，起草小组多次召开座谈会，听取高校领导和教授们的意见，讨论、修改，数易其稿，最终拟定了《教育部直属高等学校暂行工作条例（草案）》。1961年7月29日到8月5日，中央书记处会议在北戴河召开，会上对草案进行了逐条的讨论、修改和通过，同时会议也对该草案的制定表示满意。会后邓小平、陆定一等联名致信毛泽东和政治局常委，报告草案的起草和修改情况，并决定由陆定一组织继续修改。同时，教育部组织专门人员到北京大学、天津大学、复旦大学征求意见。9 月，在庐山中央工作会议上与会代表们对草案进行了最后讨论并最终批准实施。毛泽东对《高教六十条》表示赞许，认为“这次总算有了我们自己的东西”。此后该草案进入试行阶段。《高教六十条》最初的试行范围是 26 所教育部直属高校。二届人大三次会议后，凡是具备条件的高校都开始试行这个条例。至 1963 年初，全国试行条例的高等学校共 200 多所。

《高教六十条》通过整体部署高校思想政治工作，克服大学生思想政治理论课获得感的“左倾”狂热，把正确处理红与专关系作为增强获得感的归属。“教育大革命”期间，高校思想政治工作在“左倾”思想指导下，开展了“红专大讨论”，讨论中片面强调“红”，严重打击了师生钻研业务的积极性；在此期间，同时开展了“教育革命大批判”，批判“资产阶级学术权威”“资产阶级教学内容”和“资产阶级教育体系”，使高校思想政治工作走向极“左”化，大大制约了高校思想政治工作的健康发展。

针对这些问题，《高教六十条》专门在第八章对新中国成立后我国高校思想政治工作做了深刻、细致的总结，并对高校思想政治工作的目标、任务、内容、原则、方法和体制进行了系统规定。第一，高校思想政治工作目标。《高教六十条》主要对关涉中国共产党的领导、社会主义道路、爱国主义精神、共产主义道德品质、马克思主义立场观点方法、学习马克思列宁主义与生产劳动的关系等问题提出了要求。[①] 第二，高校思想政治工作的任务和内容。《高教六十条》指出要以宣传马克思列宁主义、毛泽东思想，党的路线、方针、政策为主要任

① 《建国以来重要文献选编》(第 14 册). 北京：中央文献出版社 1997 年版，第 581 页。

务，从政治思想上和教学与学习的实际行动中引导大学生正确处理红与专的关系。[①] 第三，高校思想政治工作的原则方法。《高教六十条》指出应该坚持民主集中制原则，正确处理人民内部矛盾的“团结—批评—团结”原则以及民主教育的方法。[②] 第四，高校思想政治工作的组织制度。《高教六十条》指出应该发挥党的集中统一领导、保证监督等作用。同时，《高教六十条》规定，为了促进高校思想政治工作顺利运行，应该建立政治辅导员和班主任制度。

高等学校广大师生热烈欢迎和拥护《高教六十条》的颁布实施，普遍赞扬这个文件及时提出了高校迫切需要解决的问题，符合高等教育的发展规律。各高校在实行《高教六十条》过程中，认真总结1958年以来的经验教训，对高校思想政治工作进行了有效改进。在思想政治理论课教育方面，各高校认真落实《高教六十条》要求，正确处理了红与专的关系，对学生的生产劳动和社会活动进行了合理安排，使高校思想政治理论课教育有了明显改进和加强。

（三）在“61方案”的调整中增强获得感

1961年4月，教育部印发了《改进高等学校共同政治理论课程教学的意见》，对高校政治理论课程的教学任务、课程设置、学习时间、教学时数、教材、教学方法、师资进行了系统规定，简称“61方案”。“61方案”是在“52方案”基础上，对高校政治理论课程体系做出的一次重大调整，解决了社会主义教育方针和《高教六十条》贯彻实施中的教学内容不稳定、没有教科书以及学生马克思列宁主义基础理论知识贫乏等具体实践问题，在1956年到1964年间的高校思想政治理论课程改革中居于核心地位，对大学生获得感的提升有重要意义。

在《高教六十条》贯彻实施过程中，一系列问题日益凸显出来，其

---

① 《建国以来重要文献选编》(第14册). 北京：中央文献出版社1997年版，第599页。

② 《建国以来重要文献选编》(第14册). 北京：中央文献出版社1997年版，第598、599、600页。

中，教科书缺乏、教学内容时常变化、学生的政治理论知识匮乏等问题尤为显著。为了解决实践中的问题，教育部于1961年印发《改进高等学校共同政治理论课程教学的意见》，这个意见在"52方案"基础上，对高校政治理论课程体系做出重大调整，从高校思想政治理论课的课程设置、教材、学时、师资、教法、评价、党的领导等方面进行了新的规定。

"61方案"是对1957年后高校思想政治理论课程"左"倾错误的批判。1957年暑假，由于高校整风运动和反右派斗争扩大化，高校思想政治理论课的教育重心和教学内容转向反右派斗争，各高校按照有关规定将各门政治课一律停开一年或二年，只在全校开设一门"社会主义教育"共同课程。诚然，在当时的历史环境下，这种课程设置可能会在较短时间内满足当时高校师生反抗右派进攻的政治诉求，但却严重背离了实事求是的思想政治工作原则，并且使得高校思想政治理论课建设在较长的历史时期内陷入了停滞。随着中央着手纠正反右派斗争中的"左"倾错误，高校思想政治工作开始整顿政治理论课教学秩序、调整政治理论课体系。针对当时国内、国际形势的变化，高校思想政治理论课教育教学体现了两个特点：其一，重返1956年前的课程体系和教学秩序，纠正反右派扩大化以来的错误；其二，修改课程体系，突出反修正主义的内容。

"61方案"明确规定了高等学校共同政治理论课程的任务和内容。关于政治理论课程的中心任务，"61方案"指出是"向学生进行理论和实践统一的马克思列宁主义教育，帮助他们理解马克思列宁主义、毛泽东著作，了解党的路线、方针、政策；引导他们以马克思列宁主义基本原则为指导，去观察问题、研究学问和处理工作，不断地同现代修正主义、资产阶级思想和其他反动思想的影响进行斗争"①。

---

① 教育部社会科学司：《普通高校思想政治教育课文献选编（1949—2006）》. 北京：中国人民大学出版社，2007年版，第41页。

关于思想政治理论课的课程体系，“61 方案”规定其主要由两方面内容构成：一方面内容是马克思列宁主义基础理论，另一方面内容是形势和任务。“61 方案”也对文科院校和理工科及其他类型院校的马克思列宁主义基础理论课程内容进行了具体规定：在本科院校中，文科和理工科及其他类型院校都开设“中共党史”课程；对于马克思列宁主义课程（马克思列宁主义基础、政治经济学、哲学），文科院校一般都开设，而理工科及其他类型院校只开设马克思列宁主义概论课，专科院校只开设马克思列宁主义概论课。所有层次、类型高校均开设“形势与任务”课。

“61 方案”关于高校共同政治理论课程设置的诸多思路和做法，被后来的课程调整工作所吸收采纳。1961 年 9 月通过的《高教六十条》就在很大程度上采纳了“61 方案”的思路和做法，尤其在思想政治理论课测评体系上，不再延续《关于高等学校政治理论课程的规定（试行方案）》（1956 年）和《中共中央、国务院关于教育工作的指示》（1958 年）只关注学生政治表现和日常思想行动的做法，转而把构成思想政治理论课教育教学制度的诸多环节都纳入考评之中。对学生的考评则由两部分组成。其一，考试。根据学生所学思想政治理论课知识进行命题，通过试卷考核学生理解、掌握以及运用马克思主义理论的水平和能力。其二，鉴定。每年鉴定一次，鉴定的内容包括政治觉悟、思想意识和道德品质。考试与鉴定相结合的考核方式是对以往思想政治理论课单一考核模式的重要发展，有利于通过定性与定量的机制对学生的学习效果进行比较客观的把握。

然而，由于对社会矛盾的判断失误，党开始逐步偏离八大对我国国情以及社会矛盾的正确判断，将非对抗性的人民内部矛盾扩大为敌我矛盾，党的指导思想日益“左”倾化，这种倾向很快反映在高校政治理论课程的设置上。教育部下发《关于改进高等学校、中等学校政治理论课的意见》，从以下几个方面规定了高校思想政治理论课的主要任务：其一，积极参加阶级斗争，宣传马克思列宁主义、毛泽东思想、灭资产阶级思想、兴无产阶级思想；其二，把国际的阶级斗争与国内的阶级斗争联系起来，在国际的阶级斗争中主要反对现代修正主义，在国内的阶级斗争中主要反对现代的教条主义。①

即使如此，高校思想政治教育经历了以“61 方案”为核心的政治理论课程重大调整后，已经初步建立起规范化、系统化的高校政治理论课程体系。这一课程体系具有三个显著特点。第一，突出政治性。这一时期，高校德育工作响应党中央对高校政治理论课程的改革与调整规划，建立起一套政治性突出、具有社会主义特色的高校思想政治理论课程体系。该课程体系的根本任务就是对大学生开展以政治教育为主体的思想政治工作，核心目的在于使大学生提高政治觉悟、增强政治敏锐性，使得学生拥护中国共产党的领导，坚持党的路线、方针和政策，树立远大的共产主义理想信念。该课程体系所包含的课程、项目、内容及教学方法都具有较强政治指向性。第二，层次性与整体性的统一。这一时期高校政治理论课程体系包括“马列主义基础课程”“中共党史”和“形势与任务”三部分内容，这些内容既科学阐述了马克思列宁主义的经典理论，又全面介绍了把马克思主义基本原理与中国革命具体实际相结合而产生的理论成果。课程体系在突出整体性的同时，其课程设置与教学思路也具有鲜明的层次性即从横向原理理论教学与纵向历史、时事教育两个维度展开。第三，知识性与教育性的统一。这一时期高校政治理论课程具有较强的知识性，建立了一套集抽象性与具体性于一体、辩证法与历史唯物主义相统一的知识体系。在丰富的知识体系中，高校思想政治理论课程建设保持了强烈的教育性，其根本任务与目标是培养一批能够以坚定的共产主义理想信念和马克思主义科学思维为指导且具有革命和建

① 教育部社会科学司：《普通高校思想政治教育课文献选编(1949—2006)》，北京：中国人民大学出版社，2007 年版，第 50 页。

设精神的社会主义合格接班人。

（四）在“文化大革命”的曲折中增强获得感

“文化大革命”期间，党的指导思想的主题是“以阶级斗争为纲”，挖“党内走资本主义道路的当权派”。与此相对应，这一时期增强大学生思想政治理论课获得感的实践集中体现为以“大鸣”“大放”“大批判”“大辩论”等为主要特征的政治批判和政治斗争。随着“文化大革命”的深入，高校思想政治理论课教育教学实际上陷入停滞状态。

高校思想政治理论课以“革命大批判”为主要教学内容。当时从城市到乡村，从工厂、机关到部队、学校，工农兵学商，无不运用大鸣、大放、大字报、大辩论的形式，开展轰轰烈烈的批判“封资修”的革命行动。尤其是在揪斗“走资派”和“牛鬼蛇神”的“文化大革命”初期和批林批孔阶段，大批判的火焰更是势不可挡。高校开展大批判的主题大致可以归纳为三类：一是批判封建主义的教育思想，当时凡是和传统道德、传统文化沾上边的，都在劫难逃。其中“孔老二”以及“孔老三”的仁义思想，如仁义礼智信、温良恭俭让、独善其身、兼济天下等遭到尤为激烈的抨击。第二是批判资本主义思想和资产阶级的生活方式。当时普遍采用一元标准来进行阶级分析，即“不是无产阶级的，就是资产阶级的，二者之间没有中间道路可走”。凡属于无产阶级的思想，均是先进的、优良的，如甘于清贫，无私心、无私人感情等；凡属于资产阶级思想，均是落后的、反动的、腐朽的，如追求名利、讲究享受、谈情说爱等等。当时，这些落后的、反动的、腐朽的思想也被视为资产阶级的代名词，凡是批判资产阶级思想，就是批判这些落后的、反动的、腐朽的思想；凡是批判这些落后的、反动的、腐朽的思想，就是批判资产阶级的思想。批判的文章大多采用激烈的措辞，以表明自身无产阶级立场的坚定。第三是批判修正主义教育路线。“四人帮”炮制了“两个估计”，认为之前 17 年的教育方针是错的，教育的领导权不在无产阶级手里，教育队伍和培养的学生世界观基本上是资产阶级的，所以要彻底批判。批判修正主义教育路线的矛头集中在教育方针、教育思想、专家治校、升学制度、考试制度、评分制度、课堂教学模式、课程内容、教学方法等方面。革命大批判主要利用大鸣、大放、大字报、大辩论的形式去进行。

"教育革命"代替高校思想政治理论课教育。"教育要革命"是"文化大革命"中一个重要主题和主要任务。毛泽东在《五·七指示》中提出，"学制要缩短，教育要革命"。"教育要革命"有两层含义：一方面，在反复辟、批判资产阶级夺权的文化大革命群众运动中，教育不能与其隔离，而必须参与其中；另一方面，教育必须掌握在无产阶级手中，要通过革命的手段把掌握教育的资产阶级知识分子驱逐出去。因此，教育革命最主要的是教育本身要革命，而这种革命的根本动因是无产阶级革命路线没占主导地位。为了使无产阶级革命路线占主导地位，必须改革招生制度、学校形式和教学内容。在招生制度改革方面，从 1966 年开始，全国上下主张全面废除以往的"资本主义的"招生制度，认为这是贯彻毛主席教育路线，"搞掉资产阶级教育路线的一个突破口"。随着招生的停止，高校一系列混乱问题逐渐显现，严重影响高校的稳定和社会的稳定，在这种情况下，毛泽东发表了"大学还是要办的"指示。随即，停止多年的招生制度恢复，并对原有制度进行了根本性的改革，实行工农兵制度，由工农兵"上大学、管大学、改大学"。新型招生制度过度强调个人政治表现和家庭出身，弱化文化知识水平。在学校形式改革方面，过去的学校教育形式被视为滋生资产阶级分子的温床，应大力改革。1967 年 11 月 3 日，《人民日报》发表同济大学、北京林学院和北京师范大学的教改方案。其中同济大学主张把学校改为"五·七"公社，使之成为一个集学校、施工机构、设计机构构成的教学、设计、施工三者结合的统一体，系、所和教研室均取消，而成立若干专业委员会，下设教学班，教学班由教师、学生、工人、技术员组成。这个“公社”实行军事编制，学制三年，第一年各一半时间学习知识和参加施工，第二年三分之二时间搞设计实践，第三年突出专业课程和重点工程。70年代后，“开门办学”被提出来并全面推广，要求学校同工厂、生产队挂钩，建立办学点和学农学工基地，建立“教学、生产和科研三结合”的新教育体系，根据三大革命需要来编写教材及组织教学和科研，改进方法。在教学内容改革方面，当时高校普遍认为，旧教育使得教育与生活社会脱离，理论与实践脱离，学生学到的是“九分无用一分被歪曲了的东西”，应该加以改革，破除知识的系统性和连续性，以政治和实践需要决定课程内容的选择。其结果是，高校普遍把马列著作作为文科的基本教材，并加大学习量。

由此可见，“文化大革命”期间，高校思想政治理论课制度被完全破坏了，思想政治理论课教育从内容到形式都被批判、斗争、生产劳动所取代，“61方案”陷入停滞状态，学生的思想政治理论课获得感转变为对极“左”思潮的崇信。需要指出，“文化大革命”期间，虽然高校思想政治工作在指导思想上由“左”倾错误占据了主导地位，但是许多极“左”思潮仍然遭到了党和高校思想政治工作者不同程度、不同形式的抵制和抗争，他们充分利用形势发展的积极空间和政策制定的有利方面，为高校思想政治理论课教育教学工作恢复正常争取了一定的发展机会。

三、改革开放进程中增强大学生对思想政治理论课获得感的历史回顾(1978—)

“文化大革命”结束后，增强大学生思想政治理论课获得感的理论和实践从恢复高校思想政治理论课制度开始，经过拨乱反正、打开改革开放新局面、改革开放的深入发展，高校思想政治理论课实施方案随着时代条件的变化而不断调整，先后形成了“85 方案”“98 方案”“05 方案”“19 方案”。这些方案既是增强大学生思想政治理论课获得感的理论和实践的集中体现，也是从制度上增强大学生思想政治理论课获得感迈出的重要步伐。

（一）“85 方案”：在改革开放进程中增强获得感的新起点

加强高校思想政治理论课建设作为一个重要问题在拨乱反正的过程中受到重视。1978 年 4 月，全国教育工作会议在北京举行，大会就加强高校思想政治理论课提出了一份征求意见稿，关于高校思想政治理论课课程设置在“61 方案”的基础上进行了调整，即开设“辩证唯物主义和历史唯物主义”“政治经济学”“中国共产党党史”和“国际共产主义运动史”四门课程①。改革开放以来，随着社会主义精神文明建设面临的问题越发受到人们的关注，党的十二大提出了两个文明一起抓的要求，通过加强高校思想政治理论建设来推动社会主义精神文明建设成为高校思想政治教育的共识。对于广大青年学生而言，共产主义理想信念教育是精神文明建设的旨归。党的十二大以后，教育部决定在高校思想政治理论课程体系中增加共产主义思想品德课。共产主义思想品德课的开设实际上改变了“52 方案”以来的课程结构体系，为“85 方案”的出台奠定了基础。

每一次高校思想政治理论课建设方案的提出都是为了应对社会上出现的新问题，“85 方案”的出台也不例外。改革开放以来，各种思潮涌入中国社会，有的思潮对于社会主义建设发挥着积极促进作用，也有社会思潮试图解构社会主义意识形态，干扰社会主义建设，如资产阶级自由化思潮、“马克思主义过时论”等。青年学生作为社会主义的建设者和接班人，他们的思想受到错误思潮的影响是社会主义

① 教育部社会科学司：《普通高校思想政治理论课文献选编（1949—2008）》，北京：中国人民大学出版社 2008 年版，第 70 页。

建设面临的严峻考验。在这种形势下，开启高校思想政治理论课改革，以适应社会主义现代化建设的客观需要，也是题中之意。“85 方案”就是在这一重大历史背景下出台的。在充分调查和论证的基础上，1985 年 8 月，中共中央正式发布《关于改革学校思想品德和政治理论课程教学的通知》(下称《通知》)。《通知》从历史、理论和现实相结合的思路出发，明确了高校思想政治理论课教育的中心内容即中国革命史、马克思主义的基本理论、当代其他各种社会思潮、中国社会主义建设和改革的理论和实践。[①]《通知》虽然没有明细高校思想政治理论课程的具体设置，却指明了当前形势下高校思想政治理论课建设的方向，是“85 方案”的指导思想。在这一指导思想指引下，高校思想政治理论课程进行了较大程度的调整，从整体来看，分为马克思主义理论课程和思想教育课两块内容。其中，马克思主义理论课程为“中国革命史”“马克思主义原理”“中国社会主义建设”“世界政治经济与国际关系”(文科开设)[②]，思想品德课程为：“大学生思想修养”“法律基础”“职业道德”“人生哲理”。此后，“85 方案”的多次调整，都是围绕着这两类课程展开的。

“85 方案”在实施过程中根据形势的发展进行了调整，为以后的课程设置改革积累了宝贵经验。《关于进一步改革高等学校马克思主义理论课(公共课)教学的意见》(下称《意见》)对马克思主义理论课程建设中加强领导和推进课程设置和教学内容改革、保证教学课时、加强教师队伍建设、积极开展科学研究等五个方面的问题作了专门部署。《意见》对课程设置改革提出了“既要坚定、积极，又要稳妥，要有计划、有步骤地进行”的原则，着重分析了当前教材建设和师资

① 教育部社会科学司：《普通高校思想政治理论课文献选编(1949—2008)》. 北京：中国人民大学出版社 2008 年版，第 107 页。

②《普通高校思想政治理论课文献选编(1949—2008)》. 北京：中国人民大学出版社 2008 年版，第 110 页。

队伍建设面临的问题，强调了教材建设和师资队伍建设的重要性。围绕“马克思主义原理”和“中国社会主义建设”两块教学任务如何在课程中转化的问题，《通知》提出了三种“实验”方案，既可以根据教学内容整体设置两门课程，也可以把两块教学内容分解为多门课程，并提出了实验与改进同时进行的要求，以探索出比较完善的课程设置体系。在马克思主义理论课程设置稳步前进的过程中，探索思想道德教育课程改革的工作也在有条不紊地展开。1987 年 10 月，国家教育委员会通过《关于高等学校思想教育课程建设的意见》(《下称意见》)。《意见》指出“几年来的实践经验证明，针对学生普遍关心的形势、政策、人生、理想、道德、民主、法制、纪律等方面的问题，有计划地开设一些思想教育课程，在时间上、制度上加以保证，是必要的”。此外，《意见》还提出开设“形势与政策”和“法律基础”两门必修课，对于“大学生思想修养”“人生哲理”和“职业道德”三门课程不作统一规定，可以根据各高校的实际情况开设。[①] 同时，研究生思想政治理论课的改革也伴随着本科生思想政治理论课改革的步伐而进行。1987 年 6 月，国家教委颁发了《关于高等学校研究生马克思主义理论课(公共课)教学的若干规定》，要求对所有的硕士研究生开设“科学社会主义理论与实践”课程，并且根据研究生层次和专业领域特点设置课程。其中，文科专业的硕士研究生、博士研究生与理、工、农、医各专业的硕士研究生、博士研究生所开设的课程不同，硕士研究生与博士研究生的课程也有所区别。

“85 方案”虽然多次调整，但始终以邓小平建设有中国特色社会主义理论为中心内容，体现了鲜明的时代要求。党的十四大以后，社会主义市场经济体制确立为我国的基本经济体制，从生产力和经济基础调整引起的生产关系和上层建筑变化将成为思想政治工作关注

---

① 教育部社会科学司：《普通高校思想政治理论课文献选编(1949—2008)》，北京：中国人民大学出版社 2008 年版，第 132—133 页。

的重点。为了应对这种变化，党和国家必须调整高校思想政治工作，改革高校思想政治理论课，把邓小平建设有中国特色社会主义理论转化为思想政治理论课的主要内容，总结高校思想政治理论课教育教学经验，使当前的思想政治理论课适应新形势新要求。其中，1993年6月召开的"新形势下高校思想政治教育课程建设座谈会"对思想政治理论课改革提出了许多建设性举措，体现为以下几个方面：其一，课程体系名称的变化，用"思想政治教育课程"取代"思想教育课"；其二，具体课程名称的变化，在大学一年级统一开设"思想道德修养"课，取代原来的"大学生思想修养"和"人生哲理"课；其三，课程体系模块关系的调整，无论是马克思主义理论课，还是思想政治教育课，二者都是高校思想政治教育的主渠道和主阵地，而不能仅强调马克思主义理论课的地位；其四，课程内容的调整，主要是从实践出发，沿循理论进路，与时俱进调整教材和教学内容。1995年10月，在"85方案"提出十年之际，正值中共中央《关于进一步加强和改进学校德育工作的若干意见》发布之时，国家教委下发了《关于高校马克思主义理论课和思想品德课教学改革的若干意见》，并于11月颁布了《中国普通高校德育大纲(试行)》。《关于高校马克思主义理论课和思想品德课教学改革的若干意见》充分阐述了"马克思主义理论课和思想品德课"教学的重要意义，提出要适应新形势对"马克思主义理论课和思想品德课"进行改革，改革的重点是以邓小平建设有中国特色社会主义理论为中心内容，进一步加强马克思主义教育。这实质上提出了高校思想政治教育要以当代中国发展的马克思主义为中心内容的根本要求。①

"85方案"为增强大学生思想政治理论课获得感奠定了制度基础。1995年10月，《关于高校马克思主义理论课和思想品德课教学

① 顾海良：《高校思想政治理论课程体系的演化及其基本特点》，《教学与研究》，2007年第2期。

改革的若干意见》对1985年以来高校马克思主义理论课和思想品德课的改革作了认真总结，第一次明确将高校马克思主义理论课和思想品德课简称为“两课”，强调要通过教学改革，逐步形成结构合理、功能互补的“两课”课程体系，并首次对“两课”设置作了统一的要求。① 根据《意见》精神，同年11月颁布试行的《中国普通高等学校德育大纲(试行)》规定本科马克思主义理论课应设置“马克思主义基本原理”“有中国特色社会主义建设”“中国革命史论”，思想品德课应设置“思想道德修养”“法律基础”和“形势与政策”，文科类专业应开设“世界政治经济与国际关系”。②《关于高校马克思主义理论课和思想品德课教学改革的若干意见》还提出要把“两课”教学的状况作为评估学校工作和各级领导干部工作实绩的重要条件，作为学校办学水平和“211工程”评估的标准之一。③ 为落实《关于高校马克思主义理论课和思想品德课教学改革的若干意见》提出的主要任务，1996年3月国家教委下发了《关于落实“两课”教学改革〈若干意见〉几项重要工作的实施计划》，强调要“积极、稳妥地进行马克思主义理论课新课程设置方案的制订工作”。④ 同年6月，全国高校“两课”管理工作座谈会在广州召开，会议指出，国家教委关于“两课”教学改革的文件已适时地提出了争取在1997年确定新教学方案的要求，积极稳妥地解决这一任务对于深化高校“两课”改革具有重要的意义。会议还提出了新的课程设置方案制定的原则，强调要以邓小平同志建设有中国特色社会主义理论为指导，认真贯彻党中央关于“两课”教学改革的

---

① 教育部社会科学司：《普通高校思想政治理论课文献选编(1949—2008)》.北京：中国人民大学出版社2008年版，第159页。

② 教育部社会科学司：《普通高校思想政治理论课文献选编(1949—2008)》.北京：中国人民大学出版社2008年版，第166页。

③ 教育部社会科学司：《普通高校思想政治理论课文献选编(1949—2008)》.北京：中国人民大学出版社2008年版，第161页。

④ 教育部社会科学司：《普通高校思想政治理论课文献选编(1949—2008)》.北京：中国人民大学出版社2008年版，第173页。

精神。[①] 会后，“两课”改革揭开新的序幕。

（二）“98 方案”：在社会主义市场经济环境中增强获得感的新举措

党的十四大确立社会主义市场经济体制改革目标后，中国社会的各个领域随之发生迅速而深刻的变化。作为大学生思想政治教育的主渠道，高校思想政治理论课必然也要根据形势的变化进行调整和改革。整体而言，“98 方案”是社会主义市场经济条件下的第一次重要改革，一方面使大学生对思想政治理论课的获得感建立在社会主义市场经济基础上，另一方面又使大学生对思想政治理论课获得感作用于社会主义市场经济建设。

1997 年 9 月，党的十五大把邓小平理论写进了党章，与马列主义、毛泽东思想一起被确立为党的指导思想。邓小平理论成为新时期指引党继续前进的旗帜，这也为高校思想政治理论课教育提出了更高的要求。为深入贯彻党的十五大精神，进一步解决好邓小平理论“进课堂、进教材、进学生头脑”这一主要任务，1998 年 4 月，中央政治局常委会专题讨论了教育部党组关于“两课”课程设置的报告，并作了重要指示。1998 年 6 月，根据中共中央会议精神，关于“两课”设置和实施的意见由中宣部和教育部印发，这个意见被称为“98 方案”。

“98 方案”中的“两课”课程设置“着眼于引导和帮助学生掌握马克思主义的立场、观点、方法，树立正确的世界观、人生观和价值观，确立建设有中国特色社会主义的共同理想，为他们坚持党的基本理论和基本路线不动摇，打下坚实的思想理论基础。要以邓小平理论

---

① 教育部社会科学司：《普通高校思想政治理论课文献选编（1949—2008）》，北京：中国人民大学出版社 2008 年版，第 171 页。

为中心内容，比较系统地进行马克思主义基本原理和爱国主义、集体主义、社会主义的教育”[①]。“98 方案”详细规定了普通高校“两课”的课程设置，按照专科、本科和研究生设置不同的课程和学时。专科的课程设置包括二年制专科课程和三年制专科课程，二年制专科马克思主义理论课包括“马克思主义哲学原理”(36 学时)、“邓小平理论概论”(64 学时)，三年制专科马克思主义理论课包括“马克思主义哲学原理”(50 学时)、“毛泽东思想概论”(40 学时)、“邓小平理论概论”(60 学时)，二年制和三年制专科思想品德课包括“思想道德修养”(40 学时)和“法律基础”(28 学时)。[②] 本科马克思主义理论课包括“马克思主义哲学原理”(54 学时)、“马克思主义政治经济学原理”(理工类 40 学时，文科类 36 学时)、“毛泽东思想概论”(理工类 36 学时，文科类 54 学时)、“邓小平理论概论”(70 学时)和“当代世界经济与政治”(文科类开设，36 学时)，本科思想品德课包括“思想道德修养”(51 学时)、“法律基础”(34 学时)[③]。“‘职业道德’课，除师范、医学等一些特殊专业要作为专业基础课纳入教学计划外，其他专业可作为选修课或作为‘思想道德修养’课的一部分安排教学。有关院校政治理论专业和财经类、政法类专业，可根据本‘意见’的规定，与专业基础课统筹考虑，在覆盖‘两课’教学基本要求的前提下，确定本校此类专业的课程设置。”[④]硕士生马克思主义理论课包括“科学社会主义理论与实践”(36 学时)、“自然辩证法概论”(理工类开设，54 学时)和“马克

---

① 教育部社会科学司：《普通高校思想政治理论课文献选编(1949—2008)》. 北京：中国人民大学出版社 2008 年版，第 182—183 页。

② 教育部社会科学司：《普通高校思想政治理论课文献选编(1949—2008)》. 北京：中国人民大学出版社 2008 年版，第 183 页。

③ 教育部社会科学司：《普通高校思想政治理论课文献选编(1949—2008)》. 北京：中国人民大学出版社 2008 年版，第 183 页。

④ 教育部社会科学司：《普通高校思想政治理论课文献选编(1949—2008)》. 北京：中国人民大学出版社 2008 年版，第 183 页。

思主义经典著作选读”(文科类开设,72 学时)。[①] 博士生马克思主义理论课包括“现代科学技术革命与马克思主义”(理工类开设,54 学时)和“马克思主义与当代社会思潮”(文科类开设,54 学时)。[②] “98 方案”要求各层次各科类学生都要开设“形势与政策”课。“形势与政策”课列入教学计划,平均每周 1 学时,一般按专题进行,实行学年考核制度,纳入学籍管理。同时,“98 方案”要求各高校把上述课程作为各层次教学的公共必修课,充分保证各门课程的学时。[③]

2002 年,党的十六大把“三个代表”重要思想同马克思列宁主义、毛泽东思想和邓小平理论共同确立为我们党长期坚持的指导思想。为此,根据中央的精神和教育部党组的要求,高校“两课”教育教学紧紧围绕学习和全面贯彻十六大精神,着手对高校“两课”课程有关部分进行调整和充实,将邓小平理论和“三个代表”重要思想作为一以贯之的理论体系在课程内容中加以全面系统的讲授,努力推进“三个代表”重要思想“进教材、进课堂、进学生头脑”的“三进”工作。同时,把十六大提出的一系列新思想、新观点和新论断充实到教学中。这对于更新教学内容,增强“两课”教育教学的针对性、实效性,具有十分重要和紧迫的意义。随着“三个代表”重要思想在全党指导地位的确立,“邓小平理论概论”课于 2003 年被调整为“邓小平理论与‘三个代表’重要思想概论”课。之后,在党的十六届二中全会上提出的科学发展观等重大战略思想也被纳入高校思想政治理论课课程中。

根据王小兵的总结,“98 方案”把引导大学生坚定马克思主义信仰、对社会主义的信念,增强对改革开放和社会主义现代化建设的信

---

① 教育部社会科学司:《普通高校思想政治理论课文献选编(1949—2008)》,北京:中国人民大学出版社 2008 年版,第 184 页。

② 教育部社会科学司:《普通高校思想政治理论课文献选编(1949—2008)》,北京:中国人民大学出版社 2008 年版,第 184 页。

③ 教育部社会科学司:《普通高校思想政治理论课文献选编(1949—2008)》,北京:中国人民大学出版社 2008 年版,第 184 页。

心、对党和政府的信任以及宣传邓小平理论、提高大学生思想道德素质、维护高校和社会稳定等方面作为增强大学生思想政治理论课获得感的具体目标。以"98 方案"为显著标志,增强大学生高校思想政治理论课获得感教育教学进入成熟发展的新时期。

(三)"05 方案":在新世纪思政课吸引力建设中增强获得感的新探索

"05 方案"出台于新世纪高校思想政治理论课面临着亟待解决的新课题之时,如公共理论课的门数和课时比重偏多、在内容上各门课程之间有所交叉、与中学政治课也存在重复以及教学内容缺乏针对性等。[①] 这些问题的持续存在不断弱化思想政治理论课的吸引力,影响思想政治理论课的育人实效,干扰大学生思想政治理论获得感的提升。针对这些问题,"05 方案"从新世纪新阶段的新变化、新情况出发,以提升思想政治理论课的吸引力为导向来增强大学生思想政治理论课获得感。

2004 年,中共中央、国务院颁布了《关于进一步加强和改进大学生思想政治教育的意见》,对大学生思想政治教育的指导思想、基本原则、主要任务等一系列基本问题作了明确阐述,其中特别强调加强和改进大学生思想政治教育要坚持"贴近实际、贴近生活、贴近学生,努力提高思想政治教育的针对性、实效性和吸引力、感染力"[②]。2005 年 1 月,党中央召开了全国大学生思想政治教育工作会议,对加强和改进大学生思想政治教育作了全面的具体部署。胡锦涛主持中央政治局常委会议专门研究加强和改进高校思想政治理论课工作,审议通过了《关于进一步加强和改进高等学校思想政治理论课的意见》[③],

① 《高校政治课正大幅调整》.《中国青年报》2007 年 4 月 23 日。
② 教育部社会科学司:《普通高校思想政治理论课文献选编(1949—2008)》. 北京:中国人民大学出版社 2008 年版,第 203 页。
③ 教育部社会科学司:《普通高校思想政治理论课文献选编(1949—2008)》. 北京:中国人民大学出版社 2008 年版,第 213 页。

就进一步加强和改进高校思想政治理论课工作提出了明确要求和具体措施，构建了新的课程体系。同年3月，教育部召开了高校思想政治理论课管理工作会议，中宣部、教育部又印发了《〈关于进一步加强和改进高等学校思想政治理论课的意见〉实施方案》①，这个实施方案被称为"05方案"。"05方案"对新课程的学分、本专科必修课的课程内容等作了明确的具体规定。根据中央的部署，在中宣部、教育部的主持下，开始了新四门思想政治理论课的教材编写工作和教师培训工作。2006年8月，《思想道德修养与法律基础》教材出版发行，9月，新方案的第一门新课程即"思想道德修养与法律基础"课在2006级大学生中开课实施；2007年，新方案其他三本课程教材陆续编写完成，新课程全面展开，实现了从"98方案"到"05方案"的顺利过渡。②

"05方案"为提升高校思想政治理论课吸引力提供了指导思想和总体要求。思想政治理论课的扎实推进需要有科学的思想指导。"05方案"要求：推进高校思想政治理论课要以"发展着的马克思主义武装大学生，始终保持教育教学的正确方向；坚持理论联系实际，贴近实际、贴近生活、贴近学生；坚持开拓创新，不断改进教育教学的内容、形式和方法"③。"05方案"不仅提出了本专科的思想政治理论课课程设置，还规定了本专科必修课程的基本内容、课程设置实施的基本要求和时间安排、教材编写、教学研究、教师培训、学科建设等一系列内容。

"05方案"为提升高校思想政治理论课吸引力奠定了坚实的基

---

① 教育部社会科学司：《普通高校思想政治理论课文献选编(1949—2008)》，北京：中国人民大学出版社2008年版，第218页。

② 石云霞：《高校思想政治理论课"05方案"实施五周年回顾》，《思想理论教育》2010年第9期。

③ 教育部社会科学司：《普通高校思想政治理论课文献选编(1949—2008)》，北京：中国人民大学出版社2008年版，第214页。

础。一是大力推进马克思主义理论学科建设。2005年12月23日，国务院学位委员会和教育部联合下发了《关于调整增设马克思主义理论一级学科及所属二级学科的通知》，标志着马克思主义理论学科由论证阶段正式进入了建设和发展的具体实施阶段，成为开展马克思主义理论研究、推动党的理论创新和当代中国马克思主义大众化、加强思想政治理论课课程建设的重要平台和支撑。二是不断完善高校思想政治理论课的课程体系建设。在本科课程设置上，将"98方案"的7门课合并为现在的4门课，即"马克思主义基本原理概论""毛泽东思想、邓小平理论和'三个代表'重要思想概论"（后改为"毛泽东思想和中国特色社会主义理论体系概论"）"中国近现代史纲要""思想道德修养与法律基础"。同时，文件要求开设"形势与政策"课，另外开设"当代世界经济与政治"等选修课。[①] 文件还要求，"要在本科生思想政治理论课课程体系基础上，进一步研究确定专科层次和硕士生、博士生层次的思想政治理论课课程设置"[②]，使课程之间的逻辑体系更加合理，更加科学和系统化。此外，该文件的效果卢黎歌教授归结为：内容更加精炼，课程内容之间的重复以及与中小学政治课内容的相互重复问题得到了显著改进；课时更加合理，符合教育规律。为更好地与本科生思想政治理论课相衔接，推进构建完整的高校思想政治理论课课程体系和教学体系，同时也为了适应研究生教育改革和加强研究生思想政治理论课建设的需要，2010年8月，中宣部、教育部颁布了《关于高等学校研究生思想政治理论课课程设置调整的意见》，对硕士研究生、博士研究生思想政治理论课的课程设置进行了调整。三是积极组织编写高校思想政治理论课教材。举全国

① 教育部社会科学司：《普通高校思想政治理论课文献选编（1949—2008）》，北京：中国人民大学出版社2008年版，第215页。

② 教育部社会科学司：《普通高校思想政治理论课文献选编（1949—2008）》，北京：中国人民大学出版社2008年版，第215页。

之力，由全国统一编写 4 门必修课教材，并且将高校思想政治理论课建设纳入马克思主义理论研究和建设工程，使得教材和教学有了权威性的依据。除了组织全国著名专家共同编写教材外，教育部还按照“05 方案”关于“组织编写和制作‘精彩一课’‘教学热点难点解析’、多媒体课件等行之有效的辅助教材系列，形成包括基本教材、配套教材和电子音像类教材等在内的立体化教材体系”[①]的要求，建立了立体化的教材以及配套辅助教材体系，使得教学资料更加丰富。

“05 方案”为提升高校思想政治理论课吸引力提出了加强和改进教学的方式和方法。发挥思想政治理论课的主导作用，需要改进思想政治理论课教学方法。“05 方案”明确指出，改进思想政治理论课教学方式和方法主要有以下几方面：

一是精心设计和组织教学活动，实现教学方式的多样化，如专题教学、案例教学、启发式教学、参与式教学、研究式教学，“认真探索专题讲授、案例教学等多种教学方法，积极推广名师大班讲授和小班辅导的教学经验，大力推进多媒体和网络技术的广泛应用，实现教学手段现代化。同时，建立教学资料数据库，实现资源共享”等是思想政治理论课教学的有力保障。二是加强实践教学。要“建立和完善实践教学机制，注重探索实践育人的长效机制”，“通过形式多样的实践教学活动，提高学生思想政治素质和观察分析社会现象的能力，深化教育教学的效果”。[②] 三是改进和完善考试方法。要“综合考核学生对所学内容的理解和实际表现，力求全面、客观反映大学生的马克思主义理论素养和道德品质”[③]。

---

① 教育部社会科学司：《普通高校思想政治理论课文献选编（1949—2008）》. 北京：中国人民大学出版社 2008 年版，第 216 页。

② 教育部社会科学司：《普通高校思想政治理论课文献选编（1949—2008）》. 北京：中国人民大学出版社 2008 年版，第 216 页。

③ 教育部社会科学司：《普通高校思想政治理论课文献选编（1949—2008）》. 北京：中国人民大学出版社 2008 年版，第 216 页。

“05 方案”为提升高校思想政治理论课吸引力而打造教师队伍。“05 方案”提出，要“按照专兼结合的原则，不断优化和充实高校思想政治理论课教师队伍”，“建立和完善思想政治理论课教师队伍培训体系，加强高校思想政治理论课教师队伍建设”。[①] 2008 年中宣部、教育部颁布了《关于进一步加强高等学校思想政治理论课教师队伍建设的意见》。此外，2010 年教育部召开了全国高校思想政治理论课教师队伍建设工作会议，为高校思想政治理论课教师队伍的不断壮大和教学能力的普遍提升提供了更加有力的指导。

必须看到，增强大学生思想政治理论课获得感是一项长期工作。时代前进了、实践发展了，思想政治理论课教育的内容和形式随之变化，大学生思想政治理论课的获得感也产生了新的要求和特点。因此，要不断增强吸引力和感染力，努力做到体现时代性、把握规律性、富于创造性，把高校思想政治理论课建设成为大学生真心喜爱、终身受益、毕生难忘的优秀课程。

(四)“20 方案”：在新时代落实立德树人任务中增强获得感的新创造

进入新时代，实现中华民族伟大复兴的目标越来越近，任务也越来越艰巨。使大学生肩负起“为中国人民谋幸福，为中华民族谋复兴”的历史使命成为高校思想政治理论课的新目标。为此，2019 年 8 月 14 日，中共中央办公厅、国务院办公厅印发《关于深化新时代学校思想政治理论课改革创新的若干意见》，2020 年 12 月，中共中央宣传部、教育部印发《新时代学校思想政治理论课改革创新实施方案》，这些文件形成了新时代高校思想政治理论课建设的方案（以下简称“20 方案”）。“20 方案”聚焦高校思想政治理论课改革创新，把增强大学

---

① 教育部社会科学司：《普通高校思想政治理论课文献选编(1949—2008)》，北京：中国人民大学出版社 2008 年版，第 216—217 页。

生的获得感作为内在要求和前进动力，是新时代高校思想政治理论课建设的纲领。

围绕解决培养什么人、怎样培养人、为谁培养人这个根本问题，“20 方案”提出了思想政治理论课改革创新的总目标，即“按照循序渐进、螺旋上升的原则，立足于思想政治理论课的政治性属性，对大中小学思想政治理论课课程目标进行一体化设计，以了解学习、理解把握习近平新时代中国特色社会主义思想为课程主线，在政治认同、家国情怀、道德修养、法治意识、文化修养等方面提出明确要求，引导学生坚定‘四个自信’，做德智体美劳全面发展的社会主义建设者和接班人”①。新时代增强大学生思想政治理论课获得感的主题也围绕培养政治立场坚定的社会主义建设者和接班人展开。

关于新时代思想政治理论课建设的基本方向和根本遵循问题，“20 方案”从重要意义、指导思想和基本原则等方面作了深入阐述。首先，在新时代思想政治理论课的重要意义方面，“20 方案”指出：“思想政治理论课是落实立德树人根本任务的关键课程，发挥着不可替代的作用”，“办好思想政治理论课，要放在世界百年未有之大变局、党和国家事业发展全局中来看待，要从坚持和发展中国特色社会主义、建设社会主义现代化强国、实现中华民族伟大复兴的高度来对待。思想政治理论课建设只能加强、不能削弱，必须切实增强办好思想政治理论课的信心，全面提高思想政治理论课质量和水平”②。其次，在新时代思想政治理论课指导思想方面，“20 方案”从指导地位、教育方针、办学方向、根本任务、服务方向、人才培养等方面进行了明确阐述，指出办好新时代思想政治理论课要以习近平新时代中国特

① 中共中央宣传部 教育部关于印发《新时代学校思想政治理论课改革创新实施方案》的通知_教育_中国政府网 http://www.gov.cn/zhengce/zhengceku/2021-01/01/content_5576046.htm。

②《关于深化新时代学校思想政治理论课改革创新的若干意见》．北京：人民出版社 2019 年版，第 1—2 页。

色社会主义思想为指导，贯彻党的教育方针，以立德树人为根本任务，以社会主义为办学方向，以“四为”为服务方向，以“培养担当民族复兴大任的时代新人，培养德智体美劳全面发展的社会主义建设者和接班人”为人才培养目标。[①] 最后，在新时代思想政治理论课基本原则方面，“20 方案”从六个方面提出了思想政治理论课要坚持的基本原则：“坚持党对思想政治理论课建设的全面领导”“坚持思想政治理论课建设与党的创新理论武装同步推进”“坚持守正和创新相统一”“坚持思想政治理论课在课程体系中的政治引领和价值引领作用”“坚持培养高素质专业化思想政治理论课教师队伍”“坚持问题导向和目标导向相结合”[②]。

为满足大中小学思想政治理论课课程目标一体化设计要求，“20 方案”提出在循序渐进、螺旋上升的过程中推进思想政治理论课的课程目标建设。其中，小学阶段重在培养学生的道德情感，初中阶段重在打牢学生的思想基础，高中阶段重在提升学生的政治素养。在小学、初中、高中思想政治理论课基础上，大学阶段重在增强学生的使命担当，“重点引导学生初步了解习近平新时代中国特色社会主义思想，感知马克思主义的思想力量和中国特色社会主义的实践成就；增强国家意识和国情观念，树立民族自尊心、自信心、自豪感；加深理解社会主义核心价值观，了解与学生日常生活密切相关的法律常识，具有初步的宪法意识、法治观念等；明是非、讲规则、辨善恶；把党、祖国、人民装在心中，强化做社会主义建设者和接班人的思想意识”[③]。

---

① 《关于深化新时代学校思想政治理论课改革创新的若干意见》．北京：人民出版社 2019 年版，第 2 页。

② 《关于深化新时代学校思想政治理论课改革创新的若干意见》．北京：人民出版社 2019 年版，第 2 页。

③ 中共中央宣传部　教育部关于印发《新时代学校思想政治理论课改革创新实施方案》的通知_教育_中国政府网　http://www.gov.cn/zhengce/zhengceku/2021-01/01/content_5576046.htm。

关于完善思想政治理论课课程教材体系的问题,“20 方案”从课程体系建设要求、思想政治理论课课程设置等方面作了部署。其一,在思想政治理论课课程体系建设总要求方面,要创新思想政治理论课课程体系,“加强以习近平新时代中国特色社会主义思想为核心内容的思想政治理论课课程群建设”,“在保持思想政治理论课必修课程设置相对稳定基础上,结合大中小学各学段特点构建形成必修课加选修课的课程体系。”①其二,在思想政治理论课课程设置方面,不同阶段开设不同的课程,在大学阶段,本科课程主要设置“马克思主义基本原理概论”“毛泽东思想和中国特色社会主义理论体系概论”“中国近现代史纲要”“思想道德修养与法律基础”“形势与政策”等;高等职业学校专科课程主要设置“毛泽东思想和中国特色社会主义理论体系概论”“思想道德修养与法律基础”“形势与政策”。② 与此同时,要把“开设系列选择性必修课”作为课程体系建设的重要环节,“各高校结合本校实际,统筹校内通识类课程,围绕马克思主义经典著作,党史、新中国史、改革开放史、社会主义发展史,中华优秀传统文化、革命文化、社会主义先进文化,宪法法律等,开设本科及高等职业学校专科选择性必修课程,确保学生至少从‘四史’中选修 1 门课程……各高校要安排选择性必修课程必要学时,充分发挥马克思主义学院统筹审核把关作用”③。

在课程内容建设方面,“20 方案”“在各学段现有课程内容基础上,重点强化习近平新时代中国特色社会主义思想进课程进教材,培

① 《关于深化新时代学校思想政治理论课改革创新的若干意见》.北京:人民出版社 2019 年版,第 3 页。

② 中共中央宣传部 教育部关于印发《新时代学校思想政治理论课改革创新实施方案》的通知_教育_中国政府网 http://www.gov.cn/zhengce/zhengceku/2021-01/01/content_5576046.htm。

③ 中共中央宣传部 教育部关于印发《新时代学校思想政治理论课改革创新实施方案》的通知_教育_中国政府网 http://www.gov.cn/zhengce/zhengceku/2021-01/01/content_5576046.htm。

育和践行社会主义核心价值观，推进法治教育、劳动教育、总体国家安全观教育、公共卫生安全教育等方面内容的全面融入，实现学段纵向衔接、逐层递进，学科、课程协同联动。”本科及高等职业学校专科要围绕以下课程内容，根据不同类型学校和不同层次人才培养要求，进一步增强教学的针对性和实效性。“马克思主义基本原理”，主要讲授反映马克思主义世界观和方法论的最基本的原理，帮助学生深刻领会、准确把握马克思主义的根本性质和整体特征，学习掌握贯穿其中的马克思主义立场观点方法，提升运用马克思主义基本原理分析世界的能力，增强对人类社会发展规律，特别是中国特色社会主义发展规律的认识和把握，树立共产主义远大理想和中国特色社会主义共同理想。“毛泽东思想和中国特色社会主义理论体系概论”，主要讲授中国共产党把马克思主义基本原理同中国具体实际相结合产生的马克思主义中国化的两大理论成果，帮助学生理解毛泽东思想、邓小平理论、“三个代表”重要思想、科学发展观、习近平新时代中国特色社会主义思想是一脉相承又与时俱进的科学体系，引导学生深刻理解中国共产党为什么能、马克思主义为什么行、中国特色社会主义为什么好，坚定“四个自信”。“中国近现代史纲要”，主要讲授中国近代以来争取民族独立、人民解放和实现国家富强、人民幸福的历史，帮助学生了解党史、国史、国情，深刻领会历史和人民选择马克思主义、选择中国共产党、选择社会主义道路、选择改革开放的必然性。“思想道德与法治”，主要讲授马克思主义的人生观、价值观、道德观、法治观，社会主义核心价值观与社会主义法治建设的关系，帮助学生筑牢理想信念之基，培育和践行社会主义核心价值观，传承中华传统美德，弘扬中国精神，尊重和维护宪法法律权威，提升思想道德素质和法治素养。高等职业学校结合自身特点，注重加强对学生的职业道德教育。“形势与政策”，主要讲授党的理论创新最新成果，新时代坚持和发展中国特色社会主义的生动实践，马克思主义形势观政策观、党的路线方针政策、基本国情、国内外形势及其热点难点问题，帮助学生准确理解当代中国马克思主义，深刻领会党和国家事业取得的历史性成就、面临的历史性机遇和挑战，引导大学生正确认识世界和中国发展大势，正确认识中国特色和国际局势，正确认识时代责任和历史使命，正确认识远大抱负和脚踏实地。①

关于教师队伍建设、思想政治理论课实效建设、党的领导建设问题，"20 方案"分别提出了明确要求。其一，在思想政治理论课教师队伍建设方面，思想政治理论课教师队伍的建设目标是"政治强、情怀深、思维新、视野广、自律严、人格正"，要着重从"壮大学校思想政治理论课教师队伍""提高思想政治理论课教师综合素质""改革思想政治理论课教师评价机制""加大思想政治理论课教师激励力度""加强思想政治理论课教师队伍后备人才培养工作"等方面加强思想政治理论课教师队伍建设。② 其二，在思想政治理论课实效建设方面，要把"不断增强思想政治理论课的思想性、理论性和亲和力、针对性"作为总任务，重点"加大思想性、理论性资源供给""加大思想政治理论课教研工作力度""切实加强思想政治理论课课题研究和成果交流""全面提升高校马克思主义学院建设水平""整体推进高校课程思政和中小学学科德育"。③ 其三，在党对思想政治理论课领导建设方面，要坚持"严格落实地方党委思想政治理论课建设主体责任""推动建立高校党委书记、校长带头抓思想政治理论课机制""积极拓展思想

---

① 中共中央宣传部　教育部关于印发《新时代学校思想政治理论课改革创新实施方案》的通知_教育_中国政府网　http://www.gov.cn/zhengce/zhengceku/2021-01/01/content_5576046.htm。

②《关于深化新时代学校思想政治理论课改革创新的若干意见》．北京：人民出版社 2019 年版，第 6—9 页。

③《关于深化新时代学校思想政治理论课改革创新的若干意见》．北京：人民出版社 2019 年版，第 9—12 页。

政治理论课建设格局”①的建设方向。

关于新时代思想政治理论课的组织实施问题，“20 方案”提出从组织好教学、培训好教师、使用好教材等方面加强建设。在组织好教学方面，“鼓励有条件的高校和中小学组建思想政治理论课一体化教学改革创新联合体。充分挖掘各学科专业课程蕴含的思想政治教育资源，推进各类课程与思想政治理论课同向同行。在教学中注重多样化评价方式，综合考核学生的思想政治素质”。在培训好教师方面，“针对教材重点内容和难点问题，组织开展大中小学思想政治理论课教师全员培训、专题研修，确保实现全覆盖。围绕教材使用，分课程、跨课程、跨学段组织大中小学思想政治理论课教师集体备课，每年至少一次。结合教学实践，组织大中小学思想政治理论课教师开展交流研讨，共同探讨思想政治理论课一体化教学规律”。在使用好教材方面，“统一使用国家统编教材，把教材使用情况作为教学监测、评估、检查的重要内容和主要指标。组织教师加强教材重点难点的研究，准确把握教材的基本精神和主要内容。做好教材内容向教学内容的转化，组织教师编写教案、制作课件、整理案例，切实把教材体系转化为教学体系”②。

“20 方案”体现了增强大学生思想政治理论课获得感的特征，关于新时代高校思想政治理论课开设的重要意义、指导思想和基本原则，课程体系建设，教师队伍建设，党对思想政治理论课领导建设等方面的重要部署都围绕了如何增强大学生思想政治理论课获得感这个主题。“20 方案”关于新时代思想政治理论课建设的整体部署是

---

① 《关于深化新时代学校思想政治理论课改革创新的若干意见》. 北京：人民出版社 2019 年版，第 12—14 页。

② 中共中央宣传部　教育部关于印发《新时代学校思想政治理论课改革创新实施方案》的通知_教育_中国政府网　http://www.gov.cn/zhengce/zhengceku/2021-01/01/content_5576046.htm。

马克思主义在中国特色社会主义实践中的发展要求，也是思想政治理论课与时俱进的内在要求，贴近新时代高校思想政治工作的实际，对增强大学生思想政治理论课获得感有根本指导意义。

第三章 大学生思想政治理论课获得感的现实状况

一、大学生思想政治理论课“获得感”的界定

“获得感”一词源自 2015 年 2 月 27 日，习近平总书记在中央全面深化改革领导小组第十次会议上提出，“要科学统筹突出重点对准焦距，让人民对改革有更多获得感”，“获得感”契合了人民群众的利益关切，突出了以人民为中心的发展思想，体现了全面深化改革目标，成为评价改革和发展质量的标准，受到社会各界的广泛关注。2017 年 5 月 11 日，教育部《2017 年高校思想政治理论课教学质量年专项工作总体方案》强调，“旨在打一场提高高校思想政治理论课质量和水平的攻坚战，切实增强大学生对思想政治理论课的获得感”，“获得感”正式被应用到高校思想政治理论教学中。2018 年 4 月 12 日，教育部印发《新时代高校思想政治理论课教学工作基本要求》强调：“增强获得感，促进思想政治理论课教学有虚有实、有棱有角、有情有义、有滋有味”，使得关于思想政治理论课“获得感”的研究掀起热潮，自此“获得感”真正融入了思想政治理论课话语体系，成为衡量思想政治理论课教学质量和改革成效的重要标志。增强大学生思想政治理论课“获得感”，是贯彻习近平总书记关于意识形态领域工作

和思想政治工作系列讲话精神、切实发挥思想政治理论课“主渠道”“主阵地”作用的必然要求，也是对当下思想政治理论课教学实效“获得感”不足的现实关切。厘清“思想政治理论课获得感”的科学内涵，是增强大学生思想政治理论课“获得感”的逻辑前提。

（一）大学生思想政治理论课获得感的出场

“获得感”是一个具有中国特色的本土性概念，与“幸福感”“认同感”“满意度”等外来概念虽有相似，但也有一定差别，不能直接画等号[①]。“获得感”通常是指切实获取物质层面或精神层面的利益后而产生的持续满足感，多用以指人民群众共享改革成果的幸福感和成就感。“获得”和“感”是递进关系，“获得感”强调以外显或内隐形式“得到”前提下的心理感受，这种“得到”包括物质的和精神的。如果不讲“获得”而一味强调“幸福”“认同”“成就”等，容易导致抽象化。从客观性讲，“幸福感”强调主观感受，注重精神信仰层面的追求，而获得感不局限于精神方面的感受，更强调客观实在的获得。获得感是前提，幸福感是获得感的归宿。[②] 与“满意度”相比较而言，满意度是一种心理状态，强调“多主体”性，可以是自身亦可是他人对同一现象、事件的感受与体验，而获得感强调基于自身的获得感受。

在大学生思想政治理论课“获得感”研究中，“获得感”的界定，要从“获得感”的主体、课程性质两个角度来理解和把握。“获得感”强调主体间性视域下大学生积极融入思想政治理论课学习的收获体验，即对所获得的知识、理论或信仰、观念得以树立的满足感，是一种

① 曹现强、李烁：《获得感的时代内涵与国外经验借鉴》，《人民论坛・学术前沿》2017 年第 2 期。
② 张品：《“获得感”的理论内涵及当代价值》，《河南理工大学学报（社会科学版）》2016 年第 4 期。

认同与成就感的正向主观心理感受。① 即通过学习思想政治理论课有所“获”,“获”有所“感”。高校思想政治理论课是对学生进行全面的、直接的马克思主义理论教育的课程,是思想政治教育的主渠道、主阵地,具有思想性、政治性、理论性,是落实立德树人根本任务的关键课程,是体现我国高校社会主义性质和方向的关键课程,关乎“培养什么人”“怎样培养人”“为谁培养人”的根本性问题。

思想政治理论课与其他专业课不同,专业课主要任务是使本专业的学生掌握必要的专业基础理论知识,培养分析解决专业范围内实际问题的能力,即主要解决“知”的问题,而思想政治理论课则重在解决“信”和“行”的问题,发挥价值引领作用,为培养社会主义建设者和接班人提供重要保障。对思想政治理论课的教学评价,不仅包括学生对理论知识的掌握情况,更注重价值观及思想道德全面发展情况评价。因此思想政治理论课获得感与专业课获得感相比,其内容结构、表现形态、评价标准等均有明显不同,具有隐蔽性、滞后性、长期性、知行合一等特征。

基于以上分析,我们认为大学生思想政治理论课获得感应表述为:获得感是指大学生通过自主或有组织、系统的思想政治理论课教学活动,在不同层次需求得到满足时的获得感受。包括真理层面(知识论)、价值层面(情感)、实践层面(行为)的现实或潜在需要,从而产生的正向、持续、实在的心理感受,具有鲜明的主观性和主体性。

(二) 大学生思想政治理论课获得感的层次结构

在综合考虑思想政治理论课课程性质、获得感主体的前提下,从

① 仇永民:《提高高校“思想道德修养与法律基础”课学生获得感研究》,《思想政治理论课研究》2019 年第 2 期。

获得感的逻辑层次、内涵结构来思考。在全国高校思想政治工作会议上，习近平总书记强调："思想政治理论课要坚持在改进中加强，提升思想政治理论课亲和力和针对性，满足学生成长发展需求和期待。"[①]为深刻理解大学生思想政治理论课获得感提供了思路。大学生对思想政治理论课的获得感，从整体意义上强调大学生学习这类课程，包括"马克思主义基本原理""毛泽东思想和中国特色社会主义理论体系概论""中国近现代史纲要""思想道德与法治""形势与政策""习近平新时代中国特色社会主义思想概论""新时代中国特色社会主义理论与实践""中国马克思主义与当代"等各门课程的总体获得，总体获得虽然来源于对各类各门课程的具体获得，但又并非各门课程获得感简单相加的总和。

一方面，要"横向"深入思想政治理论课获得感的课程性质，从个体、国家、社会层面考察获得感。就个体层面而言，通过思想政治理论课的学习，树立科学的世界观、人生观、价值观，促进人的自由全面发展，实现人的自我价值，提高解决现实问题的能力，从而不断满足个体成长发展需求与期待，尤其是在学习过程中不断获得他人和社会的肯定；就国家层面而言，巩固马克思主义主流意识形态，培养中国特色社会主义事业的建设者和接班人，增强中国特色社会主义道路认同、理论认同、情感认同，坚定"四个自信"，凝聚全国人民精神力量，促进社会和谐稳定；就社会层面而言，满足社会全面发展进步的需求与期待，培育新时代社会主义新人，弘扬和传递社会正能量，构建社会主义和谐社会，提升整个社会的获得感。

另一方面，要"纵向"切入思想政治理论课获得感的内容结构。尽管每门课程在获得感"供给"方面有侧重与特点，但作为完整系统的课程体系，课程内容具有内在层次体系。因此，需要分析各门课程

---

① 《习近平在全国高校思想政治工作会议上强调：把思想政治工作贯穿教育教学全过程开创我国高等教育事业发展新局面》，《人民日报》2016年12月9日第1版。

获得感之间的有机衔接、互补和递进关系。

“马克思主义基本原理”着重讲授马克思主义的世界观和方法论，帮助学生从整体上把握马克思主义的科学内容和精神实质，正确认识人类社会发展的基本规律，引领大学生树立科学的世界观、人生观和价值观，学会用马克思主义的世界观和方法论观察和分析问题，为大学生树立建设中国特色社会主义的理想信念，更好地理解和自觉地坚持党的基本理论、基本路线和基本纲领打下扎实的哲学理论基础。

“毛泽东思想和中国特色社会主义理论体系概论”主要讲授中国共产党把马克思主义基本原理与中国实际相结合的历史进程，充分反映了马克思主义中国化的理论成果，帮助学生系统掌握毛泽东思想、中国特色社会主义理论体系基本原理，坚定在党的领导下走中国特色社会主义道路的理想信念。

“中国近现代史纲要”从历史教育的角度讲授近现代以来，中国各族人民为救亡图存和实现中华民族伟大复兴而艰苦奋斗探索的历史，尤其是在中国共产党的领导下，广大人民群众经过新民主主义革命、社会主义革命赢得了民族独立和人民解放，把一个极度贫弱的旧中国逐步建成了繁荣昌盛、充满生机和活力的社会主义强国的历史，深刻领会历史和人民为什么选择马克思主义、中国共产党、社会主义制度，进一步增强拥护党的领导和接受马克思主义指导的自觉性。

“思想道德与法治”运用马克思主义的基本立场、观点和方法，以正确的人生观、价值观、道德观和法治观教育为基本内容，引导学生认识自我、认识环境、认识时代特征，培养良好的思想道德素质和法律意识，解决学生成长成才中遇到的实际问题，加强自我修养，追求人生的更高境界。

“形势与政策”主要内容是针对学生的思想特点和关注的热点焦

点问题，帮助学生认清国内外形势，教育和引导学生全面、准确、及时地理解党的路线、方针和政策，坚定跟党走中国特色社会主义道路的信心和决心，积极投身于建设中国特色社会主义的伟大实践。

从大学生的需求层次和课程目标分析，思想政治理论课获得感是一个层次递进的有机体，概括起来说，获得感是以真理知识层面的获得感为基础，以价值情感层面的获得感为核心，以实践行为层面的获得感为目标，是层层递进的逻辑关系，这些不同层面的获得感有不同的呈现方式和特征。

1. 真理知识层面的获得感。师生主体间通过教与学的深层互动，实现对思想政治理论课课程知识的认知、吸收、理解及个性化阐释，构建完善自己的知识体系，进而达成有效入脑以及价值固化的过程，真理知识层面的获得感具有客观性和确定性特征。思想政治理论课所传授的"知识"与其他专业课的"知识"相比，并不是那么"专"和"细"，而是围绕着国家的主流意识形态、政治观点、道德规范等"真理性认识"的规范化和合理化，代表着最广大人民的利益，具有强烈的跨学科性和基础性。

这一层面获得感包括两个层次，即物质层面和学习层面。物质层面的获得感是大学生对思想政治理论课最基础的需求，包括获得学分和荣誉两方面。一是学分的获得感。物质层面获得感与大学生毕业要求直接相关，必须修满思政课学分。学分制是一种弹性的教学管理制度，是以学分为计量单位来衡量学生学业完成状况。[①] 我国高校高度重视思想政治理论课的建设并且以课堂教学为基础，针对不同学历层次，开设相应课程，规定了相应的学分。[②] 博士阶段开设"中国马克思主义与当代"，硕士阶段开设"中国特色社会主义理论与实践研究"，本科阶段开设"马克思主义基本原理""毛泽东思想和中

---

① 白延宁：《学分制下班级建设探析》，《山东省青年管理干部学院学报》2007年第6期。

② 魏晓蓉：《中美高校德育方法比较研究》，兰州理工大学2018年硕士论文，第17页。

国特色社会主义理论体系概论""中国近现代史纲要""思想道德与法治""形势与政策",专科阶段开设"毛泽东思想和中国特色社会主义理论体系概论""思想道德与法治""形势与政策"等必修课。二是荣誉证书的获得感。学生通过参与党团活动获得的奖励和证书或通过参加相应活动、竞赛得到的证书等不同形式的奖励,这些都是当下、短期内可实现的实实在在的收获。[①] 在物质层面的获得感当中,学分以及由此带来的物质或者利益获得是最明显可见的获得。因此对于物质层面的获得感,学分和荣誉证书是重要指标。

学习层面获得感是大学生在学习思想政治理论课中获得的知识认知,其主要测量指标是知识技能的获得。[②] 思想政治理论课是具有鲜明思想特征的课程,对培养社会主义建设者和接班人具有重要作用。"马克思主义基本原理"课程目标中明确提出:掌握马克思主义的理论体系和科学内涵,提升理论素养。要让大学生树立正确的世界观、人生观、价值观,能够运用马克思主义的立场、观点、方法分析和解决现实问题。学生对思想政治理论课知识技能的掌握而产生的获得感,是大学生基本理论学习以及基本能力发展得以实现的重要保障。黄竞超在其博士论文中指出,在学习生活中,知识技能的掌握是学生最关心、最直接、最现实的问题,同时也是一个持续且动态发展的问题,其内涵和外延会随着经济社会发展以及教学方式、理念等的发展而发生较大的波动,从最初的应试教育到如今素质教育的要求,从满足最基本理论知识的掌握到对社会问题分析、解决以及思辨等能力的培养,其实质就是促进学生健康、全面的发展。

2. 价值观层面的获得感。价值观层面的获得感最终落脚是增进大学生对社会主义核心价值观的认同,具有即时性、滞后性、持续

---

① 陈娟:《思想政治教育获得感研究》,东北师范大学 2019 年硕士论文,第 12 页。

② 杨威:《论思想政治理论课的学习体验及其优化路径》,《马克思主义与现实》2019 年第 6 期。

性等特征。经过思想政治理论课学习，在获得真理知识的基础上，从情感上认同马克思主义理论学说、中国共产党的领导、中国特色社会主义道路，树立科学的世界观、人生观、价值观和政治观，形成符合社会主义建设者和接班人的价值判断和政治选择。

3. 实践行为层面的获得感。通过思想政治理论课的学习，在实践中体验到思想政治教育的满足感、成就感、幸福感。学会运用马克思主义的立场观点提出问题、分析问题、解决问题，在实践中传播马克思主义，维护新时代中国特色社会主义意识形态安全，践行社会主义核心价值观，强化“四个意识”，坚定“四个自信”，做到“两个维护”，为实现中华民族伟大复兴的中国梦砥砺前行。实践行为层面的获得感具有隐蔽性、滞后性、长效性等特征。

尽管关于思想政治理论课获得感的主体指向全体大学生，但也应当包括思想政治理论课教师的获得感。从课程教学论层面分析，获得感就是要处理好教与学的关系，教师的“教”是大学生获得感的重要源泉，也就是通过思想政治理论课教学，使学生在课堂学习中获得理论知识，产生欣喜愉悦的情感体验，形成正确的人生观、价值观与世界观，培养与提高大学生的逻辑思维能力。事实上，比较成功的课堂教学会将它的价值延伸到课堂之外，在思想政治理论课的教学中，如果课堂获得感发挥得好，可以使师生情感与价值观产生共鸣和认同，可以切实帮助学生学会分析问题和解决问题，并指导和帮助学生形成自己的价值信念，作为学生日后行动的指南。

二、提升大学生思想政治理论课获得感的成效与经验

（一）提升大学生思想政治理论课获得感的成效

基于对大学生思想政治理论课获得感内涵的分析可知，“获得

感”是大学生在“获得”基础上产生的认知度、认同感、满足感、尊严感等物质或精神的感受。为了更好地了解当前大学生思想政治理论课获得感所取得的成效，课题组围绕与大学生思想政治理论课获得感密切相关的课程设置、教学内容、教学目标、教学方式、课程评价、教师综合素质等方面问题，从知识认知、情感认同、价值功能等几个维度进行深度访谈，并辅以调查问卷获取大量一手资料，以期对当前现状有一个真实、全面的了解。

自本项目获批以来，项目组按照原定实施方案，制定详细实施计划，先后走访郑州大学、河南理工大学、河南农业大学等 10 所河南省高校，走访北京科技大学、天津师范大学、河北工业大学等省外 12 所高校，与 100 多位思想政治理论课教师、300 多名大学生深入访谈，组织分发 2000 份调查问卷并对相关数据进行分析，从而了解当下高校大学生思想政治理论课获得感成效、现状、困惑、期待及存在的问题，对一线教师和学生的反馈总结分析，初步形成提高思想政治理论课获得感的有效措施并付诸实践。

党的十八大以来，以习近平同志为核心的党中央高度重视思想政治理论课建设，做出了一系列重大决策部署，思想政治理论课建设在改进中不断加强，课堂教学状况显著改善，大学生学习思想政治理论课的获得感明显增强，到课率抬头率明显提升。2018 年“两会”期间，教育部领导同志提到根据抽样调查，有超过 91%的学生认为从思想政治理论课得到启迪，91.8%的学生喜欢思想政治理论课老师。思想政治理论课赢得了更多受众的喜爱，产生了积极影响，充分发挥了立德树人“关键课程”作用。

1. 对于思想政治理论课的认同感显著增强。当代大学生普遍认可，高校思想政治理论课不但反映了社会发展对大学生的要求，而且密切结合了大学生的成才需求，在引导大学生坚定对马克思主义的信仰、对社会主义的信念，增强对改革开放和现代化建设的信心、对党和政府的信任，保证中国特色社会主义事业后继有人等方面发挥了重要的作用。在访谈中了解到，当代大学生普遍认可思想政治理论课是进行大学生思想政治教育的主渠道，通过学习了解党的大政方针和基本国策，对中国特色社会主义道路和制度有了深刻的理解，对实现中华民族伟大复兴的梦想充满了信心。学生普遍认为思想政治理论课提供的是每一位当代青年必须了解的知识，思想政治理论课不仅是主流意识形态传播的重要途径，更是培养正确思维方式的重要途径。学生普遍认为通过思想政治理论课的学习，增强了民族自尊心和自豪感，帮助自己树立了正确的世界观、人生观和价值观，提高了认识、解决现实问题的能力。

2. 对思想政治理论课的实效性给予充分的肯定。高校思想政治理论课程坚持社会主义方向，巩固马克思主义指导思想的地位，宣传社会主义意识形态，坚持为人民服务的价值取向，对于提高大学生的思想政治素质和促进大学生的全面发展发挥着不可替代的作用。在访谈中了解到，大学生普遍认可高校思想政治理论课程改革坚持与时俱进的马克思主义理论品质，体现高校思想政治理论课程的时代特色，将与时俱进的马克思主义贯穿于整个课程体系中。调查发现，大学生对于思想政治理论课实效性（包括课程设置、课程价值、课程建设成效）给予高度认可，并且认可度呈现逐年提升的态势。“思想道德与法治”“中国近现代史纲要”“毛泽东思想和中国特色社会主义理论体系概论”“马克思主义基本原理”“形势与政策”五门思想政治理论课均得到大学生较高的评价，并且呈现均衡发展的态势。2019 年，90.2%的大学生对思想政治理论课教学实效持肯定性评价（即“非常满意”“比较满意”），其中，明确表示满意的比例为 73.4%。越来越多的大学生对思想政治理论课的效果表示认可，凸显出高校思想政治理论课作为立德树人“关键课程”的建设成效。

3. 高校大学生的政治素质和思想觉悟显著提升。当代大学生具有较高的思想政治素质和思想觉悟，他们热爱党、热爱祖国、勇于担当民族复兴大任、自觉培育和践行社会主义核心价值观，是胸怀远大理想、充满希望、值得信赖的一代。“我认为现在的大学生就其素质和能力来讲，应该说比以往的大学生要更高一些。”[①]在98抗洪、5.12汶川地震、非典、新冠疫情等一系列严峻考验面前，当代大学生经受住了锻炼和考验，他们坚强、勇敢、自立自强、乐于奉献，充分践行了社会主义核心价值观，感动了中国和世界，他们是中国特色社会主义事业合格的建设者和可靠的接班人，这无疑得益于我国的思想政治教育工作。当代大学生通过思想政治理论课的学习，在思考问题时，思维方式得到了根本上的提升，能够自觉运用马克思主义的根本立场、观点、方法来分析和解决问题。在行为实践方面，能够以严格的标准要求自己，理论联系实际，运用自己所学的知识在中国特色社会主义的伟大实践中，为实现中华民族伟大复兴的中国梦，贡献自己的力量。

4. 对思想政治理论课教师的关键作用给予充分认可。习近平总书记在学校思想政治理论课教师座谈会上强调：“办好思想政治理论课关键在教师，关键在发挥教师的积极性、主动性、创造性。”[②]大学生普遍认为高校教师具有坚定的政治立场、强烈的使命感和责任感，注重对学生的思想、认识的引领作用。对所教的理论可以做到“诚教之，笃信之，躬行之”，对教育大学生接受马克思主义理论，树立正确的价值观念，抵制各种错误思潮和腐朽文化的侵蚀有着重要的榜样示范作用。教师们坚持政治性和学理性相统一，以透彻的学理分析回应学生，以彻底的思想理论说服学生，用真理的强大力量引导学生。“注重开展古今中外的对比，扩大学生的全球视野和全局眼光，

① 顾海良：《高校思想政治教育导论》. 武汉：武汉大学出版社 2006 年版，第 386 页。

②《习近平主持召开学校思想政治理论课教师座谈会强调：用新时代中国特色社会主义思想铸魂育人贯彻党的教育方针落实立德树人根本任务》.《人民日报》2019 年 3 月 19 日第 1 版。

不断提升学生认识问题、分析问题和解决问题的能力，真正培养出能够担当民族复兴大任的时代新人。”[1]教师专业基础知识扎实，准确把握教材的重难点，将马克思主义中国化的最新研究成果和学术信息贯穿于教学之中，能够运用马克思主义原理对现实问题进行深刻透彻的分析和解释，引导大学生树立正确的思想观念并转化为实际行动。

5. 思想政治理论课教师自身的获得感显著增强。阮萍等认为，高校思想政治理论课获得感既包括受教者的获得感，也包括教育者的获得感，思政课教师的获得感能促进大学生获得感的生成。高校思想政治理论课是围绕大学生开设的，在思想政治理论课教学过程中，教师和学生是“双主体”关系，教师和学生的获得感相得益彰。教师和学生通过课堂内外互动交流，师生之间协同共进，让更多人看到并感受到思想政治教育的价值，能够为思想政治教育赢得更多的社会支持和赞誉，这有助于增强思想政治教育者的职业成就感和受教育者的荣誉感，进而激励他们共同努力继续提升思想政治教育的实效性和影响力。“从某种意义上讲，重视教师获得感有利于增强思想政治教育在整个社会系统的价值导向。”[2]

（二）大学生思想政治理论课获得感取得显著成效的经验

党和国家历来重视思想政治工作，保证了思想政治理论课设置的政治性、科学性、严肃性和纪律性。从新民主主义革命时期的“政治工作是红军的生命线”，到社会主义建设时期的“政治工作是一切经济工作的生命线”，再到改革开放新时期的“思想政治工作是经济工作和其他一切工作的生命线”，这都表明了思想政治工作的历史地

---

① 高锡文：《增强大学生思想政治理论课获得感键在教师》，《人民论坛》2020 年第 1 期。

② 李合亮、张旭：《思想政治教育获得感内涵的全面性认识》，《思想理论教育导刊》2020 年第 8 期。

位和重要作用。改革开放以来,高校思想政治理论课建设经历了从恢复开设、不断改革到逐步完善的过程,在这一过程中思想政治理论课建设取得了长足发展,形成了严谨完整的课程体系。

1. 党和国家高度重视是提升思想政治理论课获得感的根本保证。改革开放以来,我们党始终坚持以马克思主义理论为指导,紧密结合社会发展和大学生自身发展的实际情况,创造性地回答了大学生思想政治教育"培养什么人、怎样培养人、为谁培养人"的根本问题。邓小平同志提出培养"四有"新人,即培养有理想、有道德、有文化、有纪律的社会主义建设者和接班人;江泽民同志对大学生提出"五点希望",即"理想远大、热爱祖国的人,追求真理、勇于创新的人,德才兼备、全面发展的人,视野开阔、胸怀宽广的人,知行统一、脚踏实地的人";胡锦涛同志对大学生提出了"四个新一代"的希望,即"努力成为理想远大、信念坚定的新一代,品德高尚、意志顽强的新一代,视野开阔、知识丰富的新一代,开拓进取、艰苦创业的新一代";习近平总书记勉励大学生争做"六有"大学生,即"有理想、有追求,有担当、有作为、有品质、有修养"。这是对高校大学生思想政治教育目标认识的具体化,明确了大学生思想政治教育的目标和任务。党和国家把思想政治理论课提升到国家战略的高度,中宣部、教育部等主管部门积极推动,不断加强顶层设计,对课程设置、教材编撰、师资队伍配备乃至学分学时安排等都做出了具体明确规定,把抓高校思想政治工作和思想政治理论课建设同抓高校党建紧密结合起来。教育部颁布的《高等学校思想政治理论课建设标准(暂行)》第一条就是:"学校党委直接领导,协调校行政负责实施,分管校领导具体负责,并成立相应的领导机构。"这一系列举措都表明了党和国家对思想政治教育工作的高度重视。

2. 马克思主义理论一级学科建设为高校思想政治理论课提供了有力的学科支撑,增加了思想政治理论课获得感的深度和广度。马克思主义理论一级学科设立的直接目的是服务思想政治理论课建设，为思想政治理论课的发展进行顶层设计，同时这也是马克思主义理论学科建设必须遵循的原则。高校思想政治理论课建设，带有全局性、根本性、方向性，关乎马克思主义理论学科建设的基本问题，同时也是巩固马克思主义在意识形态领域的指导地位、巩固全党全国人民共同奋斗的思想基础的需要。2005 年，中共中央宣传部、教育部下发《中共中央宣传部 教育部关于进一步加强和改进高等学校思想政治理论课的意见》（简称 5 号文件），明确提出建立马克思主义理论一级学科的任务："学科建设是加强和改进思想政治理论课的基础。思想政治理论课教育教学所依托的学科是我国特有的一门政治性、科学性和实践性很强的学科，只能加强，不能削弱。设立马克思主义一级学科，开展马克思主义理论体系研究，开展马克思主义发展史、马克思主义中国化研究，开展思想政治教育研究，为推进党的思想理论建设和巩固马克思主义在高等学校教育教学中的指导地位，为加强高校思想政治理论课建设，为培养思想政治教育工作队伍提供有力的学科支撑"①，为设立马克思主义理论学科提供了政策保障。2017 年，教育部公布的国家"双一流"学科建设名单上，武汉大学、北京大学、东北师范大学、新疆大学、中国人民大学等高校的马克思主义理论学科入选世界一流学科建设计划。与此同时，各省市公布的省内高校（包含部属高校）一流学科建设计划，都把马克思主义理论学科作为本省的重点学科进行建设。

把马克思主义理论学科建设与思想政治理论课课程建设结合起来，用马克思主义理论学科建设支撑思想政治理论课程建设，是思想政治理论课建设的基本经验，改革开放以来，马克思主义理论学科建设与思想政治理论课建设发展相互支撑、相互依存、同向同行。马克

---

① 中共中央宣传部 教育部关于印发《中共中央宣传部 教育部关于进一步加强和改进高等学校思想政治理论课的意见》的通知，中华人民共和国教育部官网，http://www.moe.gov.cn/srcsite/A13/moe_772/200503/t20050303_80414.html。

思主义理论学科建设在服务思想政治理论课建设的过程中，形成了与其他学科不同的特点。

张雷声、韩喜平等学者认为，从理论上回答大学生的各种困惑、回应对马克思主义理论的质疑，是增强思想政治理论课说服力的有力保证，也是提高思想政治理论课获得感的最有效的途径。马克思主义理论学科建设以问题意识为导向，深化马克思主义理论研究，真正从学理上达到释疑解惑的目的，实现促进学生思想进步和健康成长的教学目标，更好地承担培养德智体美劳全面发展的中国特色社会主义事业合格建设者和可靠接班人、培养担当民族复兴大任的时代新人的重要使命。“马克思主义理论学科点设在思想政治理论课教学科研机构，首要任务是为思想政治理论课教育教学服务”成为教育部颁布的《普通高校思想政治理论课建设标准》的核心指标。2018年，教育部下发的《新时代高校思想政治理论课教学基本要求》明确要求：“要引导思想政治理论课教师围绕马克思主义理论一级学科所属相应二级学科开展科学研究，凝练形成与所教课程紧密相关的科研方向，深入研究课程教学重点难点问题和教学方法改革创新。”

马克思主义理论一级学科的设立，激发了马克思主义理论工作者的科研积极性，他们围绕马克思主义基本原理、马克思主义发展史、马克思主义中国化、国外马克思主义、思想政治教育、中国近现代史基本问题与党的建设等二级学科，用马克思主义理论及其学术话语体系对中国实践、中国道路进行了大量的解读，在许多重大的理论问题上取得了较大进展，产生了一大批理论成果，以正面系统理论教育回应学生在现实生活中的热点难点问题，用学科和知识体系来回答党的意识形态要求。2012年，国务院学位委员会《关于进一步加强高校马克思主义理论学科建设的意见》明确提出：“要自觉地把学科研究方向凝聚到为思想政治理论课教育教学服务上来，并将其中的重大问题纳入学科建设规划，使思想政治理论课建设与学科专业建设的教学、科研、人才培养和管理紧密结合，统筹规划、整体部署、统一实施。用学科专业建设成果服务于思想政治理论课建设，不断提高教育教学的实效性，增强说服力、感染力和亲和力。”

3. 建立独立的、直属学校领导的思想政治理论课教学科研二级机构，即马克思主义学院为思想政治理论课建设提供了组织载体。马克思主义学院(系)作为基本单元，是思想政治理论课和马克思主义理论学科建设的载体和实施的主体。2008 年前，思想政治理论课所属的组织机构，或低于学校其他直属的二级机构，或与其他专业混合在一起，在师资队伍、经费支持、办学空间等方面很难得到与其他院系或专业相等的待遇，在大学教学、科研规划与实践中，常常受到专业课的挤压，多处于一种边缘化的危机状态。

2008 年 9 月中共中央宣传部与国家教育部下发了《关于进一步加强高等学校思想政治理论课教师队伍建设的意见》，要求“各高等学校应当建立独立的、直属学校领导的思想政治理论课教学科研二级机构”。目前，全国绝大多数高校都成立了直属学校的独立二级教学科研机构的马克思主义学院。2014 年 11 月，教育部副部长李卫红在全国高校马克思主义学院院长论坛会上指出：“要站在战略和全局高度充分认识马克思主义学院作为加强意识形态工作主阵地的地位和作用，切实把思想和行动统一到中央的决策部署要求上来，从做好高校意识形态工作大局和落实立德树人根本任务出发，进一步增强危机感和忧患意识，以扎实有效的举措推动马克思主义学院建设。”①

2015 年，时任中共中央政治局委员、中央书记处书记、中宣部部长刘奇葆在推进理论工作“四大平台”建设工作会议上指出：“马克思主义理论研究和建设工程、中国特色社会主义理论体系研究中心、马克思主义学院、报刊网络理论宣传阵地‘四大平台’，是新形势下汇集

---

① 李卫红：《扎实有效推动高校马克思主义学院建设》.《中国教育报》2014 年 11 月 26 日第 3 版。

力量深化拓展马克思主义理论研究和宣传教育、加强党的思想理论工作的重要抓手。”教育部 2016、2017、2019 年三次推出支持全国重点马克思主义学院建设计划，目前，共有 37 所大学先后入选全国重点马克思主义学院，各省市也相继推出省级“重点马克思主义学院”“马克思主义学院”“共建马克思主义学院”等不同形式的计划与项目，支持马克思主义学院建设，使马克思主义学院的建设发展进入了一个新阶段。马克思主义学院的建设为思想政治理论课建设发展提供了载体，不但满足了人力、物力、经费的需要，同时满足了人才队伍、学术资源汇集的需要，马克思主义学院越来越成为思想政治理论课教学研究、马克思主义理论研究的汇聚地。

4. 建设一支政治强、业务精、素质高的思想政治理论课教师队伍是提升获得感的基础和保证。2005 年 12 月，国务院学位委员会与教育部下发了《关于调整增设马克思主义理论一级学科及所属二级学科的通知》等文件，决定设立马克思主义理论一级学科，下设五个二级学科：马克思主义基本原理、马克思主义发展史、马克思主义中国化研究、国外马克思主义研究、思想政治教育（2008 年增设“中国近现代史基本问题研究”二级学科）。正是有了学科支撑，吸引了一大批教师转向马克思主义理论研究和思想政治理论课教学，为高校思想政治理论课建设提供了有效支撑。

“加强高校思想政治理论课建设、培养思想政治教育工作队伍”是马克思主义理论一级学科设立的主旨之一。张雷声、顾钰民、韩喜平、佘双好、钟明华等学者认为在高校马克思主义理论学科建设中，马克思主义理论学科带头人、思想政治理论课教师和马克思主义理论学科研究人员是“三位一体”的关系，思想政治理论课教师建设和马克思主义理论学科队伍建设具有同构性关系，思想政治理论课教师是马克思主义理论学科建设的依靠力量，也是影响和制约马克思主义理论学科建设的程度和水平的重要因素。要提升马克思主义理论学科研究和发展水平，需要提升思想政治理论课教师的素质和能力，促进思想政治理论课教师专业发展。

梁杰皓在《马克思主义理论学科建设和发展的历程、问题和对策》一文中认为，在人才培养上，2018 年教育部设立了高校思想政治理论课教师队伍后备人才项目，专门用于马克思主义理论学科硕士、博士的招生和培养，以解决现阶段马克思主义理论人才短缺的问题。可见，马克思主义理论学科面临良好的发展机遇，从中央到地方、从各高校到科研院所等都重视马克思主义理论学科建设，学科队伍不断充实壮大、学术研究成果影响力稳步提升、学科人才培养富有成效、社会影响力和关注度不断提高。[①]

三、大学生思想政治理论课获得感的现实困境

影响大学生思想政治理论课获得感的因素众多。大学生在参加高校思想政治理论课教学活动之前的知识结构、生活经验、心理特征等共同形成的思维模式和价值观念，对思想政治理论课的教学活动起着先行判断和选择引导的作用。一方面大学生存在时间上的前移和后续，受到前知识结构、价值观念和生活经验的影响和制约，另一方面对思想政治理论课的学习时时处在与其他事物的普遍联系之中，在认知、比较、选择、行动中完成对思想政治理论课获得感的评价。

（一）对课程设置较为认同，但学习动机存在功利性

这一维度包含三个指标：思想政治理论课开设的必要性、功能意义以及学习动机，调查结果表明，在课程开设必要性的认知上，

① 梁杰皓：《马克思主义理论学科建设和发展的历程、问题和对策》，《西部学刊》2019 年第 1 期。

81%的大学生选择“很有必要”或“有必要”，19%的大学生选择“必要性不大”“完全没必要”或“不知道”。在课程开设的功能意义认知上，71.5%的大学生“完全认同”或“认同”思想政治理论课是大学生思想政治教育主渠道、主阵地，28.5%的大学生选择“可能”“不清楚”或“不知道”；79.3%的大学生“赞同”或“完全赞同”思想政治理论课能够帮助自己树立正确的世界观、人生观、价值观，坚定理想信念；85.9%的大学生认为“思想政治理论课有助于了解党的路线、方针和政策，社会的热点和焦点”；75.1%的大学生认为“思想政治理论课帮助自己正确认识社会、适应社会、融入社会”。在课程学习动机的认知上，邵雅利文中的调查是，56.2%的大学生选择“因为必修课”，26.4%的大学生选择“提高思想政治理论素养”，10.7%的大学生选择“拓宽知识面”，6.7%的大学生选择“因学分好拿”而学习。

通过问卷调查和访谈了解到，大部分高校大学生对高校思想政治理论课课程设置的必要性和功能作用方面普遍认可。大部分受访学生表示，思想政治理论课的开设，能够帮助他们树立正确的世界观、人生观和价值观，又能帮助他们在现实生活中更好地了解社会、适应社会，使得他们对社会的热点焦点问题能够做到较为客观理性的分析，及时了解把握党和国家的路线、方针和政策，帮助他们成长为中国特色社会主义事业的合格建设者和可靠接班人。但在“学习动机”方面，超过一半的大学生缺乏主动性，且近三分之一的大学生认为思想政治理论课对自己未来的工作和发展用处不大。通过与一线教师交流访谈，笔者认为出现这种状况有以下几方面的原因：

1. 由于目前我国社会处于转型时期，存在着一些矛盾和问题，部分学生以“对我是否有用”为标准来衡量思想政治理论课的意义，且看重“对我是否有用”的即时性，注重眼前利益获得，对于一些抽象获得、过程获得和长期获得不以为意，这些都导致他们对思想政治理论课缺乏认同感，在一定程度上影响了学习的积极性。

2. 思想政治理论课是具有强烈政治属性的课程，与部分大学生的学习兴趣和心理需求有一定距离。不可否认，部分大学生并未真正对政治感兴趣从而主动去关心和学习，包括学生家长在内的部分人员认为，大学学习的主要内容应该是专业知识和技能，而不是提高政治素质，上专业课才是培养能力和本事，而上政治课则仅仅是为完成党和国家的要求，对今后学生自身的发展用处不大，这必然影响学习的积极性和主动性。

3. 从客观层面看，今天思想政治理论课面对的教育对象主要是"95后""00后"的大学生，他们是伴随着市场经济体制改革和发展而成长起来的，具有强烈的效率意识、自我意识、怀疑精神和叛逆心理，渴望有更多自主和自由的空间，再加上相关知识储备的缺乏，对思想政治理论课怀有排斥心理，从而缺乏学习的主动性。

（二）对教学内容的认同度较高，但需求尚不能完全满足

这一维度包含两个指标：教学内容的接受度和教学内容中存在的问题。其中，内容接受度进一步可以细分为两个项目：教师教学内容与规划教材内容的符合程度。邵雅利的调查数据表明，在教学内容与教材内容的符合程度方面，80.4%的大学生认为"非常符合"或"比较符合"，19.6%的大学生认为"不太符合""很不符合"。在教学内容的认知程度方面，85.3%的大学生认为了解了"党的路线、方针和政策"，69.7%的大学生认为学习了"马克思主义政治、经济学方面的理论知识"，63.3%的大学生认为通过学习"帮助自己树立了正确的世界观、人生观和价值观"，70.4%的大学生认为思想政治理论课能够帮助自己"与时俱进，紧跟世界和时代发展的步伐"，64.7%的大学生认为提升了"对社会热点焦点现象和问题的剖析"的能力，95.7%的大学生"对中国走社会主义道路充满信心"。

教学内容存在的问题可以分为两个方面：教学的内容设置、教

学内容与学生需求之间的契合度。教学内容设置方面，76.8%的大学生认为“纯理论知识比重过大，抽象枯燥乏味”，37.2%的大学生认为“内容过于繁杂，且重复率高”，32.5%的大学生认为“教学内容与社会生活，尤其是与大学生活联系不紧密”。在教学内容与学生需求之间契合方面，50.8%的大学生认可“思想政治理论课内容贴近大学生实际生活”，48.7%的大学生认为“思想政治理论课内容符合当代大学生的心理接受特点”，41.8%的大学生认为“思想政治理论课忽视学生的需要与兴趣”。

通过问卷调查和访谈可以发现，思想政治理论课教学内容要符合我国社会主义主流意识形态，从根本上来说就是符合教材内容的规定性要求。大学生总体上认为思想政治理论课系列教材内容充实，结构完整，通过系统学习思想政治理论课系列教材，能够从我们党探索中国特色社会主义历史发展和伟大实践中认识和把握人类社会发展的历史必然性，认识和把握中国特色社会主义的历史必然性，认识世界和中国发展大趋势，对当代中国的国情有更为客观的判断，进一步了解中国共产党的执政方针和治国策略。但他们对教学内容认同的深度仍有待提高，分析问题、解决问题的能力仍存在不足，无法很好地运用理论来客观、理性地分析生活中存在的矛盾和困惑；教材的内容结构有待合理规划和调整，教学内容与学生的心理特征和需求有较大的差距。

通过与思想政治理论课教师和学生的交流访谈，不难得出出现上述状况的原因，大致归纳如下：

1. 思想政治理论课作为公共必修课，是所有专业的大学生必须学习的课程，课程体系和内容要求是全国统一的，没有体现学生的多样性，且与专业课相比，缺少了专业认同感，相当一部分学生仅仅将思想政治理论课的学习作为必须完成的一项任务。

2. 思想政治理论课是理论课，学习难度大。高校思想政治理论课具有鲜明的政治性、理论性、系统性、抽象性，很难形象化教学，全面掌握起来的难度很大，特别是马克思主义理论，它是完整的世界观与方法论，揭示的是世界发展的一般规律，许多概念、原理特别是哲学概念，具有高度的抽象性。

3. 思想政治理论课联系实际、对接现实较为困难。理论与现实有复杂的关系，理论并不等同于现实，甚至有时与现实之间有明显的距离。另外，教学内容注重宏大叙事，"高大上"的内容多，微观"接地气"的内容相对较少；教材内容重复性较多，独到新颖性的内容少；空洞感的内容相对多，鲜活感的内容较少[①]。

4. 教材内容与学生的需要和兴趣有差距。当代大学生作为移动互联网时代的"原住民"，其置身的话语环境同教育者有一定的差别，如果教学内容未能结合学生的性格特征、专业方向、需求点和兴趣点，不能够运用教育对象熟悉和喜爱的话语方式来传递思想政治教育信息，则很难引起学生的共鸣，获得感也会受到一定程度的影响。

（三）对思想政治理论课教师素质较为认可，但师生关系仍需改善

参与访谈的学生表示，部分同学起初对于思想政治理论课是持两可态度的，认为思想政治理论课不是专业课，学习思想政治理论课是迫不得已，但在被动学习的过程中逐渐体会到思想政治理论课的乐趣，在不断学习中获益匪浅。也有部分学生反映，个别思想政治理论课老师缺乏责任意识、理论水平有待提升、缺乏人文关怀，忽视当代大学生的群体特征和个性特点，不能做到"因材施教"等。个别学生表示经常与思想政治理论课教师联系、少数学生偶尔与思想政治理论课教师联系、大部分学生与思想政治理论课教师课下几乎没有

---

① 王易、茹奕蓓：《论思想政治教育获得感及其提升》，《思想理论教育导刊》2019 年第 3 期。

联系。问题产生的原因有以下几点：

1. 部分教师“亲和力”不强。思想政治理论课的教育对象是全校各院系、各专业大学生，大都实行合班上课，班级普遍在100—200人。目前绝大多数高校思想政治理论课教师比例偏低，授课任务量大，考评体制机制存在问题，另外，在教师职称评定中存在重科研、轻教学等倾向，使得许多教师对教学在时间上、精力上投入不足，致使师生关系和谐度不高。教学过程中出现“情义缺乏”，不能将教书与育人统一起来、将良师与益友统一起来。

2. 部分教师语言表达的艺术性有待提升。进入全媒体时代，大学生的学习方式和沟通方式都发生了很大变化，而教材中的语言论述往往学理性比较强，抽象难懂，部分教师因循守旧、缺乏创新的话语艺术，片面追求教学内容的“高大上”，部分课堂仍停留于照本宣科式的、纯理论宣讲的语言表达层面，在课堂教学中没有很好地把教材体系转化为教学体系。

3. 部分教师的知识结构有待完善。部分思想政治理论课教师知识面有限，只注重本专业知识，没有探究不同学科的交叉点，没有拓宽自己的知识领域，没有将书本知识与社会问题、理论与实践、课内与课外等教学资源调配好，不以学生的需求和兴趣为出发点，对现实生活中学生熟悉、感兴趣的新内容、新语言、新表述的关注不够，导致和学生因缺乏共同话语而产生疏离感。

(四) 对教学过程较为认可，但教学模式亲和力有待提升

这一维度包含两个指标：教学过程和教学模式，其中教学过程细化为四个指标：学习氛围、真心喜爱、收获体验及理想信念。参与访谈的大学生表示，思想政治理论课教师上课内容较为充实，能够对思想政治理论课包括的几门课程进行详细讲解，学生通过学习，增加了对中国共产党领导中国人民实现民族独立和人民解放的历史认

识，对中国特色社会主义理论有了更为深刻的体会，对当代中国的国情社情有了更为理性客观的判断，进一步了解了中国共产党的执政方针和治国策略。孙晓娟的研究表明，老师课前准备充分、教学认真、方式灵活，结合社会热点、学生关注焦点进行较为丰富的课堂讲授，观察学生的情绪和喜好，能够激发学生对思想政治理论课的学习兴趣。

调查数据结果表明，总体而言，超过91%的学生认为从思想政治理论课得到了启迪，91.8%的学生表示喜欢思想政治理论课老师。[①] 思想政治理论课的教学过程和教学模式总体认可，但也存在教学方法单一、教学模式创新不足、教学内容感染力不强、学生获得感有待提升等问题。问题产生的原因有以下几点：

1. 教材体系向教学体系的转化不到位。思想政治理论课所使用的教材是高校思想政治理论课教学的依据和规范，思想性、学理性、政治性是思想政治理论课教学内容的鲜明特征，如果仅仅采用比较传统的教学手段，教学内容未与现实社会生活相结合，教学语言过分学术化、抽象化，缺乏亲和力，与学生的心理需求错位，容易导致其缺乏学习兴趣和动力，影响学生获得感的形成。

2. 教学模式与教学方法改革缺少实质性创新。为增强思想政治理论课的获得感，高校都开展了教学模式与教学方法的改革，然而在实际教学活动中，由于部分教师教学理念的滞后、缺乏现代信息教育技术，依然以传统教学模式为主，话语体系与学生“脱节”，互动交流少。虽然一些教师借助多媒体、网络资源、课件辅助教学，但又存在着课件制作过于粗糙、过分依赖课件和网络资源等现象。另外，虽然各高校都在强调实践教学，但多数实践教学重形式轻内容、重宣传轻实效，使得教学改革流于形式而缺乏实效，进而影响获得感的

---

① 人民网：《陈宝生：调研显示超过91%的学生认为从思想政治理论课得到启迪》. http://lianghui.people.com.cn/2018npc/n1/2018/0316/c418529-29872083.html。

增强。

3. 忽视学生的需要与兴趣。当前大学生的主体为“95后”“00后”，既是受教育对象，也是获得感的主体。他们的思维相对活跃，接触海量信息，对马克思主义理论有困惑，更有期待，如果教学内容未能结合学生的性格特征、专业方向、需求点和兴趣点，也就难以实现学生对所学内化于心和外化于行，难以引起学生的共鸣，获得感也就无从谈起。

4. 教学模式与教学方法改革难以开展。高校思想政治理论课课堂规模普遍较大，多数班级都在100人以上，个别班级甚至达到了200人以上。海莉花等认为课堂规模过大，存在着教学秩序难以维护、新的有效的教学模式和教学方法难以开展、不能实现预期教学效果等问题，从而降低了学生的获得感。

（五）对课程评价内容较为认可，但对评价方式不太理解

这一维度包含两个指标：评价内容和评价方式，其中“评价内容”主要采取问卷调查的方式，“评价方式”主要采取调研访谈的形式。调查数据表明，61.9%的学生完全认同或认同“思想政治理论课主要采用卷面评价学习效果的方式”；64.2%的学生表示完全认同或认同“思想政治理论课注重考核评价学生的知识、创新和实践能力”；67.3%的学生表示完全认同或认同“思想政治理论课提高自己的综合素质的评价”；65.2%的学生表示“对中国特色社会主义理论体系的基本了解”；70.2%的学生完全或基本了解“当前国际国内重大时事政治动态”。

在“课程考核评价方式认同”这一维度，主要通过与高校思想政治理论课教师和大学生交流访谈，发现思想政治理论课课程评价存在以下问题：思想政治理论课课程考核成绩与大学生学习努力程度有关联，但关联度不大，无法真实反映出大学生学习思想政治理论课

的学习状态；考核成绩（主要以分数形式表现）与表现出来的品行并不直接相关；思想政治理论课的考核成绩对于选拔入党、评优评先、奖励表彰等不能起到决定或关键作用；思想政治理论课考核成绩优秀，即使受到奖励、表彰或认可，但奖励形式或认可方式不一定是学生最需要的。问题产生的原因有以下几点：

1. 从当前思想政治理论课的考核现状来看，近几年来，许多高校对思想政治理论课教学考核方式进行了较大改革，对思想政治理论课最终成绩中权重最大的期末考试由过去的硬性考试，转变为更加注重过程的软性测试，有些课程如“思想道德与法治”“中国近现代史纲要”“形势与政策”，取消了过去的以闭卷考试为主的形式，取而代之的是开卷形式的撰写小论文、调研报告或实践活动展演等。即使保持考试的科目，如“马克思主义基本原理”“毛泽东思想和中国特色社会主义理论体系概论”等，平时成绩（考勤、回答问题、小论文、实践活动等）所占比例在40%左右，期末试卷考试成绩比例为60%左右，另外考试的内容相对简单，识记部分所占比重大，临时突击复习也能取得较好的成绩。

2. 在当前形势下，思想政治理论课成绩良好与获得奖励表彰等关联度不大。首先，正如王朝所指出，高校各种各样的推荐选拔、奖励表彰、评先评优中首要的条件是政治条件，这是一个比较笼统、宽泛的概念，如“具有高尚的爱国主义情操和集体主义精神，社会主义信念坚定，社会责任感强，遵纪守法，积极向上，身心健康”“拥护中国共产党的领导，热爱社会主义”“政治合格、思想素质过硬”等，总体来说就是不犯原则性错误。其次，奖励表彰缺乏一个科学的评价体系，也没有与思想政治理论课成绩挂钩，成绩结果怎么运用尚不明确，缺乏统一认识。综合测评、推荐选拔、评优评先、奖励表彰等，需要考虑到的因素很多，思想政治理论课成绩既不唯一，也不优先，况且权重小，形式上重视，事实上忽略。最后，即使因为思想政治理论课成绩优秀获得了表彰，也与大学生的需求不一定契合，似乎没有多大的价值。习近平总书记指出："大学是立德树人、培养人才的地方，是青年人学习知识、增长才干、放飞梦想的地方。"①立德树人、培养德智体美劳全面发展的社会主义建设者和接班人是高校办学治校的根本，高校思想政治工作关系高校"培养什么人、怎样培养人、为谁培养人"这个根本问题，做好新时代高校思想政治工作，要切实发挥思想政治理论课的主渠道主阵地作用。

3. 从目前实际情况而言，思想政治理论课重社会整体长远功能轻个体短期功能、重宏大叙事轻微观表达，与其他专业课、通识课结合不够，"高大上假大空"的印象仍然存在于部分学生的认知中。在"功利性学习"态度下，大学生们为追求现实利益而进行学习，存在着矛盾的学习状态，即不重视与功利性重视并存。部分大学生以是否能够促进就业或考研作为衡量课程重要性的标尺，存在重专业课轻思想政治理论课的倾向，认为思想政治理论课"过线就行"，尽管到课率提高了，但抬头率、参与率不尽如人意。与此同时，出于增加考研、就业筹码等功利性需求，少数大学生以追求课程高分和显性价值为直接目标，表现出对思想政治理论课的功利性重视，即脱离学习兴趣和课程价值认同，只是单纯地追求成绩。

四、增强大学生思想政治理论课获得感的现实路径

"高校思想政治理论课是落实立德树人根本任务的关键课程。肩负着新时代为社会主义事业培养建设者和接班人的重要使命。习近平指出，青少年阶段是人生的'拔节孕穗期'，大学阶段的思想政治

① 习近平：《在北京大学师生座谈会上的讲话》，《人民日报》2018年5月3日第2版。

教育直接影响着大学生的思想观念、价值取向以及行为习惯。”①

近几年来，高校思想政治理论课受到前所未有的重视，提高思想政治理论课教学实效性是一个长远且持久的话题。全国高校思想政治工作会议召开后，教育部提出高校要把重点聚焦到思想政治理论课教学质量提升上，旨在满足学生对思想政治理论课的获得感。思想政治理论课的获得感主要是建立在满足大学生现实与潜在、眼前和长远的需求及获得持续、真实的心理感受之上，因此，探索高校思想政治理论课学生获得感的生成和提升，具有重要意义。

（一）优化课堂教学模式，创建高效优质课堂

梅萍教授认为，当前在校大学生大都是“95 后”“00 后”，他们个性张扬、思维活跃、主体意识强，敢于挑战权威，不喜欢单向的灌输，乐于接受问题化的知识体系和主动参与的学习方式，具有较强的表现欲望并希望得到认可。教育部在《2017 年高校思想政治理论课教学质量年专项工作总体方案》中指出：“打一场提高思想政治理论课质量和水平的攻坚战，用好课堂教学这个主渠道。”增强大学生思想政治理论课获得感，必须用好课堂教学这个主渠道。课堂是教学活动的主要场所和主要阵地，是教学质量高低的决定性因素。构建思想政治理论课高效优质课堂，是持续有效提高思想政治理论课获得感的基础。

1. 正确认识和处理课堂教学中的“灌输”和启发。习近平总书记在学校思想政治理论课教师座谈会上指出，着力推动思想政治理论课改革创新，要深刻把握“八个相统一”，其中强调要坚持灌输性和启发性相统一。课堂教学的模式可以归为两大类，一是以教师讲授

① 张天华、孙傲：《大学生思想政治理论课获得感的价值意蕴和现实路径》，《沈阳师范大学学报（社会科学版）》2019 年第 6 期。

为主的单向“灌输”式教学，二是教师为主导，学生为参与主体的互动式教学。两种教学模式各有利弊，前者注重学科知识结构体系的完整性和逻辑性，在基础知识和能力的培养方面简明、高效，但学生基本上是被动参与，也不利于培养学生的高阶思维能力；后者能够调动学生学习的主动性，讨论中的思维碰撞能有效促进和提升思维能力，但知识学习的系统性、逻辑性会受到影响，组织不好还会影响学习效率。

人们对马克思主义理论的接受、认同过程实际就是马克思主义大众化的过程，这一过程不是自发产生的，而是一个从少数人掌握到多数人接受的理论普及过程，也是一个由少数人运用到多数人运用的实践开展过程。马克思主义理论不会在大学生头脑中主观自生，需要教师以“灌输”讲授方式传播，正如陶德麟先生指出：“马克思主义是精湛的科学理论，不经过灌输是不可能‘掌握群众’的。把符合认识规律的灌输与不讲道理的硬灌混为一谈是不对的。”当前在高校思想政治理论课课堂教学中存在一定程度的形式主义，如课件花哨、滥用多媒体、频繁互动等，这些都不利于教师对马克思主义理论的系统性讲授。《关于加强和改进新形势下高校思想政治工作的意见》指出，“要强化思想理论教育和价值引领”。思想政治理论课是价值引领的主渠道，特别需要有深邃的理论分析、严谨的理论批判，“坚持政治性和学理性相统一，以透彻的学理分析回应学生，以彻底的思想理论说服学生，用真理的强大力量引导学生”[①]。贯彻习近平总书记的指示，梅萍教授认为，面对学生碎片化的理论知识体系，思想政治理论课要高度重视马克思主义理论知识体系结构的完整性和逻辑魅力，将理论与实际结合起来，直面国内外发展趋势和社会热点，直面青年学生困惑，把理论讲深、讲细、讲透，切实讲出真理的味道，增强

① 习近平主持召开学校思想政治理论课教师座谈会.强调用新时代中国特色社会主义思想铸魂育人.贯彻党的教育方针落实立德树人根本任务.《人民日报》2019年3月19日第1版。

学生的“四个自信”。

2. 丰富教学内容，构建契合学生实际的话语体系。教育者要增加优质教育供给，激发教育供给活力。思想政治教育要因事而化、因时而进、因势而新，这要求教育者要有创新意识，根据现实社会的发展和教育对象的实际情况，通过创新教育内容、方法和话语体系，来增强思想政治教育的吸引力。

高校思想政治理论课课程教材是思想政治理论课进行教学的基本依据和宏观架构，具有科学性、权威性和严肃性，其内容相对稳定，其本身具有政治性、思想性和学术性，包括马克思主义的世界观、人生观、价值观和历史观等各种知识，涵盖经济、政治、文化和社会等各个方面，融合了党治国理政的路线方针政策，体现着社会主义的国家意志，具有强烈的意识形态性和政治导向性。毫无疑问，学生的内在需要是思想政治理论课获得感生成的内在原动力，要把思想政治理论课的内容转化为学生的精神追求，从而提升获得感，就需要坚持“以人为本”的价值理念，明确“立德树人”的现实要求，深入研究大学生的认知规律和内在需要，了解学生的思想状况和个性特点，关注他们的一些新发展和新变化，从而构建能够满足当代大学生需要的话语方式。“教育者还需要考虑到教育对象的实际诉求，从教育对象内在需要的角度来科学设计教育目标，拉近与教育对象的距离，这样才能提升思想政治教育活动的开展效果。”①

在当前思想政治理论课教学过程中，部分教师的话语体系创新不足，缺乏语言转换能力，存在重复教材话语、文本语言过强、缺乏时代感、没有贴近当代大学生思维特点等问题。为此，张天华、孙傲主张教师的教学语言既要注重思想深度，又要注重教学温度，使思想政治理论课不至于陷入教师自说自话的尴尬境遇，减弱课堂教学的学

---

① 王易、茹奕蓓：《论思想政治教育获得感及其提升》,《思想理论教育导刊》2019 年第 3 期。

生参与度，从而失去思想政治理论课的亲和力和感染力。教师要增强哲学历史文化素养，通过大量经典名著的研读来丰富自己的学科知识储备，不断增强教学语言的哲学、历史及文学底蕴，增加人文关怀，提升课堂教学的理论魅力；依据教材，通过解构分析教材的学术话语、革命话语、文件政策语言等，凝练教材内容，掌握核心理念，在坚持规范性和科学性的基础上，摆脱传统教学"革命话语"表达模式，将严谨扎实的教材语言，转化为表达准确和优美高雅相结合、感情生动和传播理性相结合、幽默生动和美学旨趣相结合、通俗易懂和学术自省相结合的教学语言，符合大学生需求的"信而美"的话语表达，实现思想政治理论课话语体系从意识形态话语转向学术话语、教材话语转向教学话语、理论话语转向实践话语。"通过强化理论转化的思维、增强理论转化的本领，变革理论灌输深奥难懂、宣传道理、文字枯燥的旧面孔，树立微言大义、生动活泼、贴近生活的新形象。"①

3. 重视"互联网＋"形式教学，形成线上线下无缝对接。当前高校思想政治理论课教学面临许多新挑战，探索和创新思想政治理论课教学模式，提升课堂教学质量，是提升获得感的重要途径。课堂教学模式的改革，要考虑现代教育技术情况以及学生、教师和社会环境等诸多因素。随着互联网、计算机的更新换代和智能手机的普及，思想政治理论课教师紧跟时代步伐，树立互联网思维，打通线上与线下教学方式，利用网络新技术、新媒体来创新课堂教学模式改革，借助先进的教学工具和电子信息系统实现教学内容便捷与高效地传递，努力把"大水漫灌"和"精准滴灌"结合起来，把解决思想问题同解决实际问题结合起来，把发挥传统优势和运用信息技术结合起来，不断提升思想政治理论课的时代感、亲和力、针对性。

习近平总书记在全国高校思想政治工作会议上的讲话要求"运

---

① 袁文华：《论思想政治教育的灌输艺术及其把握》.《思想政治教育研究》2018 年第 1 期。

用新媒体新技术使工作活起来，推动思想政治工作传统优势同信息技术高度融合，增强时代感和吸引力”①。“95后”“00后”大学生是移动互联网原居民，喜欢接受新事物，对网络有着与生俱来的亲近感，他们能够熟练使用网络媒体，具有较强的网络技能和互联网思维模式，喜欢通过网络进行学习、娱乐、交友、消费等活动，乐于通过自媒体表达自己的观点。

互联网的快速发展、移动终端的普及和多样化，改变着人们的生活方式和思维方式，深刻影响着社会经济、政治以及文化形态。网络信息媒体是增强大学生思想政治理论课获得感的重要载体，教师要树立互联网思维，抢占网络思想政治教育阵地，遵循互联网传播发展规律以及大学生认知规律，顺应课程发展的时代逻辑，借助互联网平台引领和推动思想政治理论课教学观念、方式手段和组织管理的变革，运用信息网络载体，实现线上与线下协同推进，构建“互联网＋思想政治理论课”新范式。“当前，特别是要加大‘思想政治工作＋互联网’建设，拓展网络阵地，加大内容建设，开发网络文化产品，从‘指尖’直抵‘心间’，形成网上网下育人合力。”②

思想政治理论课教师要借助互联网，合理运用现代教育技术，加强“互联网＋”立体化教学平台建设。移动互联网技术的发展和移动终端的普及，突破了传统教学时间和地域的限制，使思想政治理论课教学资源更加丰富开放，教学时空更加延展，学习模式更加多样，能够有效满足学生的个性化、多样性需求。在教学内容上，丰富课程网站内容建设，构建立体化的课程体系，聚集丰富优质学习资源，定制个性化教学内容，建立共享数据库，实现学习资源的优化配置；建立

① 《习近平在全国高校思想政治工作会议上强调：把思想政治工作贯穿教育教学全过程开创我国高等教育事业发展新局面》，《人民日报》2016年12月9日第1版。

② 宋来：《思想政治工作改革创新若干根本问题探究》，《国家教育行政学院学报》2017年第12期。

微信、公众号、微博等学习交流平台，学生通过交流平台表达自己关心的问题，教师通过网络渠道了解学生所知所想，通过学生喜闻乐见的“工艺和花样”，为学生提供色香味形俱佳的“菜肴”，使教学过程精细化、精准化，为课堂教学提供指导，从而形成多元立体的师生交流模式。

（二）重视课程衔接融通，提升思想政治理论课获得感的期待

人们对思想政治理论课的认知、接受、认同及付诸实践是一个漫长而复杂的过程，大学生在参加思想政治理论课学习之前的学习体验、价值观念、心理特征等形成的思维定式，对将要进行的学习活动起着价值引导和思维前提的作用。

作为“重要阵地、主干渠道、核心课程”的思想政治理论课具有完整的课程结构体系，包括不同学段德育课程体系的组成部分，即小学阶段、初中阶段的“道德与法治”、高中阶段的“思想政治”。每一学段都是思想政治教育体系的一个环节，同时也是同一学段课程体系的组成部分，大学阶段的专业课、基础课、综合素质课等构成其平行课程。因此，“高校思想政治理论课获得感不能仅局限于思想政治理论课本身，应将其置于整个思想政治教育系统、学生成长过程去分析和研究。”①

1. 把握大中小学思想政治理论课一体化建设的内涵要求，实现思想政治教育的目标价值。中小学德育课程与高校思想政治理论课具有前后相继的连贯性和内在衔接性。《关于深化新时代学校思想政治理论课改革创新的若干意见》指出，深刻把握“一体化”内涵，把统筹推进大中小学思想政治理论课一体化建设作为一项重要工程；

---

① 杨晓慧：《课程链视域下高校思想政治理论课学生获得感提升路径探索》，《思想政治课研究》2019 年第 1 期。

坚持思想政治理论课在落实立德树人这一根本任务上的关键地位；在人才培养实践中注重培养目标的一致性、主题思想的统一性和内容方法的梯度性；遵循学生认知规律设计课程内容，统筹学段衔接，完善顶层设计，发挥协同效应；更新教学观念，树立整体意识，打破学段区隔，坚持分层分类，处理好不同学段内容梯度的衔接关系。[①] 按照《国家中长期教育改革和发展规划纲要（2010—2020 年）》提出的“加强马克思主义中国化最新成果教育，引导学生形成正确的世界观、人生观、价值观；加强理想信念教育和道德教育，坚定学生对中国共产党领导、社会主义制度的信念和信心；加强以爱国主义为核心的民族精神和以改革创新为核心的时代精神教育；加强社会主义荣辱观教育，培养学生团结互助、诚实守信、遵纪守法、艰苦奋斗的良好品质；加强公民意识教育，树立社会主义民主法治、自由平等、公平正义理念，培养社会主义合格公民”。[②]

2. 重视大中小学思想政治理论课教材内容的一致性和阶段性，增强课程的感染力和吸引力。“加强中华民族优秀传统文化教育和革命传统教育，是大中小学思想政治教育的基本内容。在教育过程中应侧重阶段性目标，以符合学生思想特点和年龄特征为要旨，明确各学段内容的层次性，在层次性内容中注重前后有机衔接。特别要解决应试教育下中小学德育内容的‘超饱和’和‘序列前置’”[③]，从而缓解高校思想政治理论课与高中阶段的“思想政治”内容的“重复”和“断裂”。比如高中文科“思想政治”包括了“中国特色社会主义”“经济与社会”“政治与法治”“哲学与文化”及“国家与国际组织”等内容与高校思想政治理论课的内容严重重复，且由于是高考科目，学习的

① 中共中央办公厅、国务院办公厅：《关于深化新时代学校思想政治理论课改革创新的若干意见》，2019 年 8 月 14 日，见 http://www.gov.cn/zhengce/2019-08/14/content_5421252.htm。

② 国家中长期教育改革和发展规划纲要（2010—2020 年）. 人民日报 2010 年 7 月 30 日。

③ 杨晓慧：《课程链视域下高校思想政治理论课学生获得感提升路径探索》.《思想政治课研究》2019 年第 1 期。

广度和深度甚至超过对大学生的要求，在目前应试教育形势下，一般高中文理分科，理科生学习政治有的就是为了应付学业水平考试，对基本知识的掌握与高校思想政治教育的知识衔接存在“断裂”。

“党的十八大以来，思想政治理论课教材建设始终紧扣党的理论创新成果，习近平新时代中国特色社会主义思想在各门课程建设中都得到了及时的体现。”[①]但当前教材内容过于注重“宏观上传播马克思主义及其中国化的理论成果，忽视微观上对学生自身短期目标的价值引导，不能对社会热点问题和学生自身成长发展的困惑进行解答，使思想政治理论课缺乏现实性”[②]。“思想政治理论课在一定程度上重社会功能轻个体功能、重宏大叙事轻微观表达，与专业课、综合素质课结合不够。”[③]另外，过多的浅层理论、包罗万象的知识内容，“会使学生产生抵触情绪，削减了学生对于思想政治理论课学习的积极性”[④]。思想政治理论课教材应该依靠深邃的思想、严谨的逻辑、理性的思辨深入人心，使学生在洞察深刻的理论后产生思想的震撼和情感的共鸣。

3. 强化大中小学思想政治理论课教材一体化建设，提升思想政治理论课的价值期待。组建专门的和专业的大中小学思政选修课教材编写团队，建设重点研究基地与研究团队。在政策和资金上确保研究基地和研究团队工作顺利、高效开展；做好新编订和新修订的大中小学思政课教材从教材体系向教学体系转化；在编订和修订时要着重考虑并助推党的理论创新、中国特色社会主义实践和马克思主

---

① 靳诺：《新时代思想政治理论课改革创新的着力点》，《思想理论教育导刊》2019年第5期。

② 张天华、孙傲：《大学生思想政治理论课获得感的价值意蕴和现实路径》，《沈阳师范大学学报（社会科学版）》2019年第6期。

③ 杨晓慧：《课程链视域下高校思想政治理论课学生获得感提升路径探索》，《思想政治课研究》2019年第1期。

④ 张天华、孙傲：《大学生思想政治理论课获得感的价值意蕴和现实路径》，《沈阳师范大学学报（社会科学版）》2019年第6期。

义理论研究最新成果在课堂上的呈现方式与教学成效；推动大中小学思政课程教材一体化建设，实现各学段教学内容和目标循序渐进、螺旋上升。使编订和修订的教材能够充分激发和调动研究生的探究性学习、本科生的理论性学习、高中生的常识性学习、初中生的体验性学习、小学生的启蒙性学习。

（三）实现实践教学课程化，提升思想政治理论课教学质量

思想政治理论课实践教学是高校思想政治理论课教学体系的重要组成部分。2005 年，中宣部、教育部联合下发的《关于进一步加强和改进高等学校思想政治理论课的意见》指出："要加强实践教学，高等学校思想政治理论课程都要加强实践环节。要建立和完善实践教学保障机制，探索实践育人的长效机制。围绕教学目标，制定大纲，规定学时，提供必要经费。"[①]2008 年，教育部印发的《新时代高校思想政治理论课教学工作基本要求》明确要求从本科思想政治理论课现有学分中划出 2 个学分，从专科思想政治理论课现有学分中划出 1 个学分，开展本专科思想政治理论课实践教学。

思想政治理论课课堂教学与实践教学相结合，坚持理论性和实践性相统一，用实践体验帮助学生更加透彻地理解马克思主义理论，增加学生知识层面和情感层面的获得感；用马克思主义理论指导实践行动，能够帮助学生提升分析问题的能力，增加学生能力层面的获得感。"随着提升思想政治理论课教学质量和水平攻坚战的打响，全国各高校积极深化教育教学改革，在探索中形成了一些具有学校和区域特色的实践教学模式，但是这些模式在学生参与程度、教学组织形式、效果反馈方式、长期运行机制等方面，还存在不少亟待改进的

---

① 教育部思想政治工作司：《加强和改进大学生思想政治教育重要文献选编（1978—2014）》. 北京：知识产权出版社 2015 年版。

薄弱环节”[①]，实践教学的有效性存在不同程度的弱化。

1. 实现对思想政治理论课实践教学机制的深度整合。对此，马福运、侯艳娜在《深度整合：“四位一体”立体化实践教学模式探索》一文中指出：明确目标管理机制，推动实践教学规范化。按照相关文件精神，由学校教务部门主导，将思想政治理论课实践教学纳入教学计划和教学大纲；由学校思想政治理论课教学指导委员会宏观指导，马克思主义学院具体实施，实施精细化目标管理，制定长远规划和短期目标。完善教学运行机制，提升实践教学效果。改变思想政治理论课教师单兵作战的实践教学机制，校内把学校相关职能部门教师、团学政工干部等纳入实践教学团队，校外吸收实践教学基地和党校、干部学院的相关教师。创新考核评价机制，提高实践过程占比，打破以往对学生期末成绩的单向结果性考试，增加对学生调研报告、心得体会、师生互动等实践教学效果的过程化考核，实现思想政治理论课过程考核与结果考核的统一。[②]

2. 实现对思想政治理论课实践教学资源的深度整合。对校内资源进行归类整合，实现资源效益最大化。充分利用校史馆、荣誉馆、自然资源馆等校内设施和专门建设的思想政治理论课实践教学场所，以及大学生社团活动、红色电影节、社会实践活动等主题鲜明的校园文化活动。对校外资源进行挖掘整合，达到社会力量同向化。“对线上资源进行创新整合，促成实践教学超时空化。利用信息技术、整合网络资源，创新课堂教学方法和实践教学形式，整合网络教学资源。”[③]

---

① 马福运、侯艳娜：《深度整合：“四位一体”立体化实践教学模式探索》，《河南社会科学》2020年第5期。

② 马福运、侯艳娜：《深度整合：“四位一体”立体化实践教学模式探索》，《河南社会科学》2020年第5期。

③ 马福运、侯艳娜：《深度整合：“四位一体”立体化实践教学模式探索》，《河南社会科学》2020年第5期。

3. 实现对思想政治理论课实践教学功能的深度整合。着力深化学生的理论认知,“通过不同场域的生动讲授、亲身体验和双向交流,学生能够深刻理解教材知识体系并增强对马克思主义理论的认同”①。着力增进学生的爱国情感,“在全程参与体验式教学或情景式教学的过程中,大学生能够切身感受中国特色社会主义的蓬勃生机,深切体会人民群众在新时代不断增强的获得感和幸福感”②,在理论和现实的交互作用中产生爱国情、强国志的情怀。着力锻炼学生的综合能力,大学生在全程参与立体化实践教学的过程中,“学会与不同阶层的群众打交道,特别是要学会用马克思主义的世界观和方法论观察当代中国、解读现实问题、指导服务社会。从中获得的各种锻炼、经验、方法和能力,都能使大学生综合素质得到提升”③。

4. 要重视新媒体环境下的虚拟实践教学。通过配置、连接、调节和使用虚拟实验仪器设备等,利用新媒体、人机交互、数据库、网络通讯等技术,构造直观、生动、形象的三维场景;通过多元自主的互动方式、便捷高速的信息传递、形象逼真的红色文化情境模拟,组织特定内容的网络虚拟实践教学,实现新媒体环境与思想政治理论课实践教学的有机结合。

(四)创新考核评价机制,提升思想政治理论课获得感

习近平总书记在全国高校思想政治工作会议上强调“要用好课堂教学这个主渠道,思想政治理论课要坚持在改进中加强,提升思想

① 马福运、侯艳娜:《深度整合:“四位一体”立体化实践教学模式探索》,《河南社会科学》2020年第5期。
② 马福运、侯艳娜:《深度整合:“四位一体”立体化实践教学模式探索》,《河南社会科学》2020年第5期。
③ 马福运、侯艳娜:《深度整合:“四位一体”立体化实践教学模式探索》,《河南社会科学》2020年第5期。

政治教育亲和力和针对性,满足学生成长发展需求和期待,其他各门课都要守好一段渠,种好责任田,使各类课程与思想政治理论课同向同行,形成协同效应”①。考核评价是衡量学生成绩、检测教学效果的主要方式。当前,对于学生思想政治理论课成绩考核主要有两种方式,即闭卷考试和开卷考试。无论是闭卷考试还是开卷考试,都存在考核成绩不能完全体现学习努力程度的情况,且相当多的学校评优评先表彰奖励与思政课成绩未密切关联,不能满足部分学生的期待,导致他们对思想政治理论课的学习失去部分动力。创新考核评价方式,构建突出思想政治理论课高度,增强评优评先表彰奖励契合度,拓宽满足实际需要的激励机制,有效提升大学生对思想政治理论课的获得感。

1. 建立科学合理的课程成绩评价体系。思想政治理论课内容丰富、理论性强且较为抽象,对学生成绩的考核评价,要注重过程考核与学习成绩考核相结合,即平时成绩与期末成绩按比例加权后得出最终成绩,一般而言期末成绩所占比例要高于平时成绩。平时成绩考核属于过程性考核,主要反映对思想政治理论课的学习态度以及课堂行为,具有一定的主观性和偶然性,设置考核指标时应注意可操作性、可比性、多角度,尽量避免人为因素;期末考试成绩,应该采用闭卷考试的方式进行,提高相应等级区分度,增加获取高分的难度,让学生意识到平时努力的重要性,通过学业成绩压力来提升学生学习的努力程度。建立长效考核多方评价机制,任课教师与学工部、辅导员、班委干部、同学等结合起来,注重理论考核与实践评价相结合,细化考核内容,通过考核引导学生将所学知识真正转化为自身的观念和良好的行为。同时,综合考核学生遵纪守法情况、学习生活情况、思想品德状况等,对学生进行客观合理的评价。

---

①《习近平在全国高校思想政治工作会议上强调:把思想政治工作贯穿教育教学全过程开创我国高等教育事业发展新局面》,《人民日报》2016 年 12 月 9 日第 1 版。

2. 完善与课程成绩关联的表彰奖励体系。党的十八大明确提出把立德树人作为教育的根本任务，培养德智体美劳全面发展的社会主义建设者和接班人，思想政治理论课作为立德树人的主要渠道，应该受到高度重视。学校的评优评先表彰奖励体系与学生的思想政治理论课考核结合起来，有利于强化思想政治理论课的地位，这也与高校始终把立德树人放在首位的要求和培养社会主义建设者和接班人的目标一致。2018 年教育部《关于印发〈新时代高校思想政治理论课教学工作基本要求〉的通知》明确要求"应优先安排思想政治理论课成绩优良的学生入党积极分子参加党校学习"，体现了思想政治理论课成绩在入党过程中的优先地位。对于思想政治理论课成绩，要纳入学校相关评优评先、选拔推荐指标体系，且赋予一定比例的权重，对于成绩不合格者实行一票否决制。另外，要设思想政治理论课学习单项表彰奖励，比如"思政学习标兵"奖项，通过树立榜样来提升大学生对思想政治理论课的获得感。

3. 拓宽激励广度，开展竞赛性教学。竞赛教学是运用知识进行分析、演绎、综合、判断的逻辑过程，它融知识性、竞争性、趣味性为一体，为大学生提供自我展示平台。20 世纪 90 年代以来，我国高校开启了包括学科竞赛、专业技能竞赛、创造设计竞赛、应用技能竞赛四个大类，校级、省级、国家级、国际级四个层次的竞赛体系，几乎所有的理工科都有自己不同层级的竞赛，但马克思主义理论学科没有自己的竞赛项目。

2000 年以来，马克思主义理论学科开始探索竞赛性教学模式。竞赛性教学是在课堂教学的基础上，开展以"学思政、用思政"为主题的包括知识竞赛、演讲比赛、风采展示等形式的教学模式。与课堂教学和实践教学不同的是，竞赛性教学通过自由、开放而又充满竞争、合作的过程，通过同台竞技的方式，呈现马克思主义理论知识和对社会热点、焦点、难点问题的思考，展示大学生对思政理论知识的学习掌握水平和对社会问题的分析能力。观赛的大学生通过观看竞赛、参与互动，同步参与思考现实问题，在选手竞答和展示的过程中，得到同辈群体的释疑解惑，提升马克主义理论素养。

近几年的实践证明，开展思想政治理论课竞赛性教学，赋予了思想政治理论课教学科技感和时代感，符合学生心理期待和成长需要，能使学生获得学习生活上的尊严感，满足他们的自我存在感，激发学习兴趣和积极性；使抽象而枯燥的理论知识具体化、形象化，增强思想政治理论课的吸引力、亲和力和感染力；构建师生沟通磋商的互动平台，增进师生间的互动交流，升华大学生对课堂知识的理解，培育对主流意识形态的认同；在潜移默化中培养大学生运用马克思主义立场、观点和方法发现问题、分析问题、解决问题的能力，增强思想政治理论课针对性和实效性，提升思想政治理论课获得感。

第四章 大学生思想政治理论课获得感的影响因素

大学生思想政治理论课获得感强调的是大学生是否能够从思想政治理论课中有所收获，这种收获不仅包括知识上的收获，同时也包括精神上的收获，如情感、道德及价值观等方面的体验。基于此，在分析大学生思想政治理论课获得感的影响因素时，应该站在一个较为宽广的视角，不仅要考虑校园因素，还要考虑社会因素；不仅要考虑国内因素，还要考虑国际因素。只有这样，才能厘清影响大学生思想政治理论课获得感的主要因素。本章从国内外大环境、党对高校领导、高校内部三大主体以及大学生日常生活等四个向度分析大学生思想政治理论课获得感的影响因素。

一、国内外大环境向度

从宏观因素分析，即是站在全球视野分析影响大学生思想政治理论课获得感的国内外大环境。国际环境及国内环境都会影响到大学生对思想政治理论课的认知，对其影响应辩证地分析和评价。

（一）国际环境

1. 苏联解体和东欧剧变对我国大学生理想信念的冲击

原苏联由 15 个加盟共和国组成。1985 年，戈尔巴乔夫当选为苏共中央总书记后，经济改革难以为继，政治改革又激发了党内的矛盾和斗争，经济改革和政治改革产生的诸多矛盾相互交织，导致矛盾越来越尖锐，最终酿成了 1991 年的“八一九”事件，苏联共产党被排挤出政权，国家政权的社会主义性质发生了根本变化，各民族国家纷纷宣布独立。1991 年 12 月 26 日，苏联举行最后一次会议，从法律上宣布苏联解体。在苏联解体的同时，东欧局势发生了激烈的动荡，一些社会主义国家纷纷走上社会转轨道路，如波兰、民主德国、罗马尼亚、保加利亚、匈牙利、捷克斯洛伐克、阿尔巴尼亚、南斯拉夫等，东欧社会主义阵营瓦解。苏联解体和东欧剧变是 20 世纪国际共产主义运动史上最悲痛的事件，国际社会主义运动一度陷入低潮，但这绝不意味着世界社会主义事业的终结。苏联解体和东欧剧变的教训是深刻的，这一事件尤其引发了世界上现存社会主义国家对马克思主义、社会主义、共产主义以及共产党长期执政能力的思考。

苏联解体和东欧剧变发生距今已二十多年，但其影响并没有消失。受这一事件的影响，一些反动和错误的思想观念不绝于耳，如“马克思主义过时论”“社会主义失败论”“共产主义渺茫论”等，这些杂音和噪音扰乱人心、影响社会和谐。邓小平在苏东剧变发生后说：“不要认为马克思主义就消失了，没用了，失败了。哪有这回事！”[①]苏联解体和东欧剧变本身以及伴随产生的消极观念对大学生理想信念的冲击，在一定程度上制约了大学生对思想政治理论课的正确认知，不利于大学生思想政治理论课获得感提升，这就需要思想政治理论

① 《邓小平文选》(第 3 卷). 北京：人民出版社 1993 年版，第 383 页。

课积极引导大学生正确看待苏联解体和东欧剧变以及剖析错误思潮的本质，从而帮助大学生树立崇高的理想信念。

2. 西方生活方式对我国大学生行为模式和价值取向的影响

伴随着经济全球化和我国对外开放程度越来越高，西方国家的生活方式对我国大学生的行为模式和价值取向影响越来越深。事物是一分为二的，对西方生活方式的评价也应秉持客观辩证的态度，在系统全面了解西方民众的价值观、道德观、伦理观以及审美观的基础上评价西方的生活方式。一方面，西方生活方式具有科学合理的地方，如“时间观念强”“重视工作效率”等，这些值得我们借鉴和学习。另一方面，西方生活方式也有其消极、腐朽的一面，如追求“个人主义”“享乐主义”“性解放”等，这些需要我们仔细甄别。对于西方的生活方式，我们应取其精华、去其糟粕，做到“排污而不排外”。

西方生活方式对我国大学生的影响日益加深，西方一些腐朽的生活方式已经渗透到我国大学生生活当中，这是不利于大学生树立正确价值观的。更应该引起我们注意的是，西方资本主义国家借助生活方式对大学生进行意识形态渗透和腐蚀，即通过推广西方的吃、穿、用、玩等，使我国一些大学生对西方资本主义的腐朽生活方式盲目追捧和向往，“如果使追求声色物欲不断升级成为占主导地位的文化现实，那是很危险的”。[①] 在现实生活中，一些大学生崇尚西方“消费主义”的生活方式，奉行个人主义、享乐主义、金钱至上的价值观，而这些都是与思想政治理论课所倡导的社会主义价值观念相违背的。

3. 西方社会思潮对我国大学生价值观塑造的影响

当代大学生置身于改革开放和全球化的浪潮中，受到人本主义、自由主义、生态主义、未来主义等形形色色思潮的影响。西方社会思

---

① 《十四大以来重要文献选编》(中). 北京：人民出版社 1997 年版，第 1130 页。

潮对我国大学生的影响从未停止过，并且越来越广泛和深入。就其影响而言，有积极的一面，比如能够开阔大学生视野和活跃大学生思维，促使大学生关注现实问题。然而，西方社会思潮也有其反动的一面，对我国大学生价值观的塑造产生了严重的负面影响，消解着大学生对主流意识形态的认同，因此对西方社会思潮的传播我们应该以一种辩证的眼光去看待。如今，对我国大学生影响比较大的错误思潮主要有“宪政民主”“普世价值”“历史虚无主义”“民主社会主义”“公民社会”等。这些思潮具有较强的迷惑性和欺骗性，有必要廓清其特点和实质。

宪政民主是历史产物，产生于西方历史进程中。相比较封建专制制度，宪政民主呈现出某种历史的进步性。然而，从根本上说，宪政民主倡导的是西方的政治模式和制度理念，其源于西方的资本主义经济关系，是为资产阶级服务的，因此，不能将西方宪政民主视为解决人类社会政治发展的唯一良药和普遍方案。天赋人权和保护人权是宪政民主的价值观基础，不论是天赋人权还是保护人权都具有欺骗性。众所周知，任何权利都是历史的和鲜活的，并非上帝创造。此外，宪政民主所倡导的保护人权，其实保护的是资产阶级的利益，而不是保障人民大众的根本利益。西方在全球倡导宪政民主，其根本目的在于推行西方制度模式和颠覆社会主义政权。近些年来，有一些居心叵测的西方人提出“社会主义宪政”及“宪政社会主义”，企图把宪政赋予社会主义，对此应保持高度警惕，避免陷入话语陷阱。

普世价值是西方向全球范围内推销其意识形态的伎俩，也是西方积极鼓吹西方文明中心论的手段。所谓普世价值指的是西方资本主义国家认为西方的自由、民主、平等、人权等思想具有永恒性和普适性，既然这些价值观念具有永恒性和普适性，世界上其他国家也需要认可和接受，这也正是西方发达国家极力推崇普世价值的内在逻辑。其实，普世价值这一提法本身存在悖论，世界上不存在超阶级、超国家以及超时空的价值理念，也就是说，在全世界范围内通行的普世价值是根本不存在的。习近平总书记在第七十届联合国大会一般性辩论时的讲话中明确提出了："和平、发展、公平、正义、民主、自由，是全人类的共同价值。"[①]有些人认为共同价值和西方倡导的普世价值是同一概念，其实不然，二者存在本质差别。在多样化文明的世界上，各个国家和民族的文明存在差异的同时，也存在一定程度的相似性，也就是说，各个国家和民族基于共同利益，有着某些共同的价值诉求，这些共同的价值诉求就是共同价值。与普世价值维护资本主义利益不同，共同价值则是各个民族和国家共同利益的彰显。共同价值是不以主观意志为转移的，同时也承认和尊重了文明的多样性，旨在追求包容互惠的发展前景以及合作共赢的国际关系。

历史虚无主义是与"全盘西化"相呼应的一种社会思潮，其主要表现为：恶意诋毁反帝反封建斗争及社会主义革命、否定中国共产党领导、歪曲和丑化领袖人物和英雄人物等。历史虚无主义混淆是非及肆意捏造历史事实，引发人们思想的巨大混乱。

民主社会主义思潮是西方社会流行的资本主义改良思潮，是由第二国际修正主义发展而来，其基本主张包括：指导思想多元化、经济基础多元化、政治建设多元化以及意识形态多元化等。民主社会主义企图否定马克思主义指导地位、公有制主体地位以及中国共产党领导。此外，民主社会主义还主张保留剥削阶级压迫制度和维护阶级对立。

新自由主义是19世纪以来资本主义国家意识形态的主流，其观点可以概括为三个方面。一是政治方面，否定公有制、否定社会主义及国家干预；二是经济方面，主张绝对自由化、彻底私有化以及完全市场化，反对国家对经济的干预；三是战略和策略方面，鼓吹经济、政

---

① 《习近平谈治国理政》(第2卷). 北京：外文出版社2017年版，第522页。

治、文化一体化，即全球资本主义化。

公民社会主张个人权利至上，过于突出个人权利，很容易诱发个人极端主义和精致利己主义。不仅如此，公民社会还片面强调国家与社会的对立。国家既是阶级统治的工具，同时又具有社会管理和服务职能，是阶级性和社会性的统一，也就是说，国家和社会之间既有对立，又有合作。如果仅强调国家与社会的对立，容易导致泛自由主义。公民社会已经被西方改造为危害他国政治安全和推销西方价值观和制度模式的思想武器。

以上各种西方反动思潮给思想政治理论课带来了巨大挑战，严重影响了大学生价值观的塑造，使大学生深受其害，甚至导致部分大学生思想出现了某些“西化”倾向。对此，我们必须高度重视，在对大学生进行主流意识形态教育的同时，还要积极防止以美国为首的西方资本主义国家对我国的“意识形态输出”和“文化侵略”。

（二）国内环境

思想政治理论课所讲授的内容体系是一个丰富的理论体系，涉及到国家政治环境、经济环境、文化环境、社会环境以及生态环境。事物的联系是相互的，国家政治环境、经济环境、文化环境、社会环境以及生态环境的建设与优化能够提升思想政治理论课的说服力，也能够在一定程度上增强大学生思想政治理论课的获得感。

1. 政治环境

政治环境指的是社会制度、政治观念、政治活动等因素的总和。政治环境建设与优化取决于以下三个因素。一是政治民主建设。首先，参与型政治文化建设。政治民主的一个重要表现就是民众能够以多样化的方式向决策机构表达自身的利益诉求，为了提升公众政治素养，应着力推进参与型政治文化建设。参与型政治文化又称民主型政治文化，它的主要特点表现为较强的政治自主意识、较高的政治能力和政治素质、对国家和政治系统保持高度的认同感、责任感和归属感等。参与型政治文化需要通过政治社会化来实现。通过政党、大众传媒、家庭、学校等对参与型政治文化的宣传,使公民逐渐确立民主政治所需要的政治价值观。其次,政治民主制度建设。政治民主制度建设就是把政治民主的原则落实到一系列具体制度的过程。政治民主制度建设涉及到公民利益表达制度建设、公共政策制定制度建设以及公共政策实施制度建设等层面。就公民利益表达制度建设来看,真正的政治民主意味着能够为公民提供充足畅通的利益表达渠道。公民利益表达制度建设就是不断完善各种利益表达渠道,使公民利益表达程序化、制度化和法治化;就公共政策制定制度建设来看,公共政策制定需要对公民利益进行聚焦综合。利益综合往往通过立法机构或者代议机构实现,为了确保利益综合的公平、公正,以形成民众普遍接受的公共政策,立法机构或者代议机构的利益综合活动要遵循相关的法律规章制度以及议事程序;就公共政策实施制度建设来看,公共政策实施的主体是国家机构,为了保证公共政策有效实施,必须健全相应的法律法规、制度纪律以及办事程序。二是政治权力监督。权力主体在行使政治权力时,由于价值观念、道德修养等主观因素以及权力运行规则等客观环境的影响,可能导致政治权力的恶意运行。政治权力的恶意运行会侵害人民和社会的利益,因此,必须对政治权力进行监督。政治权力监督的实质就是对政治权力的制约,一个国家如果没有成熟完整的政治权力监督,国家政治生活的民主化、制度化将成为空谈。加强政治权力监督需要加强对政治决策的监督、对决策执行的监督、对政治领导人和国家公务员政治行为的监督以及对政府机构和政治组织的监督。此外,要实现党内监督、人大监督、法律监督、群众监督以及社会监督的融合,充分发挥各个监督渠道的作用,确保国家权力受到切实有效的制约和监督。三是党风建设。党风建设是关系党和国家的性质、政局稳定等的关键问题。加强党风建设最根本的就是要密切党同人民群众的联系。党的各项路线、方针和政策要处理好党和人民的关系，使党真正代表人民的利益和意志。党的基层组织要建成名副其实的“群众之家”，使党员成为关心群众、了解群众和帮助群众的知心朋友。另外，坚持全面从严治党。从严治党，是无产阶级政党区别于自由主义政党的重要特征，是保持无产阶级政党强大战斗力的基本要求。十八大以来，中国共产党开启了全面从严治党的新征程。坚持全面从严治党，必须对全体党员进行经常性的党性教育，提高党员理论水平。对党的领导干部尤其是高级领导干部要提出更加严格的要求。党的领导干部是完成党的事业的骨干，他们的一言一行，都会对党的形象产生重要影响。领导干部能够自觉维护党的形象，践行党的优良作风，党风和社会风气就会好，反之，就会变坏。因此，要教育党的领导干部牢记为人民服务的宗旨，坚决反对形式主义、官僚主义、享乐主义和奢靡之风。

2. 经济环境

经济环境是指经济体制、经济发展水平、物价变动水平、金融、证券市场发育及完善程度等具体因素的总和。经济环境建设与优化主要从三个方面进行考量。一是经济体制环境。从微观上看，经济体制包括所有制体制、产权体制、流通体制、投资体制、金融体制以及分配体制等。目前，这些现行经济体制中仍然存在一些阻碍经济发展的成分，因此，要进一步深化经济体制改革，建立和完善适合经济持续快速发展的经济体制。二是经济政策环境。首先，制定经济政策。经济政策关系经济的发展，经济政策的制定要立足于经济运行特点以及复杂的利益关系，在充分调查研究和反复论证的基础上，提出具体政策方案。经济政策的制定还要充分发挥思想库和智囊团的作用，积极引入听证制度，听取不同专家、不同阶层和不同群体的意见和建议。其次，提高经济政策的透明度。通过政府公报、政府官网、新闻刊物等方式及时向社会公布政府的中长期发展规划、产业发展导向等。再次，建立经济政策执行信息反馈机制。通过信息反馈，及时发现和总结问题，确保经济政策的有效落实。三是法治经济环境。当前，与市场经济体系相配套的法制工作明显滞后，应加强经济立法，为经济健康有序发展提供法律保障。与此同时，加强执法队伍建设，提高执法人员素质，规范行政执法行为。

3. 文化环境

文化环境指的是影响主体活动的各种精神文化条件的总和，营造良好的文化环境是增强国家文化竞争力的重要因素。文化环境的建设与优化可以从四个方面进行考量。一是文化精品建设。国与国之间的较量和竞争除了经济、军事、政治等方面，也体现在文化层面。不同文化的交流、交融和交锋越来越多，面对这样的态势，我国要实施文化“走出去”的战略，着力打造文化精品。文化精品是文化的大厦和发展主流，体现了一个国家文化发展的水平。文化精品有两个基本特征，首先是思想深刻。思想性是文化精品的内核，文化精品的思想深刻体现在它渗透和凝聚着民族精神和民族文化，饱含着作者对社会乃至世界的深邃思考，能够给人深刻的启迪。其次是精湛。文化精品反映了艺术和学术上的深刻造诣，是创造性和创新性的集中体现，彰显了独有的文化魅力。文化精品具有强烈的吸引力、影响力和感染力，深受人民群众喜欢，在价值观教育方面具有独特的优势和作用。各个高校、科研机构要加大经费投入，努力构建中国特色社会主义话语体系，着力推出一批经得起历史检验、具有世界影响力的文化精品。二是文化人才队伍建设。文化发展的中流砥柱是文化人才队伍，文化人才队伍决定文化的大发展和大繁荣。为了促进文化事业的发展和创造优质的文化环境，要打造一支“德才兼备，结构合理”的文化人才队伍。德才兼备要求文化人才不仅要具有相应的能力素质，如创新创造能力、审美能力等，还应该具有高尚的道德品行和人格操守，如坚决抵制学术造假、情趣低俗等；结构合理一方面要求优化人才结构，包括年龄结构、专业结构、知识结构等，另一方面要求人才的分布、层次、类型等方面趋于合理。三是文化市场管理和文化法制建设，树立科学的文化市场观念，运用行政、法律、经济等手段加强对文化领域的宏观管理。建立包括政府、第三方组织、公众以及市场本身在内的联合监督机制，创造依法经营、公平公开公正的文化市场环境。同时，加强文化法制建设，不断加强和完善立法，如制定关于文化产业发展、市场监管以及公共文化服务体系等方面的法律法规，使文化法制建设有法可依，违法必究。另外，要加强文化执法，增强文化执法机构的权威以及完善文化执法程序，确保文化执法的公正性和严肃性。四是中国特色社会主义文化引领作用发挥。中国特色社会主义文化是一种以马克思主义为指导，继承中国优秀传统文化和吸收外国文化积极成果、民族的科学的大众的文化形态。中国特色社会主义文化体现了社会主义文化发展方向，应充分发挥其引领作用。一方面，按照贴近生活、贴近实际、贴近群众的“三贴近”原则，不断加强中国特色社会主义文化建设，使主流意识形态的理想因素、现实内容以及人民群众具体利益需求有机地结合起来，既引导群众又服务群众，重视解决人民群众最关心的各种利益问题和利益矛盾。另一方面，坚持包容多样的原则。坚持包容多样的原则是发挥中国特色社会主义先进文化作用的前提条件。社会主义先进文化发挥引领作用，其核心要义在于使多样化的社会思潮按照社会主义先进文化的主导方向更好地统一起来。用社会主义先进文化引领文化建设，鼓励和支持一切有利于人民群众身心健康的文化形式，坚决抵制落后、腐朽文化，不断提升民众的文化品位和文化鉴赏力。

4．社会环境

社会建设的目标是构建各尽所能、各得其所而又和谐相处的社会环境。社会环境的优化主要取决于四个方面的因素。一是是否能够有效整合社会关系。社会整合指的是把社会各个部分整合为一体的过程，社会整合是社会建设的基本内容，只有有效进行社会整合，才能化解社会矛盾。二是加强社会制度和机制建设。人民群众根本权益的维护依赖制度和机制建设，如社会保障制度、社会利益协调机制、社会预警机制等。三是社会组织建设。社会运行依靠社会组织协调，这里说的社会组织主要是指介于政府、社会、市场之间的各类社会组织，其功能是提供非垄断性公共物品，维护集体利益。在积极扶持社会组织发展的同时，还须加强党对社会组织的领导，保证社会组织朝着正确的方向发展。四是社会公共服务体系建设。改革开放以来，我国的公共服务水平不断提升，逐步形成了教育、医疗、卫生、科技、文化、社会保障等全方位的社会公共服务体系，但社会公共服务能力和水平与人民群众的需要仍然存在一定差距，亟待进一步加强。

5. 生态环境

生态环境指的是影响人类生产和生活的各种自然力量的总和。优化生态环境是全面建成小康社会的重要任务，在经济发展过程中，必须把优化生态环境放在突出的位置。习近平总书记指出："生态文明建设事关中华民族永续发展和'两个一百年'奋斗目标的实现。保护生态环境就是保护生产力，改善生态环境就是发展生产力。"[①]优化生态环境应该做好三方面工作。一是成立生态治理决策队伍。生态治理涉及内容广泛，难度较大，为了提升治理成效，首先应建立生态治理决策队伍，以便能够实施科学化决策。生态治理决策队伍应包括生态治理方面的专家、学者以及专门负责生态治理的领导干部。应该说，这样的决策队伍是互补性很强的队伍，比如专家和学者能够站在较为客观的立场，从而保证咨询意见的科学性。二是聚焦生态

---

① 习近平：《在庆祝海南建省办经济特区30周年大会上的讲话》，北京：人民出版社2018年版，第17页。

治理主要问题。生态治理需要聚焦水污染防治、大气污染防治、造林绿化质量提升等方面。对于水污染防治，要加强重点水域保护，防止造纸、化工等行业的污染以及生活污染。除此之外，还要加强城乡集中式饮水水源的保护，禁止向保护区排放污水。对于大气污染防治，首先应有效控制扬尘。控制扬尘一方面需要制定道路积尘管理办法，完善物流运输管理和建筑施工的相关规定；另一方面，改善能源结构。逐步减少煤炭在一次性能源中的比例，积极发展清洁能源，比如水能、风能、太阳能、核能以及生物能。对于造林绿化质量提升，最基础的是提高植树造林的覆盖率，加快城乡绿化建设的步伐。其次，需要加大科技兴林的力度。组织技术人员加大对造林难题的科技攻关，不断提高造林的成活率以及保存率。最后，积极调整林业机构。大力保护水源林、防护林和风景林，加快培育经济林、竹林以及工业原料林，充分挖掘和发挥森林资源的综合效益。三是建立生态保护成效奖惩制度。奖惩制度的建立有利于加强行为主体自律，比如实行税率与企业环境保护挂钩，对于低耗能、低排放的企业实行低税率，而对于高能耗、高排放的企业实行高税率。

二、党对高校领导向度

2018 年 9 月 10 日，习近平总书记在全国教育大会上提出“九个坚持”，其中第一个坚持就是“坚持党对教育事业的全面领导”[①]。纵观中华人民共和国史和中国教育发展史，我国教育能够取得显著的成就，根本原因就在于我国教育事业始终坚持党的领导，有了党的领导，教育事业才能稳步向前。同样，大学生思想政治理论课的获得感也有赖于党对高校的领导。

---

① 《习近平在全国教育大会上强调坚持中国特色社会主义教育发展道路　培养德智体美劳全面发展的社会主义建设者和接班人》，《人民日报》2018 年 9 月 11 日第 1 版。

(一) 党对高校的政治领导

党对高校的政治领导指的是各级党委(党组)关于高校政治方向、重大决策等层面的领导,具体体现在路线、方针和政策的制定和执行方面。

1. 提高政治站位

强化高校各级党组织管党治党主体责任,提高政治站位。教育部门和各级各类学校的党组织要自觉在政治立场和政治原则上同党中央保持高度一致。各级各类学校党组织、党员干部、全体教师及学生要切实做到对党忠诚、为党分忧、为党担责和为党尽责。党的十九大已经做出优先发展教育的重大战略部署。教育关系到国计民生,各级党委应把教育改革发展纳入议事日程,把教育事业当成头等大事来抓,党政主要负责同志应该熟悉教育、关心教育、研究教育,在保障教育投入、促进教育均衡发展等方面下真功夫。

2. 增强政治能力

在我们党100年的光辉历程中,政治能力始终发挥着“定海神针”的作用。尤其是在重大的历史关头,显得尤为可贵。在革命危机时期,毛泽东以“星星之火,可以燎原”的政治定力,坚定了全党和全军对中国革命胜利前途的信心。在新时代征程中,高校教育发展仍然存在一些短板和困难需要解决和克服,这就需要加强党对教育工作的政治领导,需要提升高校基层党组织的政治能力,具体包括政治领导力、思想引领力、群众组织力以及社会动员力等,不断增强领导干部驾驭全局、把握大势和解决难题的能力。

(二) 党对高校的组织领导

党对教育工作的组织领导指的是各级党委(党组)关于高校如何建立组织以及如何践行组织原则和组织路线等层面的领导。

1. 健全领导体制

健全党委统一领导、党政齐抓共管、部门各负其责的教育领导体制。教育部门和各级学校应落实党委领导下的校长负责制，党委和行政的工作既要有分工和侧重，又要有交叉和重叠，需要处理好党委和行政之间的关系，认真贯彻民主集中制，确保党政既分工明确又相互协作，从而形成教育发展合力。

2. 加强基层党组织建设

基层党组织在健全民主集中制过程中发挥着重要的作用。基层党组织既要同党中央在思想上、政治上保持高度一致，认真贯彻上级党委的决议、决定，又要把党员的意见集中起来向上级党委反映。各级学校基层党组织是师生最贴心、最信赖的组织依靠，应加强基层党组织建设，充分发挥党组织的战斗堡垒作用。一方面，推进党支部建设，推进学校基层党支部标准化、规范化建设，把学校基层党支部建设成为宣传贯彻党的决定、团结师生以及推动教育改革发展的组织。另一方面，实施党员先锋工程和优化党组织设置，充分发挥党员先锋模范作用，实施教师党员先锋工程以及大学生党员素质工程，优化党组织设置，探索党建工作向学校教学科研组织以及学校社团组织拓展，推进党建工作全面覆盖。

3. 加强领导干部队伍建设和教师队伍建设

毛泽东曾指出："指导伟大的革命，要有伟大的党，要有许多最好的干部。"[①]严把"用人关"，引进竞争机制，坚持德才兼备，拓宽用人思路和视野，选优配强教育部门和各级学校领导班子，不断激发领导干部做事创业的激情；严格干部管理，实施干部分类管理和评价等办法，完善关键环节和重点领域的权力约束机制。此外，还应加强教师

① 《毛泽东选集》(第1卷). 北京：人民出版社1993年版，第277页。

队伍建设。“教师的工作是塑造灵魂、塑造生命、塑造人的工作”[①]，广大教师作为打造中华民族“梦之队”的筑梦人，承担着庄严而神圣的使命。学校党组织要高度重视教师队伍建设，加强师德建设，推动师德建设常态化、制度化，促进教师师德水平的整体提升；加强教师培训，不断提升教师的政治素质和业务能力；提高教师待遇，完善政策体系，不断提升教师的政治地位和社会地位，健全教师收入长效保障机制，进一步提升教师的获得感。

（三）党对高校的思想领导

党对教育工作的思想领导指的是各级党委（党组）关于教育系统社会主义主流意识形态的宣传和教育等层面的领导。从思想上建党是马克思主义的重要建党原则和方法。中国共产党继承了马克思主义着重从思想上建党的优良传统，始终把思想建设放在党的建设的首位。同样，教育工作的思想领导也极为重要，亟待加强。

1. *加强主流意识形态教育力度*

一是提高理论宣传者水平。党自身的理论水平关乎党的事业发展，主流意识形态具有较强的理论性和抽象性，主流意识形态阐释需要宣传者具有较高的理论水平。通过完善理论学习制度，不断推动宣传者深入、细致、系统地学习马克思主义经典作家理论、马克思主义中国化理论尤其是价值观理论，促使宣传者准确把握主流意识形态的政治形态、学术形态以及大众形态，提升宣传者运用理论阐释现实问题的能力。理论水平的提高不仅需要扎实的理论功底，更要有过硬的理论阐释能力。毛泽东曾提出：“对于马克思主义的理论，要能够精通它、应用它，精通的目的全在于应用。”[②]理论阐释能力提升

---

① 习近平：《做党和人民满意的好老师——同北京师范大学师生代表座谈时的讲话》.《人民日报》2014 年 9 月 10 日第 1 版。

②《毛泽东选集》(第 3 卷). 北京：人民出版社 1991 年版，第 815 页。

需要深入了解社会现实，加强调查研究。要加大宣传者关于当代民众生活的调研力度，通过调研，使宣传主体详尽了解民众生活的整体状态，做到理论与实践相结合，提升自身运用意识形态阐释生活的理论能力。二是坚持马克思主义的主导地位，牢牢掌握教育领域意识形态领导权和话语权，引导广大党员干部、师生不断增进政治认同和理论认同，由自发走向自为，自觉运用党的理论创新成果武装头脑，做共产主义远大理想和中国特色社会主义共同理想的信仰者和践行者。三是把社会主义核心价值观融汇到教育教学的方方面面，坚持德育为先，真正帮助莘莘学子扣好人生的第一粒扣子。

2. 加强学科意识形态资源开发和利用

意识形态资源是中国共产党极为重要的执政资源，一切有利于巩固执政地位和提升执政水平的观念、思想和文化都是中国共产党的意识形态资源。中国共产党从建党开始就高度重视意识形态资源开发，不断充实意识形态建设的"资源库"和"蓄水池"，产生了一系列以马克思主义为核心的意识形态创新成果。在中国共产党现有的意识形态资源中，马克思列宁主义、毛泽东思想、邓小平理论、"三个代表"重要思想、科学发展观以及习近平新时代中国特色社会主义思想都是中国共产党的指导思想，同时也是整个中国共产党意识形态资源的内核，之所以称为内核，是因为这些思想已经上升到国家主流意识形态的地位，是区分不同性质意识形态的根本因素。中国共产党意识形态资源外围包括法律思想、政治思想、道德、艺术、宗教、哲学以及党的基本路线、基本纲领和基本方略等，意识形态资源的外围都是为其内核服务的，以保证意识形态资源内核价值体系的稳定性。因此，要不断发掘各个学科的意识形态教育资源，切实发挥好"思想政治理论课程"和"课程思政"的协同育人效果。2014 年 3 月 30 日，教育部发出《关于全面深化课程改革落实立德树人根本任务的意见》。这个意见的重要性在于把"立德树人"作为全面深化课程改革的根本任务，而且把中小学课程改革和高校的课程改革放在一起整体考虑。该意见认为高校和中小学课程改革从总体上看，整体规划、协同推进不够，与立德树人的要求还存在一定差距。该意见提出的深化课程改革的原则中要求“实现全科育人”，这就是要求德育在各科教学中渗透，不仅中小学各学科教学中要渗透德育，而且高等学校各专业学科教学中也要渗透德育。这个“全科育人”，不仅是一个学段上的各学科共同育人，而且是高校、中小学各学段上下贯通、有机衔接、相互协调的“全科育人”，由此形成多方参与、齐心协力、互相配合的育人工作格局。“全科育人”的关键是“统筹”。统筹各学科，充分发挥人文学科的独特育人优势，提升数学、科学、技术等课程的育人价值，加强学科间的相互配合，发挥综合育人功能。该意见明确要求编写、修订包括高校的教材，要将社会主义核心价值观的基本内容写入德育等相关学科教材，渗透到其他学科教材中，改进学科教学的育人功能，在发挥各学科独特育人功能的基础上，充分发挥学科间综合育人功能。2014 年 10 月 17 日，中共教育部党组、共青团中央发出《关于在各级各类学校推动培育和践行社会主义核心价值观长效机制建设的意见》，又要求推动社会主义核心价值观融入教育教学，特别提出了实施高校课程体系和教育教学创新计划，要求整体推进教材、教师、教学、评价、学科保障等方面综合改革创新，发掘各学科思想政治教育资源，不断提高课堂开展社会主义核心价值观教育的实效性，要求将社会主义核心价值观融入专业课程教学，打造由思想政治理论课、专业课程、社会实践、网络教学等构成的教育教学体系。

3. 创新宣传话语

理论只有被人民群众理解和接受，才能转化为强大的物质力量。只有契合大众日常生活的宣传话语才能被接受，才能更好地融入民众日常生活。一是创新话语内容。话语内容指的是价值观念、政治观点以及道德规范等内在因素的总和，是话语主体依据社会发展要求以及话语客体的思想实际而确立的，话语客体的思想实际是话语内容确立最重要的标准。在日常生活中，话语客体思想实际所涉及的多是教育、医疗、住房、就业等问题。从根本上看，话语客体思想实际折射出的是广大师生日常生活利益诉求。因此，应摒弃抽象生硬的大道理宣传话语，以意识形态教育内容为支撑和依据，从日常生活中民众遭遇到的思想、道德、价值等层面的问题和困惑出发，围绕人们关注的焦点问题选择话语内容，着力提出旨在满足民众日常生活利益需求的新鲜思路和方法，形成理性化、生活化的意识形态宣传教育话语体系，从而使其为受教育者所理解和接受。二是创新话语表达。在现实生活中，部分学生对事物的认知往往呈现出感性、简单、直接等特点。意识形态不仅要靠严密的理论逻辑实现以真理服人，更要通过恰当的表达方式实现以情理服人。创新话语方式就要将控制式、抽象式的话语方式转变为人性化、通俗化的话语方式。其一，话语表达的人性化。平等沟通的人性化表达方式更容易被接受。随着社会的逐渐转型，公民主体地位逐渐确立，私人的自主性逐渐成熟和完善。在新的时代背景下，意识形态话语在叙事方式上发生着较大的变化，话语的强制性色彩逐渐走向淡化，尊重民意的表达特征渐显。意识形态表达要尊重民众的利益诉求和主体地位，采用平等沟通的言说方式，不断凸显人性化，彰显平等和谐、包容差异的人文情怀，促进学生对意识形态的理解和接受。其二，话语表达的通俗化。通俗易懂的话语表达方式更易被理解，意识形态教育应走出抽象说教的封闭循环，融入日常生活，向受教育者说既能听懂又愿意听的语言。把意识形态宣传教育与生动的日常生活实践结合起来，运用大众所熟知、喜闻乐见的日常用语、网络话语以及流行话语对意识形态进行宣传，不断增强意识形态的亲和力和感染力。

4. 加强主流意识形态传播载体建设

随着高新科技日益发展，尤其是交通、信息新技术的迅猛发展，传统、单一的载体已经不能适应意识形态传播的需求,必须进一步拓宽传播载体。第一,活动载体。活动载体是促使教育主体与教育客体相互作用的活动形式以及物质实体。政治宣讲活动:举办社会主义核心价值观进学校、宣传社会的发展进步以及先进人物的感人事迹等活动,使广大学生在潜移默化中接受启发和引导。节日庆典和重大纪念活动:把核心价值观融入到中秋节、端午节等节日活动以及纪念改革开放四十周年、纪念马克思诞辰 200 周年等重大纪念活动中。通过参与这些活动,使学生受到社会主义核心价值观的洗礼和熏陶。校园文化活动:通过各种各样的校园文化活动增进学生对核心价值观的认同。如国内某高校在全校本科生中举办了"微宣传、微学习、微讨论、微发现、微孝心、微文明、微公益、微诚信、微奋斗、微高校"等微活动,力求在落实、落细、落小上下功夫,促使学生争做社会主义核心价值观的践行者。社会公益活动:通过志愿者招募、无偿献血、爱心捐助等社会公益活动,鼓励广大师生积极践行社会主义核心价值观。第二,媒介载体。媒介载体是意识形态传播的工具和手段,既包括报纸、书籍、电视、广播等传统媒体,同时也包括以互联网技术为基础的手机、微信、微博、博客等新媒体。传统媒体和新媒体各有优势,传统媒体具有品牌资源丰富的优势,新媒体具有传播速度快、交互式传播等优势。意识形态传播要实施媒体融合传播策略,实现传统媒体和新媒体的共生、互动与协调。一方面,传统媒体和新媒体融合可以实现媒体形式互补。如为了提升传播效率而进行的传统媒体和手机的融合,这两种媒体的融合可以吸引更多受众注意力。以人民日报为例,除了纸质印刷版本的以外,它还通过短信互动、手机流媒体等渠道传播,扩大了受众面和影响面,取得了更好的效果。另一方面,传统媒体和新媒体的融合可以实现相同信息的交叉传播。新媒体的诸多内容,都是对传统媒体内容的转述,媒体融合可以实现信息共享。网络媒介不受版面限制,可以依托传统媒体的新闻内容,发表详尽的深度报道和背景资料，并且可以提供音频、视频等服务。融合传播策略的实施必将使主流意识形态得以多重传播，从而产生放大增值的宣传效应。第三，文化载体。文化载体是对各种文化的一种抽象概括。文化载体对人的影响是全面的，不仅能够影响人的价值观念和思想道德，还能影响人的思维方式和创造能力。改革开放以来，人们的生活方式日益多样化，人们越来越渴望精神生活的丰富多彩，如果仍然用传统的灌输方式宣传核心价值观，可能会削弱其效果。创新和发展文化载体成为意识形态日常生活传播的必然选择。文化载体形式多样，从宏观文化形态上看，有企业文化、校园文化、村镇文化以及家庭文化等；从微观文化产品来看，有戏剧、小说、电影、舞蹈、音乐等。把意识形态融入各种文化载体之中，借助文化载体，对不同层次的学生进行教育，不断提高核心意识形态教育的针对性和实效性。第四，管理载体。把主流意识形态融入管理之中，通过一定的管理手段调整和规范人们的行为。管理载体的运用往往通过制定法规、规章和制度来约束和协调人们的行为，把意识形态嵌入学校整个管理环节。通过具体的管理实践，学生会在无形中受到核心价值观的影响和熏陶。

5. 净化网络空间

经过几十年的快速发展，互联网技术已经深入到社会的各个方面，对改善人民生活发挥了重要作用。互联网运用在师生日常生活中随处可见，网络购物、网络交往等已成为日常生活的时尚行为。但是，网络中也存在着散布虚假信息、恶意诋毁党和政府等负面行为。主流意识形态日常生活渗透可以借助互联网，然而网络信息庞杂，主流声音和非主流声音并存，这严重制约了意识形态日常生活渗透效果，因此，必须净化网络空间。一是完善网络立法。依法治网是国际共识，也是时代发展的要求。党的十八届四中全会提出要加强互联网领域立法以及完善网络信息服务、网络安全保护、网络社会管理等方面的法律法规。习近平总书记指出："网络空间同现实社会一样，既要提倡自由，也要保持秩序。自由是秩序的目的，秩序是自由的保障……要坚持依法治网、依法办网、依法上网，让互联网在法治轨道上健康运行。"①全面推进网络空间法治化迫在眉睫，虽然我国已针对互联网的规范管理先后出台了《计算机信息网络国际联网管理暂行规定》《互联网信息服务管理办法》《互联网文化管理暂行规定》等法律法规，但是面对层出不穷的新问题，我国现行的互联网法律法规略显滞后。为了进一步规范网络秩序，需要进一步完善网络立法。如关于网络违法行为责任的立法、关于网络主体的权利义务及其关系的立法、关于个人信息安全的立法、关于网络安全的立法等等。需要强调的是，现阶段网络立法一方面需要契合网络技术发展特点。网络立法是为了规制网络行为，这就要求网络立法要深入研究网络技术发展特点，否则就会成为空谈；另一方面需要提升网络立法的兼容性。网络立法兼容性体现在两个层面。从国内层面看，网络法律法规既要自成体系，同时又不能与现行的其他法律法规相矛盾，从而保持整个法律体系的内在协调性。从国际层面看，在网络立法的过程中，立法部门要充分借鉴国际网络立法的有益经验，促进网络立法与国际通行的立法原则接轨，不断提升兼容性。二是加强行业自律。为了提升抵御网络不良信息的实效性，除了政府网络治理外，还应加强行业自律。首先，加强商业网站自律。目前，我国的网站主要分为政府网站、新闻网站、商业网站以及企业网站，其中商业网站完全是自负盈亏的经济实体，在市场经济条件下，商业网站有着明确的利益冲动。商业网站在谋求经济利益的同时，也要承担相应的社会责任，进一步加强行业自律。网络媒体的实际管理者应当恪尽职守，自觉维护网站空间的良好秩序和氛围。其次，充分发挥互联网行业协会

---

① 习近平：《在第二届世界互联网大会开幕式上的讲话》，《人民日报》2015年12月17日第1版。

的作用。目前,我国互联网行业已经成立了中国互联网行业协会,在协会内部也有《中国互联网行业自律公约》等用以规范行业成员行为的自律性规范文件。加强互联网行业协会职能建设是发挥互联网行业协会作用的必然要求,因此,应该赋予互联网行业协会一定的权力,如明确的管理权、奖惩权等,使行业协会成为互联网行业的一线直接管理者。另外,互联网行业协会要发挥主观能动性,在加强行业自律方面作出努力。互联网协会要督促互联网企业签署行业自律条约,互联网企业除了遵守国家法规政策外,还应遵守互联网行业自律规范。网络运行的各责任主体除运营网站外,还应对网站所播出的内容负责,严格落实自律公约的具体内容,积极开展自查自纠工作。除此之外,互联网行业协会还应对互联网企业员工进行定期教育培训,不断提升互联网从业人员素质。三是开展网络道德教育。当前,我国网民人数众多,素质参差不齐,网络道德教育有助于增强网民责任意识、审美能力以及辨别是非的能力。其一,扶持重点网站进行道德价值观宣传。整合资源、着力扶持一批重点网站、主动进行议题设置、大力传播道德价值观,在各种噪音、杂音中凸显道德价值观的影响力和说服力,从而占领网络意识形态制高点。其二,开展文明上网教育活动。通过专家访谈、主题宣传日、互联网品牌推荐等活动,引导网民树立正确的网络观以及养成良好的网络行为习惯,自觉抵制不良信息的传播。其三,加强网络道德自律教育。道德自律是一种自我约束。网络道德自律规范包括尊重、诚信、负责、自爱、文明等。通过网络道德自律教育,引导民众合法、文明地使用互联网,强化公民网络道德责任意识,共同构建一个风清气正、和谐稳定的虚拟空间。

6. 加强政工队伍建设

学校政工队伍是学校德育的主要力量,亟待加强。首先,从组织上保证队伍的相对稳定,在机构改革中,要保证政工人员的基本编制。其次，坚持德才兼备的原则，不断选拔优秀大学毕业生和其他德才兼备的干部充实到政工队伍中来。再次，加强培养，要有计划地输送政工干部到党校、教育行政学院、思想政治教育双学位班、研究生班脱产或在职培训，不断提高他们的政治素质和工作能力。最后，从政策上给予更多的关心和帮助，使政工干部在职称、职级、住房、津贴等方面享受与专业技术人员同等的待遇。

三、高校内部三大主体向度

从中观层面分析，即是从直接影响大学生思想政治理论课获得感的三大主体出发，高校管理者主体、思想政治理论课教师主体以及大学生主体的态度、能力和水平直接关乎大学生思想政治理论课获得感的提升。

（一）高校管理者主体

1. 思想政治理论课认知态度

2019年3月18日，习近平总书记在学校思想政治理论课教师座谈会上指出："思想政治理论课是落实立德树人根本任务的关键课程。"①思想政治理论课承担着铸魂育人的历史重任，高校管理者是否重视思想政治理论课关系着思想政治理论课开展的实效。教育部关于印发《新时代高校思想政治理论课教学工作基本要求》的通知中指出："高校党委书记要落实思想政治理论课建设第一责任人责任，校长要切实负起政治责任和领导责任。"②一些高校管理者对思想政治

① 《用新时代中国特色社会主义思想铸魂育人贯彻党的教育方针落实立德树人根本任务》.《人民日报》2019年3月19日第1版。

② 中华人民共和国教育部. 教育部印发《新时代高校思想政治理论课教学工作基本要求》的通知. http://www.moe.gov.cn/srcsite/A13/moe772/201804/t20180424_334099.html, 2018-04-13/2019-07-14.

理论课持消极态度，他们认为开设思想政治理论课意义不大，也正是受这种消极心理的影响，一些高校的思想政治理论课形同虚设和趋于边缘化，教师和学生的参与热情度不高，更不用说大学生思想政治理论课获得感的增强。为了有效提升大学生思想政治理论课获得感，高校管理者需要彻底转变传统落后观念，从思想上高度认识思想政治理论课的重要性，统筹校内外资源，在人、财、物等方面给予思想政治理论课倾斜和支持。

2. 思想政治理论课管理方法

随着思想政治理论课改革步伐的加快，思想政治理论课管理方法应与时俱进，否则思想政治理论课教学就会显得杂乱无章，一些高校虽然开设了思想政治理论课，但由于管理不当，导致思想政治理论课效果不佳。高校管理者的思想政治理论课管理方法是否妥当取决于以下四个因素。其一，是否"规范思想政治理论课教学活动。高校开展思想政治理论课教学需要制定统一的教学大纲、教学内容以及教学形式"[①]，切实规范思想政治理论课教学活动，使学生真正从思想政治理论课中受益。其二，是否科学设计思想政治理论课教学主题。思想政治理论课教学主题在依据教材的情况下，还"应契合大学生身心特点、认知规律、大学生兴趣点以及马克思主义理论教育精神实质。另外，各个主题之间应有一定的逻辑关系，从而形成一个完整的体系"[②]。其三，是否凸显学生的主体性。"努力改变实践教学中教师'一包到底'的现象，充分尊重学生的主体地位，提升学生学习兴趣，让学生主动参与思想政治理论课教学，不断培养学生'内化为知、外化为行'的能力和'发现问题、分析问题以及解决问题'的能力，最终

① 陶利江：《论高校思政课实践教学深度体验的层次结构、制约因素及破解路径》，《河南社会科学》2020 年第 11 期。

② 陶利江：《论高校思政课实践教学深度体验的层次结构、制约因素及破解路径》，《河南社会科学》2020 年第 11 期。

真正实现思想政治理论课教学的价值。”[①]其四，是否创新思想政治理论课实践教学形式。思想政治理论课实践教学和思想政治理论课理论教学共同构成思想政治理论课教学体系，思想政治理论课实践教学是思想政治理论课理论教学的重要补充和提升思想政治理论课教学成效的重要手段。当下，思想政治理论课实践教学包括课堂实践教学、校园实践教学、社会实践教学以及网络实践教学等，每种实践教学方式都有多种多样的形式。“在思想政治理论课实践教学活动中，要不断创新实践教学形式，如主题演讲、微视频展示、情景剧表演、案例分析、社区服务、红色考察、网络互动等。随着思想政治理论课实践教学的持续开展，还有其他更多更好的实践教学形式需要探索和总结。”[②]

3. 思想政治理论课实效检验

思想政治理论课实效检验指的是思想政治理论课的考评和总结，是提升思想政治理论课实践教学的关键步骤。目前，思想政治理论课教学的考评和总结还普遍存在着一些难题，分别是未能做到过程性考核和结果性考核相统一、缺乏交流机制以及缺乏定期交流和总结机制。为了克服这些难题，提升思想政治理论课教学实效，需要对思想政治理论课教学的考评和总结方式不断优化，做到三个统一：一是坚持师生考核相统一。以往的思想政治理论课教学考核“仅注重对学生的考核，对教师的考核缺失，这是不科学的，应坚持师生考核相统一”[③]。二是坚持过程性考核和结果性考核相统一。坚持过程性考核和结果性考核统一才是真正实现了对思想政治理论课教学的

① 陶利江：《论高校思政课实践教学深度体验的层次结构、制约因素及破解路径》，《河南社会科学》2020 年第 11 期。

② 陶利江：《论高校思政课实践教学深度体验的层次结构、制约因素及破解路径》，《河南社会科学》2020 年第 11 期。

③ 陶利江：《论高校思政课实践教学深度体验的层次结构、制约因素及破解路径》，《河南社会科学》2020 年第 11 期。

完整考评。“结果性考核注重实践成果，过程性考核注重的是师生在思想政治理论课教学实践活动中的具体态度和表现等。”①三是坚持评价总结和激励提升相统一。“评价总结可以通过教研活动或者经验交流大会等方式进行，借助这些方式对思想政治理论课教学的经验、不足和成果进行总结和评价，不断提升教师对思想政治理论课教学特点、规律的认识和把握”②；激励提升指的是建立思想政治理论课教学激励机制，具体方式有提高教师思想政治理论课教学津贴标准以及“推动思想政治理论课与学生奖学金评选、优秀学生评选、教师选拔任用、教师职称评比、优秀教育工作者评选等挂钩，通过这些激励方式不断提升教师和学生参与思想政治理论课教学活动的积极性”③。是否做到三个统一是考量思政课实效检验的标杆。

4. 校园文化建设

校园文化是一个学校的灵魂，学校的持续发展离不开校园文化支撑。作为文化的一种，校园文化能够滋养思想政治理论课教学、丰富大学生内心世界以及提升大学生精神追求。校园文化可以分为硬文化和软文化，其中硬文化包括厅堂文化、廊道文化、室内文化、景观文化以及生态文化等。厅堂文化如校园墙壁所展示的教育理念、教学方针等，能够增进学生对校园精神的感性认知；廊道文化如古诗长廊、艺术长廊、科技长廊等，学生在长廊行走，便可以感知古诗、艺术和科技的现实魅力；室内文化如教室黑板报、文化墙、展示栏等，能够凸显各个班级和办公室的个性和风采；景观文化如亭台楼阁、广场、各种主题园子等，能够让学生受到建筑文化熏染；生态文化如校园拓

① 陶利江：《论高校思政课实践教学深度体验的层次结构、制约因素及破解路径》，《河南社会科学》2020年第11期。

② 陶利江：《论高校思政课实践教学深度体验的层次结构、制约因素及破解路径》，《河南社会科学》2020年第11期。

③ 陶利江：《论高校思政课实践教学深度体验的层次结构、制约因素及破解路径》，《河南社会科学》2020年第11期。

展的绿化空间，构建立体化绿化模式，能够让学生感受生态文明建设的成效等。软文化是一种隐性文化，包括办学理念、校风校训、规章制度等，这些都蕴含着大学的精神和追求，大学生深入其中且用心感知，能够受到精神启迪，从而使大学生得以成长和进步。此外，校园文化活动也是校园软文化的重要表现形式，如绘画展、图书展、音乐展以及各种竞赛等，能够助力大学生成长和成才。习近平总书记指出，高校思想政治工作“要更加注重以文化人以文育人，广泛开展文明校园创建，开展形式多样、健康向上、格调高雅的校园文化活动，广泛开展各类社会实践”[①]。

（二）思想政治理论课教师主体

1. 教师的责任感

教师的责任感指的是教师对学生、工作、工作单位及教育事业所负责任的思想态度，责任感是教师师德的内核。教师责任感提升既是教师个人成长的必要之路，同时也是提升教学效果的关键手段。思想政治理论课教师的责任感是影响大学生思想政治理论课获得感的重要因素。近些年来，思想政治理论课教师责任感建设取得了长足进步，但仍存在一些突出问题，如部分教师缺乏事业心、安于现状、奉行个人主义、缺乏团结协作和集体主义精神、对学生缺乏关爱和指导、工作方式简单粗暴等。思想政治理论课教师的责任感由教师的综合素质、社会地位以及职业压力等因素决定。为了提升思想政治理论课教师的责任感，首先，需要全面提升教师的综合素质，使思想政治理论课教师拥有全新的教育理念和教育手段，成为爱岗敬业、严谨奉献，具备高尚道德和情操的教学主体。在党的十九大报告中，习近平总书记代表党中央再次明确指出：“加强师德师风建设，培养高

① 《习近平在全国高校思想政治工作会议上强调把思想政治工作贯穿教育教学全过程开创我国高等教育事业发展新局面》，《人民日报》2016 年 12 月 9 日第 1 版。

素质教师队伍，倡导全社会尊师重教。”[①]其次，需要提高思想政治理论课教师的社会地位和待遇，真正意义上把思想政治理论课教师的主动性以及创造性调动出来。此外，还要健全思想政治理论课教师管理制度，深化人事制度改革，搞活用人制度，完善流动退出机制，激发教师的积极性。

2. 教师的教育理念

教师的教育理念指的是教师在教学实践中所形成的关于教育特点、功能、规律、意义等方面的价值观念。思想政治理论课教师应秉持“教育为学生提升价值”的教育理念，即通过思想政治理论课教育，帮助大学生树立正确的世界观、价值观和人生观，使大学生成为能够担当社会责任的“社会人”，不断提升自我价值并积极地为国家和社会做贡献。也只有这样，才能增强大学生思想政治理论课的获得感。转变教师的教育理念需要做到两点，一是思想政治理论课教师要注重学生的主体性。在思想政治理论课教学中，充分重视学生的个性特长，对学生的自我发展和合理诉求给予积极支持和引导，帮助学生学会自主性学习和创造性学习；二是思想政治理论课教师要有强烈的服务意识，为学生成长成才和施展能力提供优质的服务。2014 年 5 月 4 日，习近平总书记在与北京大学师生代表的座谈中指出：“教师要时刻铭记教书育人的使命，甘当人梯，甘当铺路石，以人格魅力引导学生心灵，以学术造诣开启学生的智慧之门。”[②]

3. 教师的政治素质

“政治素质指的是个体对政治义务和政治权利的理解、反映以及付诸实践等实际情形的总和。政治素质是个体在政治生活和社会关

---

① 习近平：《决胜全面建成小康社会夺取新时代中国特色社会主义伟大胜利——在中国共产党第十九次全国代表大会上的报告》，《人民日报》2017 年 10 月 28 日第 1 版。

② 习近平：《青年要自觉践行社会主义核心价值观——在北京大学师生座谈会上的讲话》，《人民日报》2014 年 5 月 5 日第 1 版。

系中培养出来的一种素质，包括政治立场、政治方向、政治纪律、政治鉴别力和政治敏锐性等内容。”[①]思想政治理论课内容是科学性、思想性和政治性的统一，所讲授的内容不仅涵盖了马克思主义理论，而且包括国家的理论、方针和政策。因此，政治素质对思想政治理论课教师来说尤其重要，一个缺乏政治素质的思想政治理论课教师是难以讲好思想政治理论课的。政治素质提升需要思想政治理论课教师加强政治学习，不断提升政治觉悟。同时，“在言行上要与党中央保持高度一致，积极维护党中央权威和传播国家主流意识形态，为实现中华民族伟大复兴凝心聚力”[②]。

4. 教师的理论素质

“理论素质指的是教师学习、掌握、运用和研究理论的能力和水平。”[③]思想政治理论课是理论性非常强的课程，这门课程对教师的理论素质提出了较高的要求，“只有具有较高的理论素质，才能把思想政治理论课讲深、讲透，使学生信服，从而不断增强学生的思想政治理论课获得感，否则将会使思想政治理论课停留在理论说教层面”[④]，所讲理论难以使学生信服。思想政治理论课教师理论素质的提高需要思想政治理论课教师做好三方面工作。一是系统掌握马克思主义理论学科知识，这是根基。二是打通相关学科知识。思想政治理论课教师对哲学、文学、宗教学、伦理学、新闻学、传播学、法学等学科知识也要有较为深入的理解和研究，达到“精一家而通百家”的水平，从而触类旁通。三是熟悉自然科学知识。随着时代的发展和社会的进步，科学技术日新月异，科学技术的发展已经深深地影响着我们生活，思想政治理论课对科学技术的合理解释已成为现实迫切需要。

---

① 李伟:《大中小学思政课一体化建设的逻辑理路》,《河南社会科学》2020 年第 8 期。
② 李伟:《大中小学思政课一体化建设的逻辑理路》,《河南社会科学》2020 年第 8 期。
③ 李伟:《大中小学思政课一体化建设的逻辑理路》,《河南社会科学》2020 年第 8 期。
④ 李伟:《大中小学思政课一体化建设的逻辑理路》,《河南社会科学》2020 年第 8 期。

因此，思想政治理论课教师除了熟悉人文社会科学领域的知识外，还需要了解和研究自然科学知识和科学技术，不断完善和丰富自身的知识结构。

5. 教师的教学技能

教学技能是教师在已有教学理论知识的基础上，通过多次教学活动或教学演练而形成的教学行为系统。既然是教学行为系统，教学技能也呈现出一定的复杂性。教学技能对外表现为出色地完成教学任务，对内则表现为完成教学任务所需要的知识、口才、心理、技巧及个性特征等在内的功能体系，体现出较强的“操作行为性”。教学技能既是教学水平的重要标志，也是提升课堂吸引力的重要因素。思想政治理论课教师教学技能的高低直接影响着思想政治理论课教学的实效性，思想政治理论课教师要想达到层次较高的艺术化教学水准，必须苦练内功，形成富有魅力的教学特点和教学风格，在此基础上不断提升教学技能。

（三）大学生主体

1. 大学生道德素质和文化素养

道德素质是调节人与人关系的价值标准、道德规范和道德要求内化为心灵内容后而形成的整个精神内涵，具有调节、塑造、引导以及示范等功能。大学生是否具有较高的道德素质关系着大学生是否认可思想政治理论课所讲授的理论。思想政治理论课教育的目的之一就是提升大学生的道德素质，因此具有较高道德素质的大学生在思想政治理论课堂中会对思想政治理论课理论产生情感上的共鸣。

文化素养指的是大学生的知识储备。思想政治理论课所涉及到的理论往往比较抽象，大学生自身文化素养的高低关系着自身能否很好地理解、消化和接受思想政治理论课理论。为了增强思想政治理论课获得感，大学生应有意识地提升自身的文化素养，熟悉和了解马克思主义理论、政治学、哲学、历史学、新闻学、法学等多学科知识，多学科的知识背景能够让大学生更好地领悟思想政治理论课所讲授理论的深刻内涵。

2. 大学生对思想政治理论课的认知态度

随着改革开放的深入和社会发展的加快，大学生自身思想呈现多元化。各种各样的思想弥漫在大学生群体中，大学生对思想政治理论课的认知态度也是多样的，有的学生高度认可思想政治理论课，认为通过思想政治理论课学习能够帮助自身树立正确的价值观，自身对党、国家和社会的发展也充满信心；有的大学生持中立态度，在他们看来，思想政治理论课和其他学科一样，仅仅是一门课程，只要能够熟记思想政治理论课内容并且取得优异成绩即可，他们并没有发现思想政治理论课与其他课程的区别，也不能够领会思想政治理论课所阐述理论的深刻意义和重大价值；有的学生对思想政治理论课持消极态度，认为思想政治理论课就是“洗脑”和“政治说教”，对思想政治理论课持敷衍态度，对国家和社会发展的态度也较为消极。应该说，大学生对思想政治理论课的认知态度从一个侧面反映出了大学生思想政治理论课获得感的强弱。

3. 大学生自主学习思想政治理论课知识的能力

苏霍姆林斯基认为教育的目的是教会学生学习。学会学习，具备自主学习的能力，是现代社会高素质人才不可缺少的基本素质。大学生自主学习思想政治理论课能够有效提升大学生对思想政治理论课内容的理解力，增进大学生对思想政治理论课的情感认同和价值认同，从而不断增强大学生思想政治理论课获得感，因此，提升大学生自主学习思想政治理论课能力至关重要。大学生自主学习思想政治理论课能力提升可以从以下三个方面把握。一是学习思想政治理论课的主动性。所谓主动学习，指的是大学生将学习思想政治理论课视为一种享受和使命，在没有外界监督的情况下仍能专心学习。

二是学习思想政治理论课的独立性。学习思想政治理论课不依赖外力的帮助，主动探索和求知。三是学习思想政治理论课的协调性。这里的协调指的是自身状态的全方面协调，自身认知、情感意志、个性等各种心理品质的综合运作并发挥实践指导作用的过程。

四、大学生日常生活向度分析

从微观因素分析，即是从大学生的日常生活角度出发，分析家庭、社区、人际交往以及互联网运用对大学生价值观塑造的影响，这些影响和思想政治理论课教育是密切相关的，也是关乎大学生思想政治理论课获得感提升的重要因素。

（一）家庭

1. 家庭的自然结构

家庭自然结构是家庭生活的重要指标，家庭的自然结构指的是家庭成员不同层次和序列的结合。从形式上划分，家庭结构可以划分为核心家庭和主干家庭。核心家庭指的是父母双全，有一个或者几个孩子构成的家庭。在这种家庭结构中，父母是孩子的监护人和直接负责者，孩子的成长、发展和前途直接关系到父母的切身利益，父母对孩子的教育有着较强的自觉性和迫切性。但这种家庭对孩子的教育也有不利的一面，比如父母忙于工作而没有空闲照顾和辅导孩子，容易出现放任自流的情况。

主干家庭指的是三代同堂的家庭，即由祖父母、父母和子女三代人构成的家庭。相比较核心家庭，主干家庭人口数量多、层次较多和规模较大。祖父母可以协同父母照顾和教育第三代，对孩子的照顾和关心也较为周到、体贴和细致。对第三代的孩子而言，在日常生活中，既可以得到父母的关照，同时也可以得到祖父母的照顾。但是，由于家庭成员较多，各个家庭成员年龄、经历、思维方式不同，可能会在孩子教育理念方面存在差异，导致孩子无所适从，这会导致孩子容易形成两面性的性格，对孩子的成长是不利的。

按照家庭完整性程度进行划分，可以划分为常态家庭以及非常态家庭。常态家庭是指父、母、子女三全的家庭。非常态家庭指的是不完整的家庭，指的是有缺损的家庭。包含三种情况，一是离异家庭。二是指父、母或者其中一方过早去世的家庭。三是指有继父(母)及收养关系的家庭。对于子女而言，非常态家庭的自然结构可能会影响到学习和成长，但也并非绝对，缺损家庭的父母多会在孩子感情、生活和学习上给予弥补，孩子也会萌发报答孤父或者寡母的迫切期望以及弥补家庭缺陷而努力进取的强烈意识。

2. 家庭的经济消费

按照经济情况来说，家庭可以分为困难家庭和非困难家庭。这里的困难家庭指的是家庭极端贫苦，经济水准在温饱以下，难以支撑和满足孩子的正常需求，不能够为孩子提供必需的学习条件。非困难家庭指的是能够为孩子提供正常的学习和生活条件。家庭的消费方式对孩子的思想意识、价值观念等方面会产生极大的影响，会影响到孩子的价值观。现在出现这样一种现象，一些家长自己省吃俭用、对孩子却是极力满足。学生在物质消费上相互攀比，一味地追求名牌和奢华，出现了“高消费”和贪图享受现象。在过多地从物质上满足孩子这种消费观的引导下，艰苦奋斗、勤劳简朴的思想政治教育将会显得黯然失色，这对孩子的成长是极为不利的。

3. 家庭的和睦程度

“家和万事兴”，家庭的和睦程度对大学生的价值观塑造发挥着重要作用，思想政治理论课讲授的真、善、美在一个和谐的家庭都可以看到。相反，如果一个家庭不和谐，在这样家庭气氛中培养出的孩子往往性格不健全。

一个家庭要想和睦，各个成员要做到：互敬、互爱、互谅、互让、互帮，这些也是打开幸福之门的钥匙。生活当中难免会出现矛盾，这就要求家庭成员主动去解决矛盾，主动去解决矛盾意味着家庭成员互相理解和忍让，显示出较强的责任精神和担当精神，最终家庭和睦和幸福美满。另外，一个美满的家庭需要建立共同的生活目标，家庭成员对待生活目标的态度应达成一致，这样才能在实现生活目标的过程中团结协作。在实现目标过程中如果发生矛盾，必须摒弃以自我为中心的生活方式，以宽容、谅解、互尊、互爱、平等的心态，才能化解矛盾。

4. 家风家训

家风家训是一种无声的力量，是家庭建设中的重要内容，是个体一生中接受的最基本和最深刻的教育，大学生也不例外。家风家训往往强调自律，强大自律的优良家风家训体现着我们优秀传统文化的精华，具有历久弥新的特点。随着时代发展和社会的变迁，我国家庭结构、形态和规模都发生了变化，但是各个家庭乃至家族传承的家风家训，在家庭成员价值观塑造方面仍然发挥着不可替代的作用。

尊老爱幼、妻贤夫安、母慈子孝、兄友弟恭以及耕读传家、勤俭持家、知书达礼、遵纪守法、家和万事兴等这些中华民族传统家庭美德，同样也是支撑中华民族薪火相传的重要精神力量。思想政治理论课所讲授的价值观教育的内容也涉及到家庭，并且相关内容和优秀家风家训是高度契合的。一个大学生如果能够受到良好家风家训的教育和熏陶，自然会感受到思想政治理论课强大的现实性和真理性，不自觉地对思想政治理论课产生情感认同。

(二) 社区

1. 社区管理

社区是社会管理的基本构成单元，是个体维系其生存和发展的基本场域。社区可以划分为城市社区、撤村建居社区及农村社区，这就涉及到一个重要问题，即社区分类管理。社区分类管理的目标是“共同体化”，主要是指通过对社区的管理，激发社区居民对社区公共事务管理的热情，使其积极主动参与到社区管理和服务中来，全面提升社区居民对社区的认同。“共同体化”作为社区管理的总目标，具体到各种类型的社区，其管理目标的侧重点是不同的。就城市社区而言，其重点是支持业主委员会，发扬业主的互助精神；撤村建居社区则要重点做好便民的公共事务，不断培养社区居民的市民精神；农村社区则应重点培育文化教育性的社会组织，积极弘扬优秀村落文化。社区管理程度越高，社区人与人之间的关系也就越和谐。环境能够熏陶人，也能塑造人，在这样的社区管理环境下，大学生的身心较为愉悦，也较容易形成正确的世界观、人生观和价值观。

2. 社区文化

社区文化是社区居民经过长期实践而创造出来的物质文化和精神文化的总称。大学生作为社区居民的一分子，社区文化对其思想观念、道德情操、人格理想的形成和发展都会产生重要影响。一般而言，社会文化通过以下三个载体体现。一是社区图书馆、活动室、游艺室、公共基础设施等。这些设施的形成、选择和使用都凝聚着社区居民的智慧和价值观念。二是社区规范。社区规范是社区居民的行为准则和规章制度，这些准则和规章制度彰显了社区的文化精神。三是社区组织。社区组织包括居民委员会、家庭、学校以及其他非政府组织、团体等，这些组织的建立以及运营管理能够彰显社区文化活力，提升文化引领魅力。社区文化有助于培养社区精神，发挥出潜在的教育功能，有利于提高大学生的精神境界和精神追求。

（三）人际交往

1. 朋辈群体交往

朋辈群体又称同龄群体，是由一些年龄、兴趣、态度、价值观以及社会地位等方面都极为相似的人所组成的一种非正式群体。朋辈群体对大学生的成长和发展至关重要。一方面,朋辈交往能够培养大学生兴趣爱好、促进大学生情感发展。在朋辈交往过程中,如果一方的行为举止、消遣方式、服饰、语言等能够被另一方接受,被接受方就会感到莫大的满足。大学生朋辈之间的相互理解、关爱、支持和尊重,可以满足大学生归属和尊重的需要。另一方面,朋辈交往能够提升大学生的环境适应能力和合作竞争本领。大学生朋辈群体之间也有不成文的行为规范,在这个团体中,由于成员对团体的高度认可感,为了避免遭到团体的排斥,他们能够自觉遵守这些不成文的规范并且相互协作,而这能够培养大学生环境适应能力和合作竞争的本领。

2. 不同交往群体之间的思想影响程度及帮扶程度

不同交往群体包括高年级学生、大学教师、亲人长辈及社会朋友。高年级学生和大学生生活在同一校园里,在平常学习和生活中,是最容易接触到的群体,对大学生的影响和帮助也是最直接的;大学教师是大学中教书育人的主体,大学教师的一言一行深深地影响着大学生,在某种程度上起着表率作用。大学教师既关乎大学生学识和技能的提升,同时也关乎大学生精神世界的成长,对大学生的影响深远,帮扶程度也是较大的;亲人长辈对大学生的影响和帮扶始终是存在的,现实生活中,虽然有很多大学生是在远离家乡的城市求学,但是仍然能得到亲人长辈无微不至的关怀,这些关怀能够助力大学生成长;大学生经常参加一些社会性活动,在社会活动过程中,也能结交社会朋友,社会朋友也能对大学生产生影响。当下,需要我们注意的是,一些大学生可能会结交一些别有用心的社会朋友,而这些朋友对大学生的影响是负面的,严重者可能会把大学生带入歧途,给大学生的身心造成巨大伤害。

（四）互联网运用

1. 互联网使用的普及和各种信息的冲击

当下，我国已进入高度的信息化、网络化时代，互联网的运用在我国已经十分普及。大学生思维活跃，追求时尚，是网络用户的主力军。互联网信息纷繁复杂，良莠不齐，既有健康、进步的信息，也存在着大量反动、暴力、色情等负面信息，可以说是精华与糟粕共存。大量的不良信息对大学生的身心造成了巨大危害，不利于大学生树立正确的价值观，也在一定程度上冲击了思想政治理论课育人的效果。

互联网是将社会主义核心价值观渗透到日常生活中去的重要工具，然而网络信息庞杂，主流声音和非主流声音并存，这严重制约了核心价值观渗透日常生活的效果，因此，加强网络文明建设势在必行。首先，要加强网站和网络信息审查力度，对网站登记要严格把关，认真审核，从源头上进行检测，及时关闭和依法制裁一些非法网站。同时，加强网络信息筛查力度。相关部门对网络信息要进行全方位监管，多层面审核网络信息。目前，不良信息源主要有境外的网站、国内非法经营的网站、电子出版物等，对这些不良信息传播进行监管与封堵，是治理不良信息的有效措施，可以通过系统报警和人工巡视相结合的方式，及时发现和快速封堵不良信息。其次，要建立网络舆情危机预警机制。部分网民利用网络大规模发布和传播信息以发泄不满、制造舆论的现象日趋严重，通过网络舆情监测技术，依据预警体系设置的指标，对舆情事件作出分析评价和判断处置，能够避免事态扩大化。再次，要加强互联网监管专业队伍建设。为了应对日益复杂的网络信息和网络舆情，需要一支既懂法律、又懂技术和管理的网络监管专业队伍。因此，要加强对互联网监管人员的专业技能培训，不断提升他们的业务水平，以适应网络监管的高标准、高要求的客观需要。

2. 对互联网信息的选择、批判和利用程度

大学生身心尚不成熟,能否对互联网信息做出正确的选择、批判和利用,关系着大学生正确价值观的形成。大学生有效鉴别和利用互联网信息,能够帮助大学生更好地理解和吸收思想政治理论课知识,增进大学生对思想政治理论课的认同。当前,我国大学生网民人数众多,素质参差不齐,网络道德教育有助于增强大学生网民的责任意识、审美能力以及辨别是非的能力。在此基础上,应采取一些有效措施以提高大学生的信息鉴别水平。其一,扶持重点网站进行道德价值观宣传。整合资源,着力扶持一批重点网站,主动进行议题设置,大力传播道德价值观,在各种噪音、杂音中凸显道德价值观的影响力和说服力,从而占领网络意识形态制高点。其二,开展文明上网教育活动。通过专家访谈、主题宣传日、互联网品牌推荐等活动,引导大学生树立正确的网络观以及养成良好的网络行为习惯,自觉抵制不良信息的传播。

3. 网络思政教育的开设及实效

当前,网络思政教育拓宽了大学生思想政治教育渠道。网络思政教育的形式有:网络道德课堂、网络红色教育、网络爱国教育、网络时事教育等。网络思政教育实效的取得,需要充分"整合和利用视频、音频和图片等信息资源,选取具有代表性和前沿性的信息资源建立公众号、网络频道以及微博等平台,学校和教师借助这些平台与学生进行网络互动,如网络问答、网络辩论、网络视频赏析与讨论等"①。通过这些方式吸引大学生参与到网络思想政治教育中,帮助大学生树立尊重、诚信、负责、自爱、文明等意识,不断提升大学生的精神境界。

---

① 陶利江:《论高校思政课实践教学深度体验的层次结构、制约因素及破解路径》,《河南社会科学》2020 年第 11 期。

第五章 国外高校政治教育课程教学的经验与启示

古今中外，每个国家都存在着思想政治教育，正如美国学者安东尼·奥罗姆所坦言："任何社会，为了能够生存下去，必须成功把思想方式灌输进每个成员的脑子里。"①这也正说明了每个国家的"阶级统治者都会试图用他们的思想观念、政治观点和道德规范来影响社会成员，以培养阶级统治所需的接班人。"②通过大学生政治教育课进行课堂教学是开展思想政治教育的主要途径。由此可见，大学生政治教育课不是社会主义中国所独有的，其他国家的高等教育也存在宣传本国统治阶级政治观、价值观、道德观的课程教育，他们把这些高等教育称为公民教育课、价值观教育课、人格发展课、政治学课等不同名称的课程，只是不同国家对于大学生政治教育课的称呼不同而已。借鉴国外大学生政治教育课的经验，首先要解决借鉴的客观基础问题，即先于借鉴而存在的各国大学生政治教育课课程实施现状。选取当今世界发达的资本主义国家如美国、英国、俄罗斯、日本和韩国等国家的大学生政治教育课的实施现状作为研究对象，从教育目标、内容及实施方法等方面进行分析，寻找其在增强大学生政治教育课实效性的实践中值得我们借鉴、利用的有益成分，这对于增强我国

① 安东尼·奥罗姆：《政治社会学》. 张华青译. 北京：高等教育出版社 1995 年版，第 12 页。
② 毛若：《美国大学思想政治教育经验及对我国高校德育实效的启示》. 西南科技大学，2017。

大学生思想政治理论课获得感，培养合格的社会主义建设者和接班人，具有重要的理论价值和现实意义。

一、美国

美国作为世界高等教育最为发达的国家，其大学生政治教育课可以说是“无其名，而有其实”，因为在美国高等教育中没有一个统一的、明确的“政治教育课”的名称。但是美国的各个高校在历史教育、法律法规教育、公民道德教育、伦理宗教教育等课程的名义下，实施了隐蔽的思想政治教育。这些课程的内涵和外延，基本上与我国高校思想政治理论课的概念以及它们的具体所指相对应。

（一）美国大学生政治教育课的培养目标

大学生政治教育课的培养目标是大学生通过对该课程的深入学习，能够在思想观念、政治观点、道德规范及对应的行为实践等方面达到预期结果。关丽丽在《中美大学思想政治教育比较研究》一文中指出，培养目标不仅在客观上反映出国家与社会所需要人才的要求，同时也是课程理念与教育思想在教学实践过程中的具体体现。[①] 美国高校没有具体的大学生政治教育相关课程，对于培养目标也没有专门细致的解释，但是其通识教育的使命、任务和目标或显性或隐性地表现出思政性质。对此，关丽丽在《中美大学思想政治教育比较研究》一文中指出，美国作为一个移民国家，其社会呈现出多元化、自由化和实用主义等特征。引导学生在多元文化碰撞下形成对美国主流价值观念的认可，增进国家凝聚力，增加共识，为国家与社会发展服务，是美国大学生“政治教育课”的重要任务。[②] 在美国，各个高校无

---

① 关丽丽：《中美大学思想政治教育比较研究》. 大连理工大学 2012。

② 关丽丽：《中美大学思想政治教育比较研究》. 大连理工大学 2012。

一例外地开设有名称不一的“大学生政治教育课”相关课程，同时，由于美国分权型的教育管理体制，各个高校在教育培养目标、课程设置等方面没有统一的规定，这也导致美国高校在大学生“政治教育课”具体的培养目标上拥有更多的选择权和自主权，即便如此，体现大学生“政治教育课”潜在目标的内在逻辑要求依然存在，“向大学生灌输个人主义、自由主义、实用主义的世界观、人生观和价值观，以及资产阶级的自由、平等和人权等观念，从而培养出拥护美国国家意识形态”①的有用之才。

（二）美国大学生政治教育课的主要内容

美国高等教育具有悠久的历史，无论是学院还是大学都一直被视为青年大学生学习知识的殿堂、陶冶情操的乐园。美国在建国之初就明确提出具有类似“大学生政治教育课”基本理念和内涵的教育目标，并逐渐形成了教育传统，从高等学校、教育机构、政府首脑到国家法律，都把进行大学生政治教育课教育作为重要任务，将美国的意识形态和价值观融入政治、历史和公民类教育课程中，以这些课程为载体，实际上形成了大学生政治教育课，这些课程以潜移默化的方式渗透到大学生每天的学习生活中。同时，美国类似“政治教育课”的教学“尤其注重在不同阶段通过不同渠道实现大学生政治教育课的一致性、一贯性以及相互之间的沟通协调，从而汇成全校乃至全社会上下共同推进”②、校园内和校园外联动的强大合力，以所谓“无形”的理念教育学生。美国大学生政治教育课的主要内容可分为以下五点：

1\. 道德教育

“人的道德比其能力对社会的影响更加广泛，为此原因，心灵的

---

① 关丽丽：《中美大学思想政治教育比较研究》. 大连理工大学 2012。

② 毛若：《美国大学思想政治教育经验及对我国高校德育实效的启示》. 西南科技大学，2017。

培养比头脑的训练更应该一丝不苟。”[①]这是美国教育专家诺亚·威伯斯特提出的理念。在美国人眼里,道德品质水平,不仅关系到个人的生活和社会的安全、稳定,而且直接关系到美国社会的制度,更会影响到国家“民主”和“自由”的未来。高等院校是政治教育的关键一环,在美国教育历史上,高校将道德教育视为“教育的最高目的”,并长期将道德教育放在学校教育的中心位置。美国是文化多元化的国家,加上实行教育管理分权制,全国没有形成统一的道德教育内容,这就导致各州的教育部门、不同的学者、不同的学校教师都讲述着不同的道德教育内容。由于依据不同,不同的教育实施者确立的内涵大不相同,但是总的概括起来有以下两个方面:美国传统道德和美国当前道德。这些道德内容是“自律、慎思、公正、勇敢,诚实、关爱、负责和尊重”。前面四个属于美国传统道德的内涵,后一部分属于美国当前道德的主要品质,在这八条道德内容的基础上,衍生出了不同教育主体的不同理解变式。巫阳朔在《中美高校思想政治教育比较研究》一文中指出,事实上,美国道德教育者在提出自己的见解时,一般都强调这些道德是“一致同意”“超越文化”“通过民意测试”的,表明自己提出的道德内容是没有特殊性的,是一种共识性的道德,适用于所有人,典型地体现了道德教育者对共同道德价值的追求。[②] 美国高质量高等教育研究小组提出,“高等学校校长要尽最大可能使他们在校学生的行为体现平等、诚实、正直、自由、博爱和尊重别人等理想——这些都是不可或缺的社会价值观念”。[③]

---

① Noah Webster, On the Education of Youth in America, Boton, 1790. Quoted in James W. Fraser, *The School in the United States A Documentary History*, New York, 2001, p. 41.

② 巫阳朔:《中美高校思想政治教育比较研究》. 中共中央党校,2012。

③ 吕达、周满生:《当代外国教育改革著名文献》(美国卷·第一册). 北京:人民教育出版社 2004 年版,第 237 页。

2. 历史文化教育

作为美国著名的政治家，托马斯·杰弗逊曾经指出："历史可以使人们了解过去，展望未来；历史可以为他们提供异国的经验；历史还教会人们如何评价人和事，如何揭露伪装，认清本质，击败阴谋。"[①]因此，在美国建国以后的历史上，美国的每一届政府都特别重视历史教育，直至现在，类似"大学政治教育课"的相关课程内容，也把历史教育作为其核心教育内容之一，并将资本主义的政治观贯穿始终。关丽丽在《中美大学思想政治教育比较研究》一文中指出，历史教育，有助于培养大学生的民族自豪感与爱国热情，培植与延续"美国精神"以及对美国自由、民主等政治思想的认同与忠诚。[②]"一切历史都是文化史"，美国大学政治教育课还体现在美国国家制度与历史文化特征的思想教育上，这些都使得学生从认知上根本认同美国的文化与价值取向。同时，美国大学生政治教育课的内容还包括以私有制为基础的资本主义经济思想史、以实用主义哲学为核心的文化教育、以殖民历史炫耀为主题的文化传统教育等，使大学生形成以追求美国梦为目标的历史文化观。

3. 宗教教育

在美国历史上，宗教教育可以作为资本主义精神形成的重要渠道，资产阶级道德价值观和政治观就是在宗教教育的基础上形成和发展的。美国高校以培养牧师为目的而进行宗教教育，可以说宗教教育是美国高等教育的根基，甚至也可以说是美国政治教育课的原始根基。"宗教不再以国家机构的形式直接作为资产阶级手中的工具而为其服务，宗教也并没有退出思想政治教育领域，它只是以间接的方式介入政治领域。"[③]在美国，"'公民宗教'只是一种宗教象征，是

---

① 崔粲：《历史教学论纲要》.沈阳：辽宁大学出版社 2010 年版，第 187—189 页。

② 关丽丽：《中美大学思想政治教育比较研究》.大连理工大学 2012。

③ 高峰：《美国政治社会化研究》.北京：首都师范大学出版社 2004 年版，第 166 页。

借助宗教感情表达的一种社会信仰，体现着美国人的民族精神”[①]。宗教思想在美国高校政治教育中发挥着重要的功能。在公民宗教中，实质上包含着政治教育课的相关内容，展现着以资产阶级共和国信仰为核心的资本主义伦理观念，而这些伦理观念都带有浓重的美国色彩，这些都是美国社会凝聚的基础。在美国，宗教在很多私立大学仍然充当着非常重要的角色。[②] 如著名的宾夕法尼亚大学，位于美国纽约曼哈顿的世界顶级私立研究型大学—哥伦比亚大学主要都是由英国圣公会成员组建的，这些拥有浓厚宗教氛围的美国高校经历了几百年的风风雨雨，社会知名度很高，在世界上影响力很大。毛若在《美国大学思想政治教育经验及对我国高校德育实效的启示》一文中指出，现在这些高校一般很少要求学生必须信教，但其浓厚的宗教氛围和宗教背景难免会对学生带来一定的影响。我们也不难看出，这些高校的宗教教育在培育精英学生、培养合格公民方面也发挥了巨大作用。[③] 把宗教信仰变为政治力量是公民宗教创造性的一大功能，用来确立政治制度的观念准则，增强公民对民族精神和国家意识的认可，为国家机器提供合理性的依据和根基。

4. 价值观教育

由美国的建国史可以看出，美国是典型的移民国家，多元化的价值观在美国社会随处可见。当前，美国仍然是最强的一极，美元、军事和价值观是美国霸凌世界上其他国家的有力“武器”，美国输出价值观的首要前提是对本国人民价值观的整合和引导。美国价值观协会的前主席托马斯·克里纳曾经这样表述：“学术课程在价值观培育方面的作用是一个沉睡中的巨人，如果我们不能把这种课程利用为

---

① 王瑞荪：《比较思想政治教育学》.北京：高等教育出版社 2001 年版，第 161 页。

② 陈国海、李燕娜、蔡宇翔：《美国哈町大学宗教教育访谈录》.《大学教育科学》2010 年第 1 期。

③ 毛若：《美国大学思想政治教育经验及对我国高校德育实效的启示》.西南科技大学，2017。

培养价值观和伦理意识的手段，那么我们就在浪费一个大好的时机。”[①]美国高校有关价值观的教育主要分布在哲学、经济、政治、法律等课程方面。从小学到大学，学生可以通过了解自身、熟悉家庭、了解学校，然后深入了解社会，再到进行美国政治、历史、文化等课程的学习，这些环节不一定严格按照以上顺序，有时甚至常常同步开展，课程通常以培养学生优良品德和爱国主义情怀、树立民族自尊心和自信心为最终归宿。这些课程还有个统一的名字叫：通识教育。通识教育课是学生步入社会安身立命的基础课程，也是灌输美国价值观的“通用教材”。毛若在《美国大学思想政治教育经验及对我国高校德育实效的启示》一文中指出，与此同时，美国高校还特别强调通过与家长的合作来实现对学生的价值观教育。美国各州教育部不断发起“家庭教育周”“家长为师计划”等活动，向家长展示学校的价值观教育课程，让家长参与到价值观教育活动中来，实现校园教育和家庭教育的一致性和无缝衔接。[②]

5. 公民教育

从美国建国以来，教育就承担着一种公民教育的功能。培养合格的美国公民是高校的责任也是最优先的任务。毛若在《美国大学思想政治教育经验及对我国高校德育实效的启示》一文中指出，美国民众对高校培养公民方面具有极高的期望值，在高校实施公民教育，教师们在课程的讲授过程中，力图让学生了解国际社会背景、阐明国家历史实情、增强大学生的法制意识和爱国主义精神[③]，使学生具有强烈的民族归属感和民族意识，从而培养其价值判断能力，为以后参与公共政治生活做准备。这些目标都被放置在了社会科学课程当中，比如美国史、西方文明史、美国法律等。同时，自 20 世纪 90 年代

---

① 周文华：《美国核心价值观建设及启示》. 北京：知识产权出版社 2014 年版，第 1125 页。

② 毛若：《美国大学思想政治教育经验及对我国高校德育实效的启示》. 西南科技大学，2017。

③ 毛若：《美国大学思想政治教育经验及对我国高校德育实效的启示》. 西南科技大学，2017。

兴起的服务学习教育方法也在公民教育中起到了积极的作用并取得了良好的社会反响。毛若在《美国大学思想政治教育经验及对我国高校德育实效的启示》一文中指出，服务学习教育主要是通过学校与社区的互动，由社区提供服务项目给高校学生，通过有规划的服务行动来培养学生的担当意识，获得服务知识与技能，提高合作意识，形成服务理念。此外，美国高校还会通过开展一系列课外活动来促进学生对公民教育的理解。很多公民课程都是互动型和户外型的，注重让学生将书本经验运用于实践当中，如参观博物馆、历史名迹，模拟竞选投票等等。[①] 美国政府在《美国 2000 年教育目标》中提到：要把社区变成大课堂，让每个学生都要参加，履行公民义务，做好社会服务工作。[②] 毛若在《美国大学思想政治教育经验及对我国高校德育实效的启示》一文中指出，其实，美国高校的公民教育的本质也是一种思想政治教育，其最终目的是培养美国政治制度下的合格公民，以稳固国家的统治和发展。[③]

（三）美国大学生政治教育课的基本方法

1. 主体间性教育法

美国高校的教育一直十分重视学生的主体地位，这也是美国实用主义传统和自由主义风潮影响的结果。教育者与学生在共同形成的“教”与“学”的关系中处于平等地位，学生作为教育过程的重要组成部分，与教育者共同作为教育主体，并共同实现政治教育的诸多目的。主体间性教育方法改变了以往教育者与学生之间的一个是教育者、一个是被教育者的固守关系，这就能更好地激发学生学习的原动力与创造性，使大学政治教育真正内化于心、外化于行，最终实现培

① 毛若：《美国大学思想政治教育经验及对我国高校德育实效的启示》，西南科技大学，2017。
② 袁利平：《美国学校公民教育的历史演进与实践改革》，西北师范大学，2005 年，第 42 页。
③ 毛若：《美国大学思想政治教育经验及对我国高校德育实效的启示》，西南科技大学，2017。

养社会所需人才的目标。“主体间性的教育方法可以从美国教育乃至西方哲学思想中找到根源，随着西方资本主义的快速发展以及生产关系的日益变革”[①]，个人的主体性意识得到不断地强化和巩固，人们开始发现，以教师为主的教学关系以及以此为基础形成的思维习惯与行为方式，不能令人实现真正的自由与幸福，因此，摒弃教师主体性思维定式的主体间性教育理念就顺应时代的发展而产生。关丽丽在《中美大学思想政治教育比较研究》一文中指出，一批具有代表性哲学思想的重要人物，如胡塞尔、伽达默尔、布伯、哈贝马斯等，他们将人作为具有独特思维方式的主体，在某种程度上否认了主客体独立的基础，并强调主体间性的认知过程有别于主客体之间的单向认知模式，它是两个主体之间的相互开放与沟通、双向交流与悦纳的过程，最终实现主体间的心灵与精神的融合。基于这种哲学思想的认知，美国大学政治教育充分采用主体间性教育方法，在实现教育者主体地位的同时，发挥学生的主体性功能，双向互动，充分尊重学生主动权，注重实现学生教育自主性与个性化，通过培养学生主体学习意识与自我提高意识，来提高学生在政治教育课中的积极性、灵动性和创新性，让他们学会自我完善和自我教育，从而使教育者和学生之间的关系变成平等、自由的交流与对话关系，形成心灵与精神的有效融合，最终使大学生政治教育课从理性支配下的理论说教，转变为走进生活、感悟人生、塑造完美人格的教育模式。美国大学政治教育课采用的这种方式，能够培养学生的思想政治素质以及道德品质与观念，通过各种形式的教育活动，充分将实现人的自由平等作为其教育方式实施的根本基础，使教育者与学生在相互理解和真实环境中实现平行沟通与情感互动。[②] 可见，这种教学方法对于人的政治、思想、道德、心理等方面的培养具有很好的时效性与科学性。

---

① 关丽丽：《中美大学思想政治教育比较研究》．大连理工大学 2012。

② 关丽丽：《中美大学思想政治教育比较研究》．大连理工大学 2012。

2. 心理咨询法

起源于19世纪中后期的美国心理咨询，在一开始就被人们视为学校进行政治理论教育的重要方法。如今，在美国校园设立心理咨询相关机构，已经是再平常不过的事情了。高校心理咨询机构往往由教育部所设立的专门机构进行运营，由各个学科领域的专家针对学生所提出的多方面问题提供咨询服务，而这些机构一般会有固定的编制和行政划拨经费，从而能稳定地向学生提供高效、专业的心理咨询服务，使学生适应新的环境。美国高校在社会学科的选修课中开设了多种心理学课程，学生通过相关课程的学习，能够学会运用理论正确地处理各种心理调节、行为控制、人际交往等方面的问题。同时，在大部分美国高校中，学生可以免费进行心理疏导和心理咨询，学生可以多次预约心理咨询，相关心理老师会有针对性地就学生的问题制定相应的治疗方案并采取合适的疏导方式。在美国，心理咨询已经不是一种让人心存芥蒂、有耻辱感的活动，它只是高校学生普通生活的一部分。在马里兰大学(Maryland University)，学生可以很轻松地向学校心理咨询机构进行预约，心理咨询人员会根据学生相应的问题制定详细的诊疗方案，针对学生具体出现的某些问题，筛选出与之相匹配的工作人员来进行详细的接洽和沟通。对于心理问题超出学校心理咨询机构服务能力的学生，学校会为学生提供相应的转诊服务。此外，座谈、研讨会、影视教育也是美国大学常用的对大学生进行心理疏导和心理慰藉的方式，让学生在无形中提高自身心理承载能力，从而更好地悦纳自己、悦纳社会，为培养学生良好的人生观和价值观奠定扎实的心理基础。

3. 网络信息技术为特征的教育方法

美国大学生政治教育课除了表现其教育理念的教育方法外，也十分重视现代教育技术手段的应用及推动教育方法的丰富与发展。关丽丽在《中美大学思想政治教育比较研究》一文中指出，美国大学将计算机与互联网教育技术手段，虚拟现实技术、计算机教育技术手段，人工智能技术等信息科学教育技术手段，相互配合应用形成一套完备的信息化网络系统，从而形成信息化教育方法上的合力。得益于美国信息产业的良好基础和高速发展，以互联网多媒体技术和计算机技术为支撑的现代信息技术在美国大学生政治教育课教学领域已经有了大量的应用和实践，达到了预期效果。[①] 美国高校作为现代信息技术应用的聚集地，在政治教育课教学方法的现代信息技术手段应用方面具有先天的优势和大量的基础技术支撑。特别是美国大学生的政治教育课，以教学环境立体化、信息显示多媒体化、信息传输网络化和信息处理扁平化为特征，遵循多样化、智能化教育教学思路和方法，教学内容与媒体、仪器、设备等综合应用，教育内容因更加形象生动而容易被学生感知，呈现出"美国范"的思想政治教育。它通过多样的方法使学生产生对国家的自豪感和爱国主义情怀，通过潜移默化的形式来宣扬国家的政治制度和价值观念，让学生对国家充满信任与骄傲。除此之外，在教育者应用现代信息技术的过程中，展现美国科技在世界上的领先地位，激起学生对所学专业的浓厚兴趣以及为国家服务的强烈责任，[②]客观地影响并塑造了学生的"三观"。具有信息经济时代特征的现代思想政治教育方法的加持，美国高校政治教育课就变得更加卓有成效。

4. *渗透式教育法*

为了完成大学生政治教育课的培养目标，渗透式教育法在美国高校教育中也发挥着举足轻重的作用。在高等教育通识课程的某一门课程学习中渗透思想政治教育的内容，让大学生政治教育课教育无形地分散在某个通识课程之中，更能增强学生学习相关理念的热

① 关丽丽：《中美大学思想政治教育比较研究》.大连理工大学 2012。
② 关丽丽：《中美大学思想政治教育比较研究》.大连理工大学 2012。

情，也更能达到思想政治教育课的预期目标。渗透式教育法的设计原理是以伦理道德、宗教理念、公民意识、政治观念等相互融合，并以人文地理、科学技术、地方文化为“载体”，渗入思想政治教育的内容。通过教师和学生共同的体验、思考和实践，让学生在实践中领悟和感知相关知识，最终把所学所思付诸行动，回报社会。这种融入式教育十分切合“求知者道德经验”和“衔接生活世界”的方法。让学生从经济、社会和历史等视角领悟知识，也是美国各高校惯用的引导大学生学习一门课程的方法，有助于学生在学习一门课程时进行思考：该主题涉及哪些思想政治问题？他们需要面对什么社会问题？其遵循着怎样的历史传统？等等问题使学生在主修其他任何课程时，也能收获政治教育课课程需要得到的效果，这有利于学生在学习任何一门专业知识的同时培养良好的价值观，让学生在学习之后不仅学到专业知识，更能获得与之相对应的道德规范和价值评判。渗透式教育方法有很多具体形式，这里把渗透式教育方法分为单科“渗透”与多科“渗透”两种策略形态。“单科渗透”就是在现有学科中加入一个或几个单元特定的“思想政治教育”相关章目。以哈佛大学的“宗教巡礼”课程来看，通过每个学年三次以上的相关教学，让学生走出教室，参观周围不同社区的宗教建筑，把教学搬到现场，使学生耳濡目染，在潜移默化中接受相关的宗教伦理知识和道德行为规范。“多科渗透”是将特定的思想政治教育课题穿插到所有教学单元中去，而且做到不露痕迹。以波特兰州立大学“哥伦比亚流域”这门课程为例，单从课程名称，我们很难看到思想政治教育的踪迹，但该课程从宗教学、生态学、法律、地方性传统、地理学以及文学艺术等课程单元中进行分类设计与讲授，将零散的知识以一条主线穿插起来，又把思想政治教育完美地贯穿其中，这些都有利于学生的学习，甚至会使学生主动去学习。

二、英国

与其他西方发达国家相比，英国大学生政治教育课具有一定的特色和优势，为英国高等教育事业培养人才做出了重要贡献。在英国，虽然没有明确提出“大学生政治教育课”这一概念，但这并不能说明英国高校不存在思想政治教育，大学生思想政治教育往往“隐藏”在各科教学和文化价值观教育之中。英国的很多大学历史文化悠久，因此英国高校政治教育课起步较早，发展较为迅速，积累了丰富的教育实践经验，大学生政治教育课系统化程度高，实际可操作性强。

（一）英国大学生政治教育课的培养目标

基于英国政治体制及社会背景，英国社会中存在各式各样的思想观念和意识形态，形成了较为复杂的、多元化的社会思潮，但自由主义仍是主导大学生价值判断的主要思潮。因此，英国政治教育课的培育呈现多方面的目标要求，不能简单归结为单一的道德教育目标或政治教育目标。总体而言，通过高校相关培育内容和方式来看，英国高校的思想政治教育目标主要包括三方面的内容：一是培养合格的公民，提升公民素质。1998 年，英国公民教育与学校民主教育顾问团提交的《科瑞克报告》中明确指出了“积极的公民”所应具备的素养，并要求改革公民教育，提高公民素质，[①]同时提出了英国公民应该具备社会责任感和遵守道德规范，积极参与社会公共事务，具备良好的政治素养。培养良好的公民，这是英国思想政治教育的核心部分，体现国家和社会对大学生的期盼和要求。二是树立资本主义的价值观。英国是一个老牌资本主义国家，资本主义的价值观对青年一代

---

① 唐克军：《比较思想政治教育学》. 武汉：华中师范大学出版社 2010 年版，第 85 页。

有潜移默化的作用，英国社会各阶层普遍认为，人生而平等并且享有自由的权利，国家存在的目的就是为了保障个人的自由、财产等权利。英国高校的资本主义价值观教育强调以学生为本，重视学生的需求，关注学生的成长，重视大学生自由主义和个人主义价值观的培育。三是塑造人格品质。英国高校政治教育课的教育目标除了考虑国家和社会的需求，还注重对大学生健康心理和独立人格品质的塑造，提倡培养德才兼备和知礼义廉耻的“绅士”，主张把培育大学生的“理性”和“自制”相结合，促进学生的个性发展，为以后能够让学生更好地适应社会竞争做准备。

（二）英国大学生政治教育课的主要内容

英国大学生政治教育课名称不同，说法各异，也没有统一的教学内容和教学方式，但实质上都是对大学生进行的一种思想上、政治上的教育，以培育良好的公民、树立资本主义价值观和形成良好的品格为目标。例如，格雷欧姆·海顿认为英国高校应该培养大学生的国家认同感，积极承担社会责任，拥有高尚的道德品质和政治素质，参加社会公共事务，拥有社会包容心。① 通过分析英国高校政治教育课的内容，大致可以归纳为公民教育、政治教育、宗教教育、道德教育和绅士主义教育五个方面。

1. 公民教育

英国高校的公民教育主要是教导学生遵守社会道德规范，行使权利，履行义务，促进自身全面发展，提高公民素质。公民教育既包括对公民个人素质的培养教育，促进个人的成长发展，同时也隐含了国家和统治阶级对大学生的要求。比如在《1988 年教育改革法》中明

---

① Graham Haydon, *Aimsin Citizenship Education*: *Responsibility*, *Identity*, *Inclusion*, Andrew Lockyer, BernardCrick, John Annetie, ed. *Education for Democratic Citizenship*, Ashgate Publishing Limited, 2003, p. 87.

确了学校应该设立可以促进学生的精神品格、思想道德、文化素质、身心状态不断提升的课程，为学生顺利融入社会、培养社会经验和责任感等方面打下基础。[①] 英国公民教育不是一门单独的课程，它主要贯穿在人文社会学科教学之中，通过不同学科的教学方式，既讲授了各类科学文化知识，同时也发挥了各学科对公民教育的渗透作用，隐性地传达了公民教育理念，从而培养学生的公民素质。例如，心理健康教育课主要是通过讲解心理健康知识，使学生了解自身的心理状况，正确认识和应对心理疾病、保持良好的心态等。高校历史课通过讲解本国和整个世界的历史发展状况，让学生理解本国历史，树立继承和发展本国优秀传统文化的观念，增强对本国历史的认同感。

2. 政治教育

英国大学生政治教育课中的政治教育主要是通过开设有关政治教学的课程，让大学生学习本国的政治、经济、文化发展历史和状况，了解本国政治结构和运行机制，增强大学生对本国意识形态和政治结构的认同感，培养社会责任感和爱国主义情怀，树立正确的政治方向。例如英国牛津大学哲学学院就有“政治学理论”和“政治哲学”的政治教育课程。[②] 英国高校通过不同形式的政治教育课，培育大学生参与社会公共事务的积极性，理解和认同国家政治结构，鼓励大学生行使个人权利，履行社会义务。虽然这些课程没有明文规定属于政治教育课，但实质却体现了英国高校中思想政治教育的功能，同时也可以看出英国政府在培养大学生树立对本国政治立场和观点方面正面看法的重视程度。

3. 宗教教育

英国宗教教育也是对大学生思想的控制和灌输。英国是一个深

---

① 倪素香：《高校思想政治理论课程的国际视野》. 北京：中国社会科学出版社 2013 年版，第 71 页。

② 吴金花：《英国高校大学生思想政治教育的经验与启示》. 江西理工大学，2016 年，第 23 页。

受宗教影响的国家，虽然现在英国实行政教分离政策，但宗教特别是基督教在英国历史上有着深远持久的影响。公元597年，罗马教皇奥古斯丁到英国传播基督教，从此一直到英国的宗教改革，在近一千年的时间里，基督教教会控制着英国教育的学徒制和贵族教育，完全把控了英国的教育权。① 虽然英国在1534年通过《至尊法案》，在1688年发动“光荣革命”，改变了英国基督教对国家事务的控制，建立了资产阶级君主立宪制国家，但由于基督教的根深蒂固，仍对英国的教育产生重要影响。英国高校的宗教教育主要表现为基督教信仰教育和基督教道德教育，在基督教信仰教育方面，将基督教信仰与社会信仰、民族精神等紧密结合，要求大学生信仰“上帝”，对“上帝”保持绝对的虔诚，同时，通过宗教信仰教育使大学生把宗教信仰与国家民族精神有机融合，比如，基督教在强调对上帝绝对信奉精神的同时，也要求对国家民族的忠诚，使学生形成对国家的普遍信仰和遵从。在基督教道德教育方面，宣扬人的原罪说和“爱”的教育，要求学生严格遵守基督教道德规范。教师会注意把学生的日常生活与宗教道德教育相结合，使宗教教育生活化，并对学生进行教义性、仪式性、伦理性和社会性的教育。② 除此之外，教师还特别注重将宗教中蕴含的价值观进行时代化的阐释，帮助学生理解并认同宗教道德，从而树立宗教信仰价值观和对社会道德规范的普遍信仰。

4. 道德教育

吴金花认为，英国高校主要通过设置伦理道德的相关课程对学生进行思想道德的引导和教育，目的在于帮助学生树立国家和社会所倡导的道德价值观，从而培养学生形成统治阶级所需要的思想道德观念和政治立场。英国道德教育主要包括对君主制度的尊崇、对

---

① 林亚芳：《英国的学校德育》，浙江大学，2002年，第42页。

② 倪素香：《高校思想政治理论课程的国际视野》，北京：中国社会科学出版社2013年版，第71页。

传统礼仪和世俗伦理道德的遵守等。因时代的发展，对君主制度的遵从，逐步演变为对国家政权组织形式的认同。传统礼仪和世俗伦理道德的课程教育，倡导的是把国家和社会对个人的伦理道德要求和人道主义精神相结合，希望通过人道主义把道德教育联系在一起，强调参与社会公共生活的重要性，倡导人与人之间要彼此关心、爱护。世俗伦理道德中的其他教育内容还包括奉献主义、诚实守信、谦虚谨慎、宽容慷慨、勇敢忍耐等个人品格的培育。当代社会飞速发展，信息时代和经济全球化席卷而来，英国道德教育的作用较之以前明显式微许多，但由于传统道德对社会成员思想意识的影响是潜移默化的，在思想政治教育中仍然发挥着无可替代的作用。

5. 绅士主义教育

英国被称为是一个具有“绅士主义”的国家，究其原因，是因为英国历史上贵族文化和贵族精神品格的影响。英国古代就有专门对贵族进行的教育，后来延伸为绅士主义教育，英国进行绅士主义教育的目的是培养大学生成为举止得体、品行端正、谈吐优雅的绅士。英国哲学家、思想家约翰·洛克在其著作《教育漫话》中把具备绅士主义精神的品行归纳为：深思远虑、富有同情心、懂得礼仪规范和品德高尚。[①] 英国大多数教育专家认为，让英国青年一代接受绅士主义教育是高等教育的重要任务，绅士主义教育不仅仅能让大学生提高自身的综合素质，也是对英国传统道德文化与社会价值观念的继承和发扬。在英国高校的绅士主义教育课程中，不是让大学生死记硬背绅士精神的内容和规范，而是通过教育引导学生发自内心地理解认同并践行绅士主义的要求，通过让学生参与社会实践活动，在社会中创造具有绅士主义精神的文化氛围，让大学生自发地领悟绅士精神及其时代价值。

① 倪素香：《高校思想政治理论课程的国际视野》. 北京：中国社会科学出版社 2013 年版，第 73 页。

（三）英国大学生政治教育课的基本方法

1. 教师为榜样的示范法

英国是一个发达国家，社会文明程度也比较高，政治教育课教育更加注重学生的主体地位，强调教师要与学生在互动交流的基础上再进行知识层面的探讨。因此，英国对高校政治教育课教师的个人素质和教学能力有着较高的要求，推行以教师为榜样的示范法，开展形式多样、内容丰富的政治教育课课堂教学，培养大学生的思想政治素质。在高校政治教育课的课堂中，教师通常会创设教学情景，提出问题但保持中立的态度，不带有主观意愿地引导学生，进而在道德情境中鼓励学生主动思考、积极探索。在高校中进行思想政治教育，教师需要注重自己的言行规范，为人师表、以身作则，用自己的实际行动来教导学生。在英国，高校政治教育课教师的敬业精神和责任感都很强烈，其言行举止表现出高质量的道德水准，这对于大学生的思想政治教育无疑是最好的榜样示范，有助于在潜移默化中引导大学生树立良好的思想道德价值观和为人处世的标准。

2. 隐性教育与显性教育相结合的方法

英国大学生政治教育课教育更多的是一种隐性教育，一方面是因为在英国没有明确提出政治教育课的概念和名称，从称谓上隐去了思想政治教育，但实际上这种教育存在于高校教育的各个领域之中。另外一方面，英国高校的思想政治教育没有固定的时间和空间，也没有进行系统组织的教育，而是通过不同专业、不同学科的教学在无形之中渗透思想政治教育的内容，使学生在潜移默化中提升思想政治素质，这是英国高校对大学生思想政治教育的显著特征。比如，在历史、艺术、地理、信息技术等课程中渗入思想政治教育内容。政治教育课教育也有显性的一面，比如引导大学生参加社会政治活动和公共事务活动，特别是社会服务志愿者组织和社区服务工作等，使大学生了解社会中不同群体的需求，增强他们对不同群体的认识，帮助他们道德价值观的形成和发展。

3. 注重性别教育的方法

英国大学生政治教育课充分利用性别领域的知识，解决当下思想政治教育在性别、个体差异方面出现的问题，比如关于女性从政的看法等。苏格兰是英国非常重要的组成部分，苏格兰在性别教育方面走在世界前列，是世界上第一个将 LGBT① 纳入教育体系的地区，通过性别教育对大学生的价值观、性别观进行正确引导。将性别教育纳入政治教育中，从教学内容、教育环境、社会思潮等方面加强性别意识教育，从个体的角度正确看待政治思想，让政治教育真正取得成效。苏格兰的性别教育注重学生个体，从学生的内心出发，让学生正确认识自己、认识性别差异，挖掘自身潜能，使创造性得到发挥，促进个体全面、健康、自由地发展。② 例如苏格兰著名的格拉斯哥大学，在 2007 年建立了 LGBT＋NETWORK 网络，在这个网络组织中所有成员可以定期聚会，参加社交活动，并引导他们关注社会，关注时事政事，同时给予该组织一定的保障，这无疑给 LGBT 成员或者关注者提供了一个友好的交流平台和安全的交流空间，有利于构建和谐社群。

4. 寓教于传统文化的方法

把政治教育课内容蕴藏在传统文化之中是英国进行思想政治教育的重要方法。英国的传统文化流传至今，已经去除了原来腐朽的文化内容，而更多地强调“自由”“平等”和“爱”的教育，并且把传统文化与时代精神相结合，宣扬以人为本，注重个体的成长发展。传统文化中的思想政治教育更多的是进行理性主义的教育，尊重人、关注人、爱护人成为其重要的教育思想。高校政治教育课采用传统文化

---

① LGBT，或简称“GLBT”，是用来指称女同性恋者（Lesbians）、男同性恋者（Gays）、双性恋者（Bisexuals）与跨性别者（Transgender）的一个集合用语。

② 宋金爽：《英国思想政治教育方法及对我国的启示》，《现代交际》2019 年第 18 期。

育人的方法，把政治思想内容装进传统文化的外衣中，站在一定的高度去讲解传统文化并传达政治教育内容，这可以说是英国高校政治教育课区别于其他国家的重要特点。英国高校把政治教育寓于传统文化的学习之中，并在传统和现代之间找到文化融合的切合点，值得我们学习、思考和借鉴。

三、俄罗斯

俄罗斯的前身苏联是世界上第一个社会主义国家，这样的历史使俄罗斯与中国在各种领域遇到诸多相似问题。在苏联的思想政治教育史中，曾经创造性地进行了许多经典政治教育课教学研究。而在 1991 年苏联解体后，俄罗斯社会产生了巨大变化，国家性质的改变引起了俄罗斯经济模式、政治结构、文化生活、思想教育等一系列领域的变化。与此同时，俄罗斯的政治教育课也发生了很大的变化，今天的俄罗斯已然注意到高校政治教育课的重要作用。正因为这样，在我国全面深化改革的新形势下，了解当前俄罗斯高校的政治教育课，必然有助于进一步提升我国大学生思想政治理论课的实效性。

（一）俄罗斯大学生政治教育课的培养目标

苏联的骤然解体给俄罗斯在各方面都留下了许多问题，例如在意识形态领域出现真空、在经济生活领域出现倒退、在思想道德领域出现混乱等，这些危机促使俄罗斯开始反思国家的政治教育，以及如何进行高校政治教育课教育。正如普京所言，俄罗斯的问题“不仅是经济问题，也是政治问题……从某种意义上来说是意识形态问题。更确切地说，它是思想问题、精神问题和道德问题”。[1] 俄罗斯在度过

① 普京：《千年之交的俄罗斯》，《环球时报》2002 年 12 月 2 日第 12 版。

这一段混乱无序的社会境遇后，如何重新建立起社会道德秩序成为这个国家需要面对的首要难题。从苏联解体至俄罗斯建立，这个国家在是否实施马克思主义政治教育课的问题上出现了巨大转变。在这个亟须重新树立积极思想的时间点，俄罗斯政府通过并出台《普通教育国家教育标准联邦法》《俄罗斯联邦教育法》等一系列有关政治教育课的法律法规。俄罗斯政府从宏观角度入手，对高校思想政治教育施以国家层面的正面引导，把高校政治教育课放到重要位置。高校政治教育课的目标是培养自治、理性的公民，其教育内容着重突出民主、权利、自由的要素。俄罗斯政府于 2009 年颁布的《俄罗斯联邦教育法》中提出高校政治教育课需要以塑造健康的人生观、价值观、世界观为己任，实现个人自由而全面的发展，为营造良好的社会风气打下坚实基础。这实际上就是俄罗斯思想政治教育的总目标。

（二）俄罗斯大学生政治教育课的主要内容

1. 政治观教育

在苏联解体之后，俄罗斯国内遗留着诸多亟待解决的问题，无论是传统的价值观念，还是脆弱的金融环境都面临着极大的挑战。社会与国家对高校提出新的要求，培养出符合当前社会需求的新一代大学生就是对这一要求的最优解。为解决这个问题，当局将高校政治教育课程面向大学生并且展开成体系的政治观教育，以实现“培养新一代有政治信仰的俄罗斯人”这个既定目标。其政治观教育中将非党化与非马克思主义政治观的树立作为思想导向，树立起符合其本国需求的政治观。俄罗斯在《俄罗斯联邦教育法》中明确规定，在国立和地方教育机构及教育管理机关中，不得开展社会政治运动及宗教运动或设置团体组织机构，不允许它们在上述教育机构和机关中进行活动。[①] 这都表明俄罗斯政治教育课强调非党化、非马克思主义化的政治要求，并将基本的生活政治要素传授给大学生，比如，作为俄罗斯公民应该履行的义务以及获得的权利，将大学生在日常活动里会遇到的政治问题，以符合俄罗斯需要的政治观教育大学生，帮助大学生建立正确的观察能力以及对社会基本政治现象的评判能力，树立符合健康政治观的人生观、价值观、世界观。

2. 爱国主义教育

相较于其他思想对公民产生的影响，爱国主义思想从更深层次、更广范围影响了广大民众。对于一个国家的大多数人来讲，当他们处于困难时期，爱国情操会特别强烈地表现出来。[②] 对于刚经历苏联解体的苏联公民来说，其精神领域极度空虚，苏联骤然解体后留下的意识形态真空急需填补，因此，塑造强大的国家凝聚力刻不容缓。也正因为这样，爱国主义思想是如今俄罗斯高校开设政治教育课的重中之重。俄罗斯政府曾在《2001—2005 年公民爱国主义教育纲要》中提到，需要明确实施爱国主义教育对大学生的重要性，同时肯定爱国主义对大学生个人思想品德修养的重要作用，除此之外，对生态伦理道德、战争暴力、生命健康、职业道德、经济道德的认知也在大学生的爱国主义教育范围之内。据英国《泰晤士报》报道，俄罗斯政府曾专门出版教师手册，用于传授爱国主义思想。教师手册的编辑认为，自从苏联解体，社会、学校中都充斥着迷茫的气氛，人民尤其是青年大学生失去了信仰，迷失了方向，亟须进行爱国主义教育来重塑信仰。

3. 历史教育

本民族的历史教育一直是俄罗斯思想政治教育的重点，对大学生进行历史教育以提高青年学生对俄罗斯的认同感、荣誉感更是高校思想政治理论教育的重要手段。在《祖国知识课程》这一俄罗斯政

---

① 肖廷：《俄罗斯中小学公民教育的变革》.《比较教育研究》2001 年第 6 期。

② 刘长江：《俄罗斯民族主义：思想影响与政治功能》.《唯实》2004 年第 10 期。

府委托莫斯科友谊大学编撰的历史教育教材中，囊括了俄国历史、俄语历史、俄哲学史和俄罗斯文学史等四部分，这本书以问答的形式，生动具体地向大学生勾勒出俄罗斯过去的辉煌与成就，期望通过这样的学习，激发出大学生建设俄罗斯美好未来的无尽动力。寻根溯源，以国家历史的厚重激起大学生对于国家的认同，树立主人翁意识，自觉明确大学生在这个社会里的地位与责任，塑造新时代国富民强的美好愿景。

4. 道德教育

俄罗斯的高校擅长从人的个性心理健康发展角度对大学生进行教育，规避形式主义，争取让每一位大学生都能发自内心地认同俄罗斯社会的道德规范，使俄罗斯的大学生在接受道德教育的过程中，经过对内心、对过去所接受教育的不断衡量，培育完善的道德意识，解决自身与社会之间的矛盾，让自身的道德修养逐步提升，形成负责、忠诚、爱心、尊重的道德品质，为大学生在社会立足打下基础。俄罗斯政府为深化德育教育工作，颁布了《1999—2001 年俄罗斯学校思想道德教育发展纲要》①，这一份文件深刻阐述了政治教育的重要性，着重提到道德教育的重要性与及时性，对于培养青年大学生塑造正确的三观具有重要的作用。同时，俄罗斯政府于 2002 年发布的《2002—2004 年俄罗斯学校思想道德教育发展纲要的基本方针和实施计划》，强调政府各部门有职责将大学生思想道德教育和社会道德新风尚塑造为积极的、向上的，并致力于打造社会良好风气的新局面，将提高思想道德是教育领域重要立场的观点成为整个社会共同认可的理念。

5. 民族观教育

俄罗斯作为一个拥有 193 个民族的国家，少数民族与俄罗斯民

① 雷蕾：《俄罗斯现代德育问题研究》.《比较教育研究》2015 年第 5 期。

族之间历史、习俗的不同容易引起各种争端，这也就要求这个幅员辽阔的国家要处理好这片土地上不同民族混合而居所引发的问题，必须重视并且处理好俄罗斯多民族混居的问题，做好一碗水端平。教育部门和学校同民族机构建立了定期联系制度，主要研究如何教育民族青年的问题，而民族机构也把教育各族青年当做自己应尽的职责和义务。民族团结为主要内涵的民族观教育作用主要表现在：第一，民族团结有助于培养大学生清醒的国家意识，教育大学生深化国家认同，学会为自己的行为负责，为民族、祖国的命运负责；第二，各个民族的团结有助于共享自豪感和保护共同利益；第三，民族团结有助于俄罗斯回溯历史的辉煌和规划未来。

（三）俄罗斯大学生政治教育课的基本方法

1. 多学科融入的方法

俄罗斯高校政治教育课通过采用多学科融入式教学的方式将民族、社会与国家乃至行为准则都糅合到对大学生进行的政治教育课教育中。在第一学年，高校对大学生进行民族观、国家观的正确教导，使大学生树立对于国家的正确认识。在第二学年，高校则主要是在法律、社会规制的教授中加入政治教育课的内容，从细微处入手。在最后一学年利用大学生对军事、外交、艺术等课外知识的好奇心理，以思想政治理论为指导，塑造、提高大学生的思想道德修养水平。在这样的过程中，社会科学类的学科教育必然会在对大学生进行思想政治理论教育的过程中发挥至关重要的作用。

2. 理论讲授与社会实践活动相结合的方法

作为继承了苏联遗产的国家，俄罗斯的高校政治教育课同样信奉实践出真知的道理。在大学课堂上，理论的教授通常是与切身的实践密切联系的，教师为使大学生掌握相关政治教育的基础性概念，如真、善、正义、责任、良心、人格、自尊，会将这些抽象的概念融入具体的生活情境中帮助大学生学习。通过参加实践活动，可以使大学生理解这个国家、这个政府、这个社会是如何运行的，促使大学生对这个国家产生极强的认同感，形成国家凝聚力。在课堂教学贯彻实行师生民主原则，主要体现在，教学过程公开化，鼓励学生自由讨论学校的公共生活规则，让大学生广泛参与学校、地区及社会问题的研究与解决过程。

3. 积极建构新的理论基础的方法

伴随着苏联解体，早期俄罗斯政府逐渐接受这个新旧交替的混乱处境。俄罗斯高校思想政治教育理论课课程安排出现混乱，究竟是按照旧有的课程继续教授，还是重新创立一套新的课程成为亟待解决的问题。如果不能处理好这个问题，那么过去的理论研究与实践必然陷入停滞乃至倒退的糟糕局势。因此，俄罗斯高校积极响应社会呼声，寻找新的符合社会需要的政治教育课基础的方法。普京政府提出构建爱国主义、强国意识、国家观念以及社会团结为内容物的新型国民思想。这个构想的出现为建构新的思想政治理论基础提供了框架。在这样的框架下如何将理论转化到具体的社会生活中，形成新的大众文化，就是对建构思想政治理论的新的要求。

4. 利用宗教进行灌输的方法

多民族国家俄罗斯，其复杂的宗教信仰正逐渐成为其新时代教育的难题，尤其是在决定进行非马克思主义化的教育之后，众多教派开始在这个国度生根发芽。俄罗斯的公民有相当多一部分人信仰宗教，东正教是其中信徒最多的教派。东正教曾对俄罗斯社会生活和各种意识形态产生过重大影响，尤其是在苏联重要的卫国战争期间，东正教积极配合，在一定程度上帮助苏联政府取得了此次战争的胜利。[1] 因为这样的历史，俄罗斯政府对东正教持积极态度，东正教同

① 张立岩、姜军：《东正教与当代俄罗斯青少年的道德教育》.《吉林师范大学学报人文社会科学版》2006 年第 6 期。

时顺应时代的呼声，将有神论模糊，将大学生道德情操、道德品质的教育拔高。通过俄罗斯传统宗教对广大信徒的影响，有助于俄罗斯大学生树立责任意识，同时，它教育青年一代应该严肃地、有意识地对待生活、学习，争做对社会、对国家、对民族有用的人才。这就是宗教对俄罗斯大学生在政治教育方面的积极作用。

四、日本

与英美等西方国家对思想政治教育的极力掩饰不同，日本对大学生政治教育课采取的是强调和公开宣扬的态度。日本高校没有“大学生政治教育课”的称谓，而是称之为“公民课”，如日本文部省为加强对大学生的思想控制，要求高校对大学生进行公民教育，其所谓的“公民教育课程”实质上就是大学生政治教育课。

（一）日本大学生政治教育课的培养目标

日本颁布的《教育基本法》第一条（教育目的）规定：“教育必须以完成陶冶人格为目标，培养出作为和平的国家及社会的建设者，爱好真理与正义，尊重个人的价值，注重劳动与责任，充满独立自主精神的身心健康的国民。”[①]铸就完美人格就成为战后日本公民教育的追求目标。随着战后日本经济的快速发展，日本的民族自尊心和自信心重新升起，由此导致沉寂了多年的天皇崇拜思想又开始浮出水面，其中，在实现铸就公民完美人格的培养目标时，重申了日本天皇和军国主义教育的重要性。20 世纪 70 年代后，日本经济经过高速增长，实现了其经济大国的目标。随着日本经济的进一步发展，日本的国际视野也不断拓宽，对大学生公民教育的培养目标也做出了相应的

① 苗长华：《日本公民教育及其对我国高校思想政治教育的启示》．辽宁：东北大学，2001 年第 6 期，第 13 页。

调整，教育力求适应大学生的能力、个性和志向的多样化发展。20世纪80年代后，日本经济实力不断增强，在世界发达国家中占有一席之地，此时，日本已经不仅仅满足于经济大国的地位，开始寻求政治大国的国际地位。在这样的背景下，日本开始谋求在国际上的话语权，积极地向国际组织传达本国的观念，并主动为国际社会做出积极的贡献，以取得国际社会的信任和支持。相应地，在日本高校的公民教育中也会根据时代的变化和日本的国情进行内容的调整，以此来促进日本社会的发展。

（二）日本大学生政治教育课的主要内容

日本大学生政治教育课的内容主要包括了民主主义教育、人生观教育、爱国主义教育、劳动教育、团队精神教育等方面：

1. 民主主义教育

作为第二次世界大战的战败国，日本受美国的影响从而走上"民主化"的道路。在20世纪40年代，日本进行了第二次教育改革，这次教育改革确立的教育方向为平等与民主化，即培养尊重个人尊严、追求真理、爱好和平的人才。日本民主主义教育内容主要为以下几个方面，一是强调个人的价值和尊严，二是鼓励追求社会的公平和正义，三是强调个人奋斗与社会责任，四是倡导独立思考和自主判断的精神。依据教育自身的发展规律以及当代大学生的能力和接受力，从而为其提供教育机会，这是民主政治下高校的职责。《教育基本法》第八条规定说："政治教育必须尊重作为有健全判断能力的公民所必要的政治教养。"[①]这里的"政治教养"主要内容就是在日本建立起资产阶级议会制民主，这也是日本通过法律条文来明确民主主义教育的重要性。

---

① 唐克军：《比较公民教育》. 北京：高等教育出版社2008年版，第68—70页。

2. 人生观教育

日本经历了二战，在那时军国主义的思想盛行，民众心里埋下了军国主义种子，但是，很多日本人在亲眼目睹或者亲身经历战争的血腥后，身体和心理都受到不同程度的创伤，一些民众的人格甚至变得扭曲，导致心理疾病的产生。因此，之后的日本政府非常重视对广大民众，尤其是对青年大学生进行人生观方面的教育。日本高校的人生观教育主要包括三个方面：第一，对大学生进行生命观的教育。生命教育在人与自身的关系层次就是要解决如何对待生死，如何守护生命和延续生命的问题。日本人通常认为，生死并非完全对立，死作为生的一部分延续。因此，教育大学生要明确生命的意义和真谛，树立正确的人生态度，实现自己的人生价值，在国家的建设与发展中展现自己的力量。第二，培养大学生坚强的意志。日本的高校注重磨炼大学生意志，在有些大学，用专门的野外拉练课程来培养大学生的坚强意志。第三，教育大学生养成坦诚、正直、诚信等基本素养。大学生要有仁爱精神，爱家人、同学和朋友，尊重师长，遵守各样的社会规则，形成团结、友善、和谐的人际关系。

3. 爱国主义教育

二战前，日本的爱国主义教育强调的是“忠君”的思想，在天皇专制统治下，爱国主义意味着对天皇的无条件的效忠。二战期间，日本实施的爱国主义教育逐步演变为军国主义教育，在军国主义教育的影响下，数以万计的日本青年命殒他乡，成为战争的牺牲品。在那时，日本人就有了一种爱国主义教育等于军国主义教育的恐惧感。2006 年，日本内阁会议通过《教育基本法修正案》将“培养爱国爱家乡的态度”等作为教育目标，要求要有纯正的爱国心，即忠诚于国家和民族，致力于它在国际事务中价值的提高。[①] 从中可以看出，日本当

① 苏寄宛：《21 世纪日本学校思想政治教育的主要内容》.《外国教育研究》2003 年第 6 期。

下的爱国主义教育除了要求大学生要热爱国家，拥护国家的制度外，另一方面也强调了爱家乡的思想，爱家乡就是爱祖国。随着全球化的不断发展，日本高校在对大学生进行爱国主义教育时，更加注重培养大学生的国际视野，使他们能够就国际上的热点问题进行客观公正分析，从而将所得的经验运用到将来为祖国的服务当中。此外，日本高校也重视将爱国主义的思想渗透到家庭、社会等方方面面，让学生在潜移默化中培养爱国主义情感。

4. 劳动教育

日本民族崇尚勤劳，历来重视劳动教育，日本学校致力于培育学生正确的劳动态度以及学生以热爱劳动为荣的情感。众所周知，日本是个岛国，地少人多，资源有限，社会生产与生活所需要的资源高度依赖进口，这也使日本更加强调劳动教育。无论是体力劳动还是脑力劳动，日本人都渴望通过自身的劳动来满足自身需求，减少对其他国家的依赖。尤其是在第二次世界大战后，由于全民辛苦劳作、艰苦奋斗，使得日本的经济社会发展很快，在国际上又开始崭露头角。为了更好地在高校发展劳动教育，国家提出了“劳动体验学习”，体验式的劳动教育突出的是学生的亲历性，即亲自参与劳动，并从中体验到劳动的快乐，学会一些劳动的技能，养成一些良好的劳动习惯。劳动教育的目的也并非只有这些，对大学生进行劳动教育的另一个重要方面表现为强身健体。据报道，日本每年都有很多人“过劳死”，他们在高强度的工作环境中丧命，导致这样的现象有很多原因，其中缺乏锻炼是其中的一个重要因素，而从小就对学生进行劳动教育有利于培养学生健康的体魄。

5. 团队精神教育

团队精神教育在日本有悠久的历史传统。团队精神教育的内容包括忠诚于自己所属的团队、制度以及其特定的领导人物，强调团队里面成员之间的团结与相互合作。团队精神教育的核心是集体主义思想，无论在工作中还是生活中，都应该把集体放在第一位，时刻记住个人代表着集体，一荣俱荣，一损俱损，要把个人融入集体中，并发挥力量，其实也就是强调大局观，团体意识。二战后日本经济社会快速发展的历程也清楚地显示，团队精神起着不可磨灭的动力作用。例如，日本的著名学者沟口雄三曾经说过："在日本，利己心不是个人的，而是公司的……公司的利己心是以公司为单位的，这是日本经济在很短时间内超过欧美的重要原因。"①由此可见团队精神在日本经济和社会发展中发挥着重要的作用，所以日本高校在对大学生进行的公民教育中尤其重视对学生团队精神的塑造。我们可以从日本人严谨的工作态度上看到他们更加注重的是团队的合作，而非单打独斗，这也体现出其团队精神教育深入人心。

（三）日本大学生政治教育课的基本方法

1. 显性教育与隐性教育相结合的方法

为了更好地对大学生进行政治教育课教育，日本高校多坚持显性教育与隐性教育相结合的方法。一方面，发挥学校课堂教育的显性功能。由于课堂教学是教师带有明确的教学目的进行的，所以它是一种显性的教育方式。这种课堂教学的显性教育方式有着明显的优点，即能够在很短的时间内（比如一节课），让学生直接掌握大量的有关公民教育的理论知识，以达到一节课的教学目标。例如，公民教育课程通过向大学生传授思想政治规范的相关知识概念，从而促进大学生思想理念、道德规范、政治观点的全面发展。然而，仅仅依靠显性教育的方式是不够的。因此，另一方面，还要发挥隐性教育的功能，将两者有效地结合起来。例如，校园环境中的文化建设，班风、校风的影响，老师和长辈们的言传身教以及社会上的公益劳动，甚至电

① 邹洁、王顺辉：《日本青少年思想政治教育的经验及其启示》.《教育探索》2013 年第 8 期。

影中有关日本意识形态的台词，这些都是隐性的公民教育，对大学生道德情操和良好个性的养成有潜移默化的作用。总体来说，不管是显性的公民教育，还是隐性的公民教育，都是以培养大学生的思想理念、道德规范、政治观点为目标，应该将两者有机结合，才会收到良好的效果。

2. 全方位的教育方法

日本高等教育部门深刻认识到加强大学生的公民教育，只依靠学校的力量是不够的，需要把学校、家庭和社会的力量联合起来，形成强大的合力，建立全方位的大学生公民教育体系。日本第15届中央教育审议会第一次咨询报告中指出："学校在开展教育活动时，要积极利用社区的教育力量，主动接受家长和社区的支援。"他们为此还专门成立了家长和教师协会，简称PTA。[①] 它就是为了更好地促进学生的健康发展而成立的关于学校、家庭、社会三位一体的组织。PTA具有高度的社会责任感，特别是在自愿捐助教育基金和重视对下一代的教育方面做出了表率，这对大学生的公民教育无疑起到了非常重要的推动作用。此外，为加强对青年的公民教育，提高公民的文化素质，社会各界要积极为青年学生创建一定的学习环境，修建一系列社会实践固定基地和设施，这样就解决了在公民教育中只依赖学校教育而忽视家庭、社会教育的问题，使学生能够在父母长辈的言行举止中学习，从社会中涌现出的榜样人物身上学习，在社会实践锻炼中学习。

3. 讨论教育法

小组讨论的教育方法在日本的公民教育课上经常被使用。讨论教育法更加尊重学生的主体地位，使学生在分析问题、讨论问题的过程中锻炼自己的语言表达能力、独立思考能力以及团队协作能力。

---

① 邹洁、王顺辉：《日本青少年思想政治教育的经验及启示》.《教育探索》2013年第8期。

在日本，水岛讨论小组在高校中享有盛誉，它是早稻田大学水岛朝穗主持的关于“宪法的动态”研究的小组。[①] 这个小组不仅仅涉及日本宪法知识的专业知识讲授，而且还以思想理念、道德规范、政治观点等公民教育问题为视角分析和探讨宪法相关问题。在小组讨论中，学生可以发表不同的观点和意见，这极大地提高了大学生自主研讨能力，提高了大学生的学习热情，使他们不仅在讨论课堂上积极发言，甚至在课余时间也自发性地定期进行更深层次的研讨。日本高校在使用讨论教育法对大学生进行公民教育时，都注重去营造一种民主、开放的课堂氛围，在小组针对某一问题进行讨论时，教师并不急于下结论，而是给予学生充分的时间，鼓励每个学生积极发表个人观点，真正地让学生在讨论中学会知识，情感升华。

4. 学科渗透法

日本高校各学科的教育教学都要求渗透着公民教育的相关内容。日本文部省颁布的《学习指导纲要》对高校各门学科各自承担着什么样的责任、具体培养什么样的思想道德品质都有明确的规定。[②] 国语、数理、外语、历史、体育、音乐、艺术、科学史，在实际教学中每一学科都要渗透公民教育的内容。除了上述的民主主义教育、人生观教育、爱国主义教育、劳动教育和团队精神教育，通过学科渗透对大学生的政治教育最突出，其核心任务是让大学生了解日本社会，包括日本的经济制度、政治制度以及各种社会焦点问题等。此外，日本非常重视课外活动，即社会实践活动，一些高校将它作为衡量学校公民教育实效性的重要标准。其教育目的是通过丰富多彩的社会实践活动，使大学生能够将公民教育内容内化于心、外化于行，同时体验式的社会实践活动也锻炼了大学生的独立能力和自我教育能力。通过组织和参与活动，使大学生认识到自己是国家的主人，从

① 倪素香：《日本高校思想政治教育实施简介》《学校党建与思想政治教育》2012 年第 19 期。
② 王友良、周勇：《日本思想政治教育之剖析》《南华大学学报(社会科学版)》2006 年第 6 期。

而培养大学生热爱国家、忠于国家的观念。

五、韩国

自二十世纪六十年代以来，韩国积极探索富国强民之路，取得了举世瞩目的“江汉奇迹”，成功跻身“亚洲四小龙”行列。韩国在短短的几十年内，从世界上最贫穷的地区之一，迅速发展到世界发达国家行列，除了适时调整经济战略以外，更重要的是加强了国民的思想政治教育。受政府的影响韩国高校也开始重视思想政治教育，并把政治教育课作为正式课程引入校园。韩国高校的政治教育课不仅仅采用“灌输式”的显性教育，而且还运用了隐性的教育方法，使得学生在轻松愉悦的氛围中潜移默化地接受政治教育课的熏陶。

（一）韩国大学生政治教育课的培养目标

二战后韩国决定构建新的国家体系，尽管很大程度上受到美国的影响，但韩国政府依然决定从本土文化中寻求民族自由和独立的新方法，加强大学生的思想政治教育和道德教育便是方法之一。韩国通过高校的政治教育课程试图培养出符合韩国资本主义社会发展要求的、道德良好的、具有强烈民族自豪感的创新型人才。大体来说，韩国高校政治教育课主要包含了政治、经济、文化三个方面的目标。

首先，政治目标方面。韩国高校的思想政治教育以培育民族精神、塑造民族品格以及彰显独立的国民性为首要前提，建立了具有政府主导以及明显政治倾向的思想政治教育体系，目的是为了巩固国家政权，维护政治的稳定。[①] 韩国各个高校开展的民族意识和爱国主

---

① 杨章文：《中韩大学生思想政治教育比较研究：目标、内容与途径》. 江西理工大学，2017。

义教育以及资本主义制度教育等课程，也是为了维护其现行的资本主义政治制度以及早日实现朝鲜半岛的统一而开设的。虽然我们很少在韩国高校的政治教育课程中看到“资本主义制度”或者“南北统一”等相关字眼，但是这也丝毫没有减弱高校政治教育课的政治目标[①]，都是在课程中间接地灌输韩国政府的政治立场和政治观点。

其次，经济目标方面。韩国的每个高校都会开设与经济相关的课程，在经济全球化的大潮中，让学生对世界经济有充分的了解，对本国经济有清晰的定位，以便培养学生保护本国经济的意识。在韩国人的眼中，保护本国经济就是自觉地选择国货，真心支持自己的国家。虽然超市里国产的粮食、蔬菜、水果等食品比进口的要贵但买的人却很多，大街上的汽车绝大多数都是韩国本土的品牌车。他们往往以维护本国经济安全的名义，尽可能地保护本国的产品和国内企业。因此，韩国民众“拒绝购买外国车，以乘坐本国生产的汽车为荣”的行为也就不足为奇了。[②]

最后，文化目标方面。韩国高校教育学生继承和发展本国的传统文化，努力让韩国文化走向世界。韩国文化借鉴了儒家“和而不同”的多元文化观，倡导儒学精神，从本国国情出发，设置符合本国思想政治教育目标的多层次课程内容。韩国高校政治教育课的文化教育不只有课堂教学，而且有定期的外出参观课程，常去的地方有传统的文化遗址、名胜古迹、纪念馆、博物馆、民俗文化村等。韩国高校通过理论和实践相结合的方式，提高学生的传统文化素养和传播本土文化的能力。

（二）韩国大学生政治教育课的主要内容

韩国实行的是资本主义制度，但它又不完全与西方资本主义国

① 杨章文：《中韩大学生思想政治教育比较研究：目标、内容与途径》，江西理工大学，2017。
② 杨章文：《中韩大学生思想政治教育比较研究：目标、内容与途径》，江西理工大学，2017。

家相同。韩国深受儒家文化熏陶，形成了具有韩国特色的儒家伦理体系。正是在本土文化和西方文化逐渐融合的过程中，韩国思想政治教育课的内容趋于完善。韩国高校思想政治教育课堂多通过各种各样的授课形式和内容对学生进行思想政治教育，一般课程设置较为隐蔽，内容的安排侧重生活性和实用性。韩国高校政治教育课程内容主要包括政治教育、国民精神教育、儒家传统文化教育以及世界公民教育。

1. 政治教育

在资本主义社会的阵营里，韩国为增强自己的实力和巩固自己的地位，开始对国民进行政治教育，韩国高校自然承担了这个重任。高校对学生进行政治教育主要分为民主教育和国家统一教育两大类。首先韩国政府在社会政治生活中的各个方面努力保持资产阶级的民主，并通过不断吸收借鉴其他资本主义国家的经验，逐渐形成了具有韩国特色的资产阶级政治民主化模式。韩国高校的政治教育课程多数在介绍国际政治时事，通过对各个国家政治现状的对比，间接传递出韩国政府的政治立场，潜移默化地传递给学生资产阶级观点和民主意识。其次，韩国高校关于国家统一思想的教育课程相对较少。因为韩国政府清楚地认识到南北统一问题，最关键的影响因素是深层次的文化问题，所以倡导学生用理性的思维去看待国家统一。韩国许多高校开设了一些关于韩国和朝鲜文化相关的课程，例如汉阳大学开设了“朝鲜社会”和“朝鲜民间文化”等课程，而韩国中央大学也设了专门的朝鲜音乐学院。韩国高校希望从文化教育入手间接地培养学生的民族统一意识。随着社会的发展，韩国的政治教育也在不断地进行改革，但其资产阶级立场却依然鲜明。

2. 国民精神教育

韩国政府十分注重国民精神教育，国民精神其实是指“身土不二”的情感和强烈的爱国主义精神。一直以来，韩国高校都把国民精神教育作为思想政治教育的首要前提，学校的课程都围绕着国民精神来开展。首先“身土不二”的情感就是韩国国民精神常见的一种表现。这是一句传统的谚语，基本含义是热爱家乡，永不忘本。在21世纪来说就是要韩国公民具有“民族共同体”意识，热爱自己的国家，大力提倡使用韩国本土的产品，提高公民的民族自尊心与自信心。其次韩国高校也十分注重爱国主义教育，通过政治教育课程将爱国主义思想灌输到每个学生的头脑中，使学生们将爱国主义思想沉淀于心。韩国人遇到事情就喜欢高唱国歌，韩国的国歌歌词也很好地体现了韩国人的爱国情感，歌词中写道“大韩人誓死卫国，愿韩国屹立万代……用我们的意志和精神，热爱我们亲爱的祖国，把身心与忠诚献给她，不管面对痛苦和欢乐”[①]。从中我们可以看出韩国的爱国主义教育体现在国民生活的方方面面，民族精神显然已经成为韩国国民的一个重要精神源泉。韩国在开展民族意识教育时，融传统文化于德育之中，对高校学生进行传统道德习俗和历史文化方面的教育取得了显著效果。

3. 儒家思想教育

长期以来儒家伦理教育一直是韩国道德教育的根本，韩国作为东亚儒家文化圈的一员，在向日本及周边国家传播儒家文化的同时，形成了系统性的韩国儒家理论[②]。韩国高校的政治教育随着政治形势的变化而不断发展，儒家思想也随着政府决策的变化而不断注入新的思想内涵。韩国许多高校开设关于儒学的必修和选修课程，例如韩国首尔大学开设了“现代社会与伦理”“东亚儒教传统与韩国史”“现代社会与儒家哲学”，延世大学开设了“韩国传统文化的理解”等课程[③]。除此之外，还开展了各种书法和绘画课程，让大学生在培养

---

① 都月：《韩国思想政治教育对我国思想政治教育的启示》，《改革与开放》2010年第12期。
② 苏振芳：《当代国外思想政治教育比较》，北京：社会科学文献出版社2009年版，第399页。
③ 倪素香：《高校思想政治理论课程的国际视野》，北京：中国社会科学出版社2013年版，第209—210页。

个人兴趣爱好的同时能够感受到正统儒家文化的魅力，以便更好地加深对韩国文化的理解。受儒家文化的影响，韩国国民从小就接受礼仪行为的规范教育。韩国高校也设有专门教授礼仪的课程，基本内容由教育部确定，设立必修课，各个大学可以根据自己的师资力量增加选修课，并且面向全校各个院系开设这些课程，这在一定程度上提高了大学生的内在修养，也使国民整体素质得到较大提升。

4. 世界公民教育

韩国在大学生政治教育课的教学过程中，十分重视大学生个体价值的发挥，力争将韩国高校大学生教育成为具备世界公民意识的杰出人才。二十世纪九十年代，时任韩国总统金泳三发表了《世界化宣言》以迎接即将到来的21世纪，并且提出了要把韩国建设成为世界中心国家的战略构想，随后开始对国内经济体制进行改革，不断与国际经济社会接轨以增强国际竞争力。在公民教育方面，金泳三要求韩国人民应具备世界眼光，用平等的态度和鲜明的立场对待外国的文化，相互交流借鉴，认同世界文化的多元性。韩国教育改革委员会于1995年颁布了《确立主导世界化、信息化时代的新教育体制改革方案》，方案中提到要建设新型韩国必须从教育改革开始，因为教育是创造一切事物的原动力，这就需要高校努力培养具有创新精神和具备良好竞争意识的人才。韩国政府力图通过教育改革使国家立足于世界民族之林。正是在政府主导下，韩国思想政治教育才能高效且快速地培养出一大批具有世界眼光的高素质人才。

（三）韩国大学生政治教育课的基本方法

1. 理论灌输的方法

韩国政府始终把德、智、体作为衡量高等教育质量的三大标准，同时强调政治教育是第一位的，韩国的宪法也明确了思想政治教育的重要性。大多数高校的教师在讲授政治教育课程时主要采取灌输式的教学方法，以便直接地传递国家历史、理想信念、道德观念等。在韩国，高校依照政治教育的目标和要求，根据学生的能力水平开设专门的思想政治教育课程，例如，在韩国许多高校通过开设国民伦理教育课程、道德修养课程等政治教育课程直接向学生传授一些基本的道德伦理知识和道德规范，对学生进行直接的理论灌输，以便增强大学生对国家和民族的认同感，对国家和社会的责任心和自信心。

2. 言传身教的方法

在儒家文化影响下，学高为师、德高为范成为韩国尊师重教的优良传统。韩国政府认为教师的角色很重要，教师的行为习惯有无声的影响力，无论在课堂还是在校外，学生对教师都怀有敬畏之心。韩国教师拥有较高的社会地位，因此奠定了其在思想政治教育中发挥重要作用的基础。在高校政治教育的课堂上，教师因博学的知识和良好的教学方法受到学生们的喜爱，由此起到良好的榜样作用，从而在不知不觉中影响学生的学习态度、行为习惯以及思维方式。如今韩国很多高校都开展了个性化的政治教育课程，教师会对学生进行细致的观察和引导，言传身教，因材施教，以便更好地达到政治教育的目的。

3. 隐性渗透的方法

隐性教育法通常是利用各种各样的政治教育载体使学生在不知不觉中达到思想政治教育的目标要求。隐性渗透的方法体现在韩国高校政治教育的方方面面。高校教师在隐性政治教育中发挥着巨大的作用，通常实践经验丰富的教师能够利用自己开设的课程，将国家意识和民族精神传递给学生，学生也可以有针对性地学习教师讲授的内容，实现自身个性化的发展。除此之外，韩国的大学无论是在图书馆、教室，还是在走廊都布置了多种多样的书法汉字和韩国的古典山水画，在无形中对学生进行文化的熏陶。韩国高校十分注重校园文化建设，校园文化建设也是一种隐性的政治教育，大学的建筑也与周围的自然环境完美融合，通过给学生提供良好的学习和生活环境，激励学生更加奋发上进。学校也会举办丰富多彩的文化活动，吸引学生参与，在参与的过程中陶冶学生的情操。

4. 理论教学和实践教学相统一的方法

韩国高校除了注重政治教育的理论教学之外，也非常重视社会实践教学。高校政治教育课不单单进行理论灌输，还积极引导大学生参加社会活动，在体验生活的过程中锻炼自身的能力，提升学习的主动性，从而获得身心的满足。韩国大学生的社会实践活动主要有志愿者活动、公益活动和社会兼职等。韩国高校志愿者活动以集体性的志愿服务为主，通常要求志愿者在活动的过程中以团队的形式进行工作，培养大学生的团队协作能力。高校针对大学生的公益活动主要有募捐和宣传两大类，其目的是为了培养大学生关爱他人、关爱社会的思想意识。社会兼职也是学生的一种社会实践活动，通过自己的劳动挣取零花钱，是受法律保护的。社会兼职慢慢成为大学生在校期间参与社会活动和积累社会经验最主要的方式。通过这些活动，不仅磨炼了学生的意志力，培养了学生良好的道德品质，而且能使学生将所学的知识与社会实践活动有机地结合起来，达到知与行的高度统一。

六、国外高校增强大学生政治教育课实效性的经验与启示

（一）有批判地借鉴

毛泽东在《新民主主义论》中指出："各资本主义国家启蒙时代的文化，应该吸收有用的。外国的任何东西，要将之辩证地分为两个部分。即精华和糟粕，然后排其糟粕吸其精华，决不能生吞活剥地毫无批判地吸收。所谓'全盘西化'的主张，是错误的。"[①]然而大学生的政

① 《毛泽东选集》(第2卷).北京：人民出版社1991年版，第707页。

治教育课不是某个特定阶级的“专利”，是普遍存在于人类阶级社会中的一种实践活动，因此在其他国家，大学生政治教育课课堂教学也是实施教育的主渠道和主阵地。为了培养合格的公民，培养发展现代化所必需的高水平人才，美国、英国、俄罗斯、日本和韩国等国家都侧重于公民、法制、宗教、道德、历史等方面的教育工作，一定程度上收获了良好效果。世界的多元化发展使得各种思想文化并存，意识形态领域受到了前所未有的巨大挑战，要想增强大学生政治教育课教学的实效性，有必要借鉴美国、英国、俄罗斯、日本和韩国等国家在增强大学生政治教育课实效性的一些成功做法，这对于增强我国大学生的思想政治理论课实效性具有积极作用，但也不能忽视其鲜明的阶级性和虚伪性。[①] 因此，要认识到美、英、俄、日、韩等国家增强大学生政治教育课实效性经验的积极性和局限性，结合我国现阶段大学生思想政治理论课教学过程中的现实状况，积极调动一切有利因素，创新运用具有新时代特征的方式方法，系统化建立起我国大学生的思想政治理论课的方法体系，培养符合新时代发展实际需要且具有较高思想政治素质及道德水准的现代化建设人才。

（二）坚持科学态度

借鉴并学习美、英、俄、日、韩等国家提高大学生政治教育课实效性的有益经验，增强我国现阶段大学生思想政治理论课实效性，但这并不意味着对美、英、俄、日、韩在教育教学活动中获得的经验不分析、不鉴别、不批判，盲目推崇。我们对于美、英、俄、日、韩等国增强大学生政治教育课实效性经验的学习，要坚持以马克思主义为指导，坚持马克思主义的中国化目的，以阶级分析为核心、运用辩证分析法，坚持中体西用、洋为中用的科学原则。

---

① 李为山：《美国思想政治教育及其借鉴价值》.《合肥工业大学》，2010 年，第 29 页。

1. 以阶级分析为核心的科学原则

美国、英国、俄罗斯、日本和韩国等国家大学生政治教育课具有鲜明的阶级性，这是我们不能忽视的。从本质上和总体上去看，政治教育课始终是为了维护本阶级政治统治的。二十世纪九十年代，世界社会主义发展到低谷，苏联和东欧社会主义政权纷纷垮台，西方趁机掀起了反对社会主义政治实践和理论，鼓吹和推销西方政治思想和政治模式的浪潮。[①] 之后，英国、俄罗斯、美国、日本和韩国等国家把正在冉冉升起的新的社会主义国家中国视为主要竞争对手，大肆吹捧资本主义的民主政治才是当今世界最为理想化的模式，并极度宣扬人权的普世价值，把世界范围内的中西方、东西方交流作为政治扩张的遮羞布，利用其在世界暂时发展领先的科技优势和较发达的国家经济基础，在推动全球化的进程中不断向我国灌输资本主义的畸形的价值观。他们无视我国在社会主义浪潮中奋勇争先改革发展所取得的成绩，披着"民主""自由""人权"的外衣，抨击我国的社会主义制度，贬低中国共产党，干涉中国内政，企图通过和平演变使中国走上资本主义道路，进而迫使中国加入他们的阵营。面对这样的抨击与挑战，我们必须更要把握好、坚持好马克思主义在意识形态领域的主导地位。曝光美、英、俄、日、韩等国家大学生政治教育课偏激的阶级内容，从而揭穿其本质，科学地运用马克思主义的阶级分析法来明确我国大学生思想政治理论课与之不同，使我国的大学生思想政治理论课的发展方向能够始终保证为巩固中国共产党领导、为我国的社会主义现代化建设而服务。

2. 科学运用辩证分析法

正如马克思所说："辩证法不崇拜任何东西，按其本质来说，它是批判的和革命的。"[②]马克思的辩证否定原则要求我们学习借鉴其他

① 奚广庆：《对我国现代政治学学科建设的几点看法》.《政治学研究》2008 年第 4 期。

② 《马克思恩格斯选集》(第 2 卷). 北京：人民出版社 1995 年版，第 112 页。

国家的思想政治教育时,必须要兼顾利弊,一分为二地看待。此外,列宁也曾指出:“马克思主义这一革命无产阶级的意识形态赢得了世界历史性的意义,是因为它并没有抛弃资产阶级时代最宝贵的成就,相反却吸收和改造了两千多年来人类思想和文化发展中一切有价值的东西。”美、英、俄、日、韩等国家在增强大学生政治教育课实效性实践上也有值得我们去学习和借鉴的积极因素,如主体性教育、实践性教育、隐性教育、心理咨询服务等。大学生政治教育课教学中的一些科学原则也值得我们探讨、借鉴与反思,例如:渗透性原则、层次性原则、主体性原则等。但不可否认,他国大学生政治教育课中也存在着过时的、消极的、落后的内容,是我们在借鉴过程中必须改正或避免的。对于当代美、英、俄、日、韩等国家增强大学生政治教育课实效性的经验,我们不能一边倒,全盘否定是错误的,全盘肯定也是错误的,正确的应对方法是科学理性地全面分析,去伪存真。

3. 坚持中体西用、洋为中用的科学原则

毛泽东曾指出:“我们中国人必须用我们自己的头脑进行思考,并决定什么东西能在我们自己的土壤里生长起来。”[①]中国关于如何增强大学生思想政治理论课实效性的理论和实践也告诉我们,不能忽视美、英、俄、日、韩等国家在开展教育教学活动时,在增强大学生政治教育课实效性这一方面取得的成绩,但他们的这些教学模式和方式,不一定是完全正确完全符合我国思想政治理论课教育教学活动开展的有效模式。发展我国的大学生思想政治理论课,必须要坚持从我国现阶段的国情出发,积极探索出真正适合我国大学生思想政治理论课实效性提升的有效途径。我们借鉴美国、英国、俄罗斯、日本和韩国等国增强大学生政治教育课实效性的有效途径,是在我国的国情和人民实际生活方式以及政治发展规律的基础上,海纳百

① 《毛泽东文集》(第3卷).北京:人民出版社1996年版,第192页。

川，形成具有中国特色、中国风格、中国气派的研究成果，促进我国大学生思想政治理论课实效性的提高。不能盲目崇拜和迷信美国、英国、俄罗斯、日本和韩国等国家思想政治教育的经验，简单照搬其增强大学生政治教育课实效性的内容和途径，应坚持中体西用、西为中用，对美国、英国、俄罗斯、日本和韩国等国家增强大学生政治教育课实效性的优秀成果进行创造性转换，使之能够正确独立地运用美国、英国、俄罗斯、日本和韩国等国家有效增强大学生政治教育课实效性的优秀方法，并坚持实事求是，积极探索、分析并解决当下我国增强大学生思想政治理论课获得感中遇到的现实问题，探索出能够真正反映我国特色的、能够真正增强大学生思想政治理论课实效性体系化系统化理论和政策措施，促进中国大学生思想政治理论课的创新发展。

（三）不断改革创新

教育是为了实现人自由而全面的发展，无论是抽象的理论思维，还是具体的生活实际，通识教育的重要性都显而易见，它不只是理念上的创新，更是一种先进的教学方法。在我国高校中，如何增强大学生思想政治理论课获得感是一个现实性问题，需要深思并提出具体解决方案，如在教学过程中，把通识教育的价值和意义简单化、实际化，创新内容、办法、载体等。

1. 意识形态性是大学生政治教育课的根本特性

不同的国家具有不同的社会制度。中国与其他国家不同的社会制度决定了中国与其他国家之间的大学生政治教育课的本质特性的不一致，思想政治教育是阶级性的，现如今，世界上社会主义和资本主义两种不同的制度共存。意识形态领域建设对于一个国家的发展至关重要，在世界经济一体化的浪潮中如何巩固马克思主义在意识形态领域的主导地位是我国开展思想政治理论课的出发点和落脚点。发展马克思主义的前提和基础就是要时刻坚持马克思主义，高度重视思想政治教育及其学科建设的意识形态性。

2. 不断充实和拓宽我国大学生政治教育课的内容

不同于其他课程，大学生政治教育课及其具体内容影响着思想政治教育的本质以及其功能，正确的思想政治教育方法对于各高校推动思想政治教育工作有巨大的指导和促进作用。务必要把马克思主义原理作为引路灯，树立科学的价值观。在对我国大学生展开教育时要重视拓展知识面，要求能够在吸收通识教育核心的基础上，真正服务于不同时期的社会现实需要。要坚持联系的普遍性、客观性，从高校思想政治教育活动的开展与学生价值观的培养与树立的必然联系出发，深化教学内容，提高教学水平。

3. 创造适合我国大学生思想政治理论课的教学手段和方法

大学生思想政治理论课的教学手段和方法与大学生思想政治理论课教学的实效性相辅相成，只有坚持正确的教育手段和办法才能促进教学实效性的提升。相反，大学生思想政治教育理论课提高大学生获得感的实际教学案例，对于创新创造思想政治教育手段和方法具有不可替代的作用。创新高校思想政治理论课的教育方法要坚持主体性原则，要把教师和学生看作整体有机结合。方法的创新是为了高效地达到目标，是为了促进任务的完成。社会在不停地变化发展，新时代学生的身心发展特性也在变化，思想政治理论课要具有时代性。把握当下数字化信息化的时代特征，结合以往优秀的教学经验，积极提高学生在教学过程中的参与性与获得感，对于以前“填鸭式”的教学则要坚决摒弃，要以人为本，激发学生在课堂中的主导性。

4. 加强大学生思想政治理论课实践教学的力度

实效性的本质是对社会实践的重视，大学生开展的各项社会实践活动不仅能够磨炼意志，而且也能丰富大学生的课外生活。理论的应用对于促进实践发展的必要性要求我们在面对我国现存的大学生思想政治教育问题时，要摒弃一味地追求抽象的理论教育，摒弃形式主义，要积极地开展大量的实践活动，使思想政治教育教学实践活动进行得既深入又彻底。因此，提高社会实践的教育比重将是创新大学生思想政治理论课的重点，只有真正地深入开展实践活动，才能提高学生的参与感，进而提高思想政治教育实效性。

5. 坚持传统教学经验与现代教学载体相结合

教育教学的方式方法一定程度上决定着教学效果。传统的教学经验值得借鉴与学习，现代的教学载体对教学效果具有传统教学载体不可比拟的优越性。在教学活动中要以学生为主体，并时刻坚持实事求是，将大学教育教学的一般规律与大学生学习的普遍特点相结合，在实际的学习和生活实践中不断增强思想政治教育的针对性，提高思想政治理论课教育教学活动的影响力。其次，积极融合新时代大学生思维开放性的时代特征，运用启发式、讨论式、研究式教学，提高学生的主体性与参与感，培养学生的政治敏感性，关注时事热点，教育过程中多用通俗易懂的语言代替枯燥抽象的系统化的理论条文，用身边事例启发大学生主动思考。此外，高校思想政治理论课的创新发展要结合时代特色，譬如运用 VR 等手段改进教学方式，提高学生的学习积极性，把传统教学方式与现代教学方式有机结合起来。

6. 建设一流的高校思想政治理论课教师队伍

高校思想政治理论课的教师队伍在大学生思想政治理论课教学过程中起主导作用。大学生思想政治理论课教师也是思想政治理论课实效性的重要影响因素。思想政治理论课教师需要时刻提高自身职业道德修养，精心设计教学环节，合理组织教学活动，创新主题教育、案例教学等多种教学方法。高校思想政治教育团队由思想政治理论课教师、政府与共青团骨干、班级辅导员等组成，负责向学生传达国家与社会所需要的政治思想，教师自身的道德修养、职业素养，对受教者的受教结果具有直接的影响。大学生思想政治理论课不只是课堂教学，走出课堂，在生活中体验也是很好的场景教学，所以生活中思想政治理论课教师的个人生活习惯、个人道德素养、个人的理想信念，会对学生产生极大的影响。具有坚定崇高信念、扎实理论基础的思想政治理论课教师可以正确地、有效地直接激发学生对于学习知识的渴望，从而促使学生更主动地投入更多的时间与精力去学习知识，进而真正地去提高学生的科学文化素养。最后，对于学校建设而言，思想政治理论课教师队伍也是学校学风校风的有效影响因素，良好的学风校风是由高质量的教师队伍和高素质的学生共同营造出来的，一流的高校思想政治理论课教师队伍有利于建设浓厚的学术氛围，建设良好的学风校风，更有利于大学生思想政治理论课的开展，培养出合格的新时代高素质人才。

第六章 十八大以来增强大学生思想政治理论课获得感的基本经验

党的十八大以来，在以习近平总书记为核心的党中央的坚强有力领导下，思想政治教育学科在提升当代大学生思想政治理论课获得感的理论及实践层面都实现了跨越式发展，取得了十分显著的成果。当代大学生通过思政课学习，对世情、国情、党情的认知不断深化，对共产党执政规律、社会主义建设规律、人类社会发展规律有了更进一步的理解，对当今时代我们面临的“两个大局”有了更为清醒的认识，对实现中华民族伟大复兴有了更加坚定的信心。总而言之，十八大以来的思政课建设取得了良好的实践效果，青年学生牢固树立了“四个自信”，对中国共产党为什么“能”、马克思主义为什么“行”、中国特色社会主义为什么“好”等重大政治问题有了进一步的正确认识。因此，认真梳理和总结党的十八大以来在增强大学生思政课获得感过程中积累的基本经验，对于新时代我们深入做好“大思政课”建设，有效发挥思政课在立德树人方面的关键作用有着重要的时代意义。

一、坚定不移以马克思主义和中国化马克思主义为指导思想

坚持以马克思主义和中国化马克思主义为指导思想是党立德树

人的根本前提。毛泽东在1964年提出的关于无产阶级革命事业接班人的几项基本前提中，摆在第一位的就是“必须是真正的马克思列宁主义者”。邓小平提出的“四有新人”中的“有理想”指的就是马克思主义的理想，即共产主义理想。习近平总书记也多次强调要加强理想信念教育，并指出“革命理想高于天”，这里的“理想”毫无疑问指的也是马克思主义的共产主义理想。由此可见，党始终把坚持马克思主义作为立德树人、培养社会主义建设者和接班人的重要指导，这是我们百年党史中一以贯之的一条重要方针。我们党坚持马克思主义的核心指导地位，坚持用发展着的马克思主义来解决中国的实际问题。毛泽东在1938年的《论新阶段》这篇重要文献中就提出了“马克思主义中国化”这一重要命题，后来在社会主义建设时期，毛泽东更是主张“以苏为鉴”，结合中国实际情况来进行社会主义建设，而《论十大关系》的诞生也就标志着中国开始独立自主地进行社会主义建设。邓小平也掷地有声地指出：“我们坚信马克思主义，但马克思主义必须与中国实际相结合。只有结合中国实际的马克思主义，才是我们所需要的真正的马克思主义。”①这其中的“真正的马克思主义”指的是中国化的马克思主义，邓小平本人就是这一要求的真正践行者。邓小平理论中的“社会主义初级阶段理论”“社会主义市场经济理论”等重要内容都是在经典作家理论基础上结合中国实际的时代产物和伟大创造。随着中国特色社会主义实践的不断向前发展，与之相应的，作为其理论表现的中国特色社会主义理论体系也处在不断的丰富、发展和完善进程中，尤其是作为21世纪的马克思主义、马克思主义中国化最新成果的习近平新时代中国特色社会主义思想，更应该是我们今天推动思政课健康发展、构建“大思政课”建设的根本理论指引和价值遵循。

---

① 《邓小平文选》(第3卷).北京：人民出版社1993年版，第213页。

（一）坚持马克思主义的核心指导地位不动摇

“在人类思想史上，就科学性、真理性、影响力、传播面而言，没有一种思想理论能达到马克思主义的高度，也没有一种学说能像马克思主义那样对世界产生了如此巨大的影响。”①党的十八大以来，以习近平同志为核心的党中央非常重视意识形态问题，多次就意识形态领域的方向性、根本性、全局性等问题作出诸多重要阐述与重大部署。在这方面同样具有里程碑意义的，就是2019年10月召开的十九届四中全会审议通过的《中共中央关于坚持和完善中国特色社会主义制度、推进国家治理体系和治理能力现代化若干重大问题的决定》，在这个文件里我们党第一次明确把坚持马克思主义在意识形态领域的指导地位作为繁荣发展社会主义先进文化的根本制度提出来，这无论是在制度方面还是在理论方面都是一次重大创新。

首先，马克思主义是早已被历史发展进程证明了的科学理论。马克思是大家一致认可的“千年思想家”，以他的名字命名的“马克思主义”一方面指引中国胜利地完成了新民主主义革命，而且成功地指导了中国特色社会主义现代化建设，让这一古老的民族实现了从“站起来”到“富起来”再到“强起来”的历史蜕变。正如毛泽东所讲的，俄国十月革命以后，“中国人找到了马克思列宁主义这个放之四海而皆准的普遍真理，中国的面目就起了变化了”②。在经典作家的理论指引下，中国取得的历史性成就让曾经一度甚嚣尘上的“历史终结论”不攻自破，让社会主义旗帜在21世纪上空高高飘扬。与此同时，也为那些既想快速实现现代化同时又想保持自身民族独立性的国家提供了中国智慧和方案。另一方面，马克思主义也改变了世界。马克思主义的科学性产生于马克思对当时所处现实社会的深切感受和深

① 《习近平谈治国理政》(第2卷).北京：外文出版社2017年版，第65页。
② 《毛泽东选集》(第4卷).北京：人民出版社1991年版，第1470页。

入反思。对于当时还处在上升发展时期的资本主义社会，马克思敏锐地意识到了它的不合理性和历史性。具体来讲就是，马克思认为相较于之前的社会，资本主义社会中的人们摆脱了政治奴役、人身依附等压迫现象，但是在资本主义社会，经济压迫取代了之前的政治压迫，人们的自由、平等具有不彻底性，具有欺骗性。马克思在唯物史观和剩余价值的基础上指明了资本主义社会的必然灭亡、无产阶级的必然胜利，宣告了资本主义社会的历史性和非永恒性。他在政治经济学批判的基础上，科学地指出人类要逐次经历"人的依赖型关系的社会""以物的依赖性为基础的人的独立性的社会"和"自由全面发展的社会"这三种形态。这就为当今世界的发展指明了方向，为人类指明了从必然王国向自由王国飞跃的途径，为人民指明了实现自由和解放的道路。

其次，马克思主义是中国共产党的行动指南。马克思、恩格斯曾经无数次告诫世人，他们的理论不是教条，而是行动指南，这些具体内容必须依据时代、环境等条件的变化而不断发展（经典作家的这一观点在《共产党宣言》的诸多版本的序言中表达过多次）。纵观马克思主义的发展历史我们可以知道，一部马克思主义发展史就是由主要的经典作家创立，经典作家的追随者、信仰者们在不同的历史条件下充分灵活运用、发展经典作家基本原理的历史，就是追随者、信仰者们在不同历史文化背景下充分汲取一切民族优秀思想成果从而丰富壮大经典作家基本原理的历史。正因为这种鲜明的实践性、开放性和包容性，马克思主义才能够永葆其前进的步伐，才能够准确及时发现时代面临的新问题，真正把握人类社会面临的新机遇。正是基于此，自从1921年中国共产党成立后，我们党就十分重视将马克思主义的基本原理同中国的具体实际情况相结合，在我国革命、建设、改革的不同时期，逐步丰富了马克思主义在哲学、科学社会主义、政治经济学等方面的原理，依次形成了毛泽东思想、邓小平理论、"三个代表”重要思想、科学发展观以及作为21世纪的马克思主义即习近平新时代中国特色社会主义思想。

中国共产党团结带领全国人民经过三十多年的拼搏，相继取得了新民主主义革命和社会主义革命的巨大胜利，建立了人民当家作主的社会主义制度。在这一改天换地的基础上，作为我们党的第一代领导核心的毛泽东领导人民对社会主义建设进行了艰苦卓绝的伟大探索。1978年12月18日召开的党的十一届三中全会标志着我们拉开了改革开放的伟大序幕。自改革开放以来，伟大的中国共产党人继续将经典作家的基本原理与我们改革开放的具体实践有机融合起来。在这一思想的指引下我们遵循着社会主义初级阶段理论，积极探索如何建设中国特色社会主义，并进行社会主义市场经济建设和改革开放，最终这一新的伟大实践使得中华民族赶上了时代发展的潮流，进而实现了从“站起来”到“富起来”的一次伟大飞跃，这一次飞跃再一次以毋庸置疑的成就向世人表明，只有中国特色社会主义才能发展中国。中国特色社会主义现代化建设进入新时代之后，伟大的中国共产党人继续在具体的、现实的中国实际情况中来理解、阐释和运用经典作家的基本原理。在这一原则指引下，我们党团结带领全国各族人民进行伟大斗争、建设伟大工程、推进伟大事业、实现伟大梦想，由此推动党和国家各项事业实现了全方位、开创性的历史成就，各个领域发生了深层次、根本性历史变革。正是在这一现实基础上，我们的主要矛盾发生了根本转变，中华民族进入了“新时代”这一全新的历史发展方位，我们实现了从“富起来”到“强起来”的伟大飞跃。也是基于此，我们才有勇气和底气认为当今的中华民族正面临着“两个大局”这一前所未有的有利发展局面。一方面，我们正面临着中华民族复兴的光明前景，另一方面，我们也正面临着“百年未有之大变局”，在这一变局中我们可能实现弯道超车。这些根本变革、伟大成就以不容争辩的事实证明，只有坚持和发展中国特色社会主义才能实现中华民族伟大复兴。马克思主义的科学性、人民性、开放性在中国共产党的百年历史、新中国成立的七十余年、改革开放的四十余年的进程中得到了充分的检验、贯彻以及彰显。总而言之,马克思主义的基本原理是经过中国革命、建设、改革各种具体实践检验过的科学真理,是我们实现第二个百年奋斗目标、中华民族走向伟大复兴的指导思想。历史和实践充分证明:"马克思主义为中国革命、建设、改革提供了强大思想武器,使中国这个古老的东方大国创造了人类历史上前所未有的发展奇迹。"①

(二)坚持习近平新时代中国特色社会主义思想为指引

正如习近平总书记在纪念马克思诞辰200周年大会上的讲话中提到:"马克思主义的命运早已同中国共产党的命运、中国人民的命运、中华民族的命运紧紧连在一起,它的科学性和真理性在中国得到了充分检验,它的人民性和实践性在中国得到了充分贯彻,它的开放性和时代性在中国得到了充分彰显!"②改革开放40余年,我们党始终不渝坚持将经典作家的基本理论与中国的现实社会和时代特征有机结合,在此基础上形成了内容丰富的中国特色社会主义理论体系。2017年党的十九大报告明确指出,习近平新时代中国特色社会主义思想是对马克思主义、毛泽东思想、邓小平理论、"三个代表"重要思想、科学发展观的继承和发展,是马克思主义中国化这一理论谱系中的最新成果,是十八大以来党和人民实践经验和集体智慧的高度理论总结,是中国特色社会主义理论体系的重要组成部分,是我们在未来实现百年奋斗目标、实现中华民族伟大复兴的强大理论指南和实

① 习近平:《在纪念马克思诞辰200周年大会上的讲话》.北京:人民出版社2018年版,第14页。

② 习近平:《在纪念马克思诞辰200周年大会上的讲话》.北京:人民出版社2018年版,第14页。

践遵循，我们必须长期践行并在此基础上不断发展。

第一，习近平新时代中国特色社会主义思想在继承前人丰富思想理论成果的基础上实现了开拓创新，开辟了马克思主义新境界。习近平新时代中国特色社会主义思想紧密结合我国新的现实条件和时代要求，坚持以党的基本理论为根本指引，坚持解放思想、实事求是、与时俱进、求真务实，做到一切从实际出发，"以全新视野深化了对共产党执政规律、社会主义建设规律、人类社会发展规律的认识，提出一系列具有开创性意义的新理念新思想新战略，对马克思主义哲学、马克思主义政治经济学、科学社会主义理论作出了独创性贡献"①。

第二，习近平新时代中国特色社会主义思想从理论和实践的结合上为科学社会主义注入全新内容，开辟了中国特色社会主义新境界。习近平新时代中国特色社会主义思想坚持马克思主义立场、观点、方法，始终将自己的目光和精力聚焦在中国大地上，心无旁骛地在创新、绿色、协调、开放、共享的原则下进行社会主义建设。正是由于具有强烈的问题意识和问题导向，并且能够凸显时代精神、总结现实经验，习近平总书记在改革发展稳定、内政外交国防、治党治国治军等方面提出诸多新的思想、新的观点、新的要求，系统回答了在新时代究竟应该坚持和发展什么样的中国特色社会主义、怎样坚持和发展中国特色社会主义这个重大时代主题，将对中国特色社会主义的理解和把握提升到一种前所未有的认知水平，成为21世纪科学社会主义发展的重要指南与鲜明旗帜。

第三，习近平新时代中国特色社会主义思想进一步丰富发展了马克思主义的政党学说，开辟了管党治党的全新境界。从新民主主义革命的以往历史来看，马克思主义政党夺取政权极其不容易；从我

① 何毅亭：《习近平新时代中国特色社会主义思想是马克思主义中国化最新成果》，《西江日报》2019年1月17日。

们党的建设、改革的历程来看，巩固政权也是极其不容易的。实现我们党长期执政是中国共产党面临的重大历史课题，为此，中国共产党立志于中华民族千秋伟业，跳出“其兴也勃焉、其亡也忽焉”的历史周期率①。习近平总书记指出，中国共产党的伟大之处不在于其不犯错误，而在于其始终勇于革命、刀刃向内，从而具有强大的自我修复能力。这一关键要点我们也能从百年党史的主流和主线即理论建设史、艰苦奋斗史、自我革命史中看出。习近平新时代中国特色社会主义思想强调以党的自我革命推动新时代中国特色社会主义发展，这也就是习近平总书记在多个场合强调的“火车跑得快全靠车头带”的内涵。在习近平新时代中国特色社会主义思想中，我们党十分注重党的建设新的伟大工程在“四个伟大”中所发挥的决定性作用，并且将全面从严治党置放在“四个全面”战略布局中的重要位置，明确提出思想建党、制度强党，要求管党治党在认知上要敢管敢严，在力度上要真管真严，在时效上要长管长严，在党的建设理论和实践领域都实现了重大创新。这些理论和实践进一步有效巩固了我们党的执政地位，切实扩大了党的群众基础，为新时期党和国家事业发展、顺利实现第二个百年奋斗目标提供了强大的政治保障。

二、坚持教书与育人、为学与为人相统一

百年大计，教育为本；教育大计，教师为先。办好思想政治理论课关键在教师，教师是教育工作的中坚力量，有高质量的教师才会有高质量的教育。思想政治课教师要坚守立德树人、铸魂育人的工作原则，形成自觉的责任意识，循序渐进地开展教育工作，遵循内在规律，在实际教学中才能贴近学生内心和思想需求。提高教育教学质

① 延安时期，民主人士黄炎培与毛泽东有一次著名的“窑洞对谈”，其谈话内容就是中国共产党能否、如何跳出“历史周期律”的问题。

量的关键点在于把握教育规律，这就要求思政课教师根据学生的年龄和认知差异来安排教学内容，坚持为学与为人相统一、坚持学术性与道德性相统一，坚持高标准严要求，用教师的人格魅力感染学生。

（一）用真理的力量感召学生

理论知识是中国特色社会主义的科学真理性和马克思主义的历史必然性的一个支撑点，思想政治理论课要实现真正入脑入心、走深走实，离不开马克思主义真理特有的感召力。不断增强思想政治理论课的思想性、理论性、亲和力、针对性，是思想政治理论课的内在要求。思政课教师要有广阔的知识视野，除了具有深厚的马克思主义理论功底之外，还要广泛涉猎哲学社会科学以及自然科学等方面的知识，这样思政课教师才更能成为教师队伍的标杆。由于思想政治理论课的学术内容较多，思想政治理论课教师只有不断深化和发展教学理念，与时俱进创新教学内容，才能以扎实深厚的理论功底赢得学生的青睐。此外，思政课教师要有堂堂正正的人格，用高尚的人格感染学生、赢得学生。

在新的时代背景下，我们认为优秀的思想政治理论课教师首先要做到以下三个方面：其一，思想政治理论课教师的伟大使命是广泛传播马克思主义科学理论、扎实推进中国特色社会主义理论体系教育、深入学习习近平新时代中国特色社会主义思想。其二，思想政治理论课教师的重要使命是关注大学生心理健康教育、培养学生健全人格。其三，思想政治理论课是落实立德树人根本任务的关键课程，思政课教师队伍的责任重大，必须积极承担。做学习和实践马克思主义的典范，做到“在马言马、在马信马、在马爱马”是思政课教师肩负起这三大使命的关键。

思政课教师在实际教学过程中往往关注教学方法、教学任务等，毫无疑问，这些确实是教师教学工作中不能忽略的重要部分，但是教师对理论的掌握更为重要。只有思政课教师掌握理论，善于运用理论传播理论并使之变为物质力量，才能使思政课的质量产生质的飞跃。由此观之，思想政治理论课教师的马克思主义理论学科素养和理性思维能力依然有较大的提升空间。所以，教师的教学效果需要加强，教学思路需要更加发散，教学设计也需要与时俱进并且更加符合学生的年龄特点。目前，思想政治理论课教育教学的发展仍有较多限制因素，其中的关键影响因素便是思政课教师这个主体，教师的专业程度与学科素养将直接影响思政课的效果与结果。思政课教师学科素养有限、人数较少、重心偏离主题或职务变动频繁等因素，限制了思政课的发展，打击了学生的学习热情，制约了高校思政课的繁荣发展。习近平总书记曾开门见山地指出，思想政治理论课教师如果想要扎实开展课堂教学，赢得学生的青睐，真正推进马克思主义理论的广泛传播，就必须加大教学研究力度，提高自身教学自信，创新课堂教学，给学生深刻的学习体验，引导学生树立正确的理想信念，打造思想政治理论课独特的学术氛围。

中国特色社会主义进入新时代，面临着新的风险与挑战。从政治层面看，思想政治工作者要拓展工作思路，创新工作形式，提高思想认识；从经济层面看，经济体制改革愈加艰难，经济发展与环境保护亟需并重，经济全球化面临更多挑战；从文化层面看，随着社会环境的变化，社会新思潮不断涌入，人们的社会思想观念也不断发生变化，社会文化主流意识形态面临更加艰巨的挑战；从社会层面看，个人承担的责任与扮演的角色多种多样，人们的思想与价值观复杂多变。在复杂的形势变化面前，社会意识形态方面的斗争，作为传播社会主流意识形态主阵地的思想政治理论课肩负的使命更加重大。思想政治理论课要想得到更多学生的喜爱与认可，就要展现真情实感，创新教学方式，夯实学科基础，用思想与语言打动学生。这就必然需要思想政治理论课教师全面学习习近平新时代中国特色社会主义思想，深入研究如何培育和践行社会主义核心价值观，用马克思主义理论解答当前中国面临的一系列实际问题，比如如何推进国家治理体系和治理能力现代化问题、如何提高党的领导能力和执政水平问题、民生建设问题、社会公平正义问题等，源源不断地在现实发展过程中深化对马克思主义理论的研究，在国际上提高马克思主义中国化理论的话语权。马克思说："理论只要彻底，就能说服人。"思政课教师所讲的理论、观点、结论都要围绕国家主流意识形态展开，宣扬正确的思想，树立正确的价值观，充分发挥思政课的政治引导功能，让学生真心喜爱，终身受益，为社会主义培养优秀的接班人。

思想政治理论课教师的理性思辨能力和理论鉴别能力由理论知识水平决定。较高的理性思辨能力，可以通过正确的思想来引领学生；较高的理论鉴别能力，可以帮助学生在复杂变幻的国际国内局势中、在多元交织的意识形态斗争中，树立正确的观念。对马克思主义理论的学习不仅仅局限于思政课教师或专业的学者等，邓小平同志曾明确提出，所有的干部都要学习马克思主义理论。学习马克思主义理论不能只浮于表面，要深入研究、学习、探讨。当然只会学习是远远不够的，还要将理论用于实践，在实践中检验和发展真理。在干部中展开对马克思主义理论的学习，提高干部运用理论解决实际问题的能力。"既把我们的事业和马克思主义理论本身推向前进，也防止一些同志，特别是新上来的中青年同志在日益复杂的斗争中迷失方向。"[①]这句话在当前的时代背景下依然掷地有声。马克思创建了唯物史观与剩余价值学说，解释了人类社会发展的一般规律，为人类指明了从必然王国向自由王国飞跃的途径，为人民指明了实现自由和解放的道路。马克思主义的真理性与科学性，有波澜壮阔的中国历史实实在在地印证，我们必须坚定不移地坚持马克思主义的指导

① 《邓小平文选》(第3卷)．北京：人民出版社1993年版，第147页。

地位，在任何情况下都不动摇。思想政治理论课教师在教学过程中可以将社会形态的更替与社会主义发展的历史同中国特色社会主义发展的成功经验相结合，通过把握历史，助推学生坚定共产主义信仰。坚定马克思主义信仰才能抵制各种错误思潮的侵袭，思政课教师要保持清醒的头脑，直面各种错误观点与思潮，正确分析问题解决问题，坚持正确的政治方向，引导学生扣好人生第一粒扣子。通过学习理论知识与分析实际问题把握学生的思想形态，教学才能够行之有效。最后，坚实的理论基础可以很好地帮助我们理论联系实际，在分析具体问题和解决实际问题中赢得学生。马克思主义的唯物辩证法要求人们在认识和实践活动中一切从实际出发，实事求是，按照客观规律办事。随着时代日新月异地发展，新问题新矛盾需要根据新的客观事实来解决，思政课教师更要充当先锋，让思政课鲜活动人。

想要拥有深厚的理论基础，最重要的就是回顾经典，思想政治理论课教师可以利用阅读经典来巩固自身的理论基础。在学习经典时，既可以体会不同时代思想家的逻辑、创新力和感知力，又可以体会每个时代精神的精华。经典，即经久不衰的万世之作，经得起时间的考验，经得起人们的质疑，亘古流传，引人共鸣。我们通过经典跨越时间与空间的限制，了解作家的内心，与作家的思想进行碰撞，产生属于自己的新观点，这便是经典的神奇所在。马克思能够被公认为千年第一人，除了他自身的智慧和学识，还在于他以前人的观点为基础，结合英国古典政治经济学、法国空想社会主义与德国古典哲学，创造出了完整而又严密的马克思主义理论，《资本论》就是马克思在与前人的政治经济学理论相“对话”的背景下完成的。马克思不但善于破坏一个旧世界，而且善于创造一个新世界，对前人的继承、批判与扬弃正是马克思主义理论产生的基础。阅读经典要认真深入，不能囫囵吞枣、生搬硬套。所有关于人类文明史的经典，都可以帮助我们巩固理论基础。经典让我们的人文价值、人文精神不断地升华提高，经典不仅可以给我们提供借鉴，而且还能为我们指引新的方向。学会研读经典才能深入领悟前人的智慧，才能百尺竿头更进一步。

在解读经典时，我们必须了解当时的时代发展背景，这就涉及对历史的把握与解读，一种科学理论的诞生，是有其历史背景和时代条件的。马克思主义理论的一个很重要的观点就是，我们要历史地具体地看问题，因此，对于任何理论，我们都不能脱离时代背景和它针对的问题，笼统地评价这个理论。通过历史事件认识经典，既可以使我们深入了解前人思想的发展过程，又可以使我们了解经典作家们如何在特定的背景下实现自身思想的飞跃和迁移。只有将经典放在特定的历史语境之下，才能全面系统地把握经典。对经典的解读是尤其重要的，在读史中发现经典，在经典中回顾历史，在新时代中赓续前进。掌握理论、发展理论才能使自己的学识产生质的飞跃，才能讲好自己的思政课，把握好自己的课堂，行稳致远。

（二）用高尚的人格感染学生

教师有高尚的人格魅力，才会对学生产生强大的吸引力，学生只有崇尚、尊重教师的人格修养，才可能真正地对其所教授的内容产生信仰之情。这也就是我国先秦典籍里面所讲的“学之经莫速乎好其人”。思政课堂的教学效果是否理想、学生在课堂上的获得感强烈与否、学生对所学内容的认同感的高低，在一定程度上取决于任课教师的人格魅力和自身修养。正是基于这一事实，在2019年召开的学校思想政治理论课教师座谈会上，习近平总书记讲道，思政课教师要在为学和为人两方面双管齐下。除了要用学术讲政治、用理论的魅力感召学生之外，还必须拥有高尚的人格魅力，必须“要有堂堂正正的人格，用高尚的人格感染学生、赢得学生”。[①] 毫无疑问，任何一个人

① 习近平主持召开学校思想政治理论课教师座谈会强调：用新时代中国特色社会主义思想铸魂育人，贯彻党的教育方针落实立德树人根本任务.《人民日报》2019年03月19日。

的人格、修养的形成来自于多个因素和方面，例如家庭环境、知识学习、反思能力、自省能力等，它是一个人道德、修养和意志等诸多因素综合作用的结果。思政课教师的人格意义除了提升自己的学术研究和修养，其重要的功能价值就在于无形地影响课堂上的每位同学，这种感染力、号召力不仅能让学生们看到专业知识的理论魅力，而且更大的意义在于让广大学生更加坚信中国共产党“能”、马克思主义“行”、中国特色社会主义“好”。正如一位著名学者指出的：“不仅要注重用坚实的理论功底、高超的教学能力来赢得学生，而且要注重用堂堂正正的人格去感染学生。”[①]正是授课教师的人格魅力、坚定信仰，学生才会亲其师、信其道，切切实实感受到信仰的力量，而不会单纯地将其视为政治灌输。纵观新中国成立以来尤其是改革开放以来的思想政治教育发展史，我们就会发现潜藏其中的一条真理和规律，这就是：要真正让学生树立坚定的马克思主义信仰，坚定“四个自信”，思政课教师一方面要具备扎实的理论素养和功底，另一方面还需要具有高尚的人格和修养，二者缺一不可，这样才能给学生群体带来一种示范效应、榜样力量和外溢效果。甚至可以说，思政课堂上的知识输出能发挥效果是建立在教师的修养和人格魅力基础之上的。

那么，培养思想政治理论课教师的理想人格究竟应该如何着手呢？首先要真正认识到人格修养的独特价值，坚定对高尚人格的追求。人格的强弱无关乎社会地位的高低、财富能力的大小，它仅仅是一种高尚的、光辉的品质，是我们在认知自己、他人与社会的过程中逐渐内化的某种具有形而上色彩的品质追求，是教师个人世界观、价值观以及人生观的凝练和彰显。要拥有高尚的人格魅力，思政课教师就必须不断提升自己的水平，深入学习、弄懂、吃透马克思主义经

① 张芳、刘俊峰：《高校思想政治理论课教师人格的文化养成和培育路径》，《学校党建与思想教育》，2020 年第 1 期。

典著作的内在义理，在理论学习中深入思考、在现实生活中认真反思，真正去加强自身的人格修养和道德境界。当然，思政课教师在教学过程和日常生活中要正确对待“知”和“行”的辩证关系，将自己的所“知”不断地转化为切实的所“行”，真正做到内化于心、外化于行。思政课教师要有强烈的道德观念、是非观念、荣辱观念，要对法律、正义心存敬畏之心，对不义之财要拒之门外，对不法之物要严词拒绝，对不正之友要避而远之。尤其是在市场经济向纵深发展的情况下，思政课教师更要在洪流中秉持高尚的道德情操和人格追求，要严于律己，将自己的个人兴趣和精力放在知识探求、道德涵养、人格提升等方面，以此来为自己的职业提供知识和价值等全方位、多层次的储备。思政课教师不仅要向学生教授专业的理论知识，同时还要通过自身的人格和道德境界来教育、感召学生。学生通过对思政课的深入学习，不仅获得了专业知识，同时还习得了辨是非、知荣辱的能力，因而能够在复杂的现实生活中做到心中有敬畏、行为有底线，就能够在践行社会主义现代化建设伟大征程中正确对待义与利、权与法、情与理等诸多棘手问题，从而能够以更加昂扬的姿态向实现第二个百年奋斗目标前进。

其次，教师魅力人格的形成除了道德因素之外，还有重要的一点就是要博学多闻、专业过硬。在当今互联网技术蓬勃发展、第四次科技革命方兴未艾的今天，学生获得信息的渠道和方式更加多样，他们的知识储备相较以往有了很大的变化，看待问题、认知世界的角度更加多元，尤其是在某些西方国家妄图将互联网这一因素变为影响我国发展的最大变量的情况下，思政课教师更加需要坚定的政治立场、丰富深入的学科知识，这样才能积极正面回应学生的疑难、困惑，才能在日趋多元的今天实现求同存异甚至化异为同的理想局面。只有在长期的学术积累的前提下，思政课教师才能够在课堂内外不回避热点问题、勇于面对尖锐问题，这样一种从容答疑解惑的能力是提升教师在学生心目中的影响力和吸引力的重要因素，也正是在这样一种过程中，学生的思政课获得感才会得到不断的提升。在价值观日趋多元、获取信息渠道日益多样的信息化时代，当代学生学习和接受信息有了更好的条件，与此同时，纷繁世界的干扰、外国势力的渗透、网络世界的杂音也会给学生带来更多负面的影响。在这种时代背景下，一方面，思政课教师必须不断提升自己的知识储备，不断更新学习学科前沿知识的能力。例如，我们目前使用的《毛泽东思想和中国特色社会主义理论体系概论》教材是 2018 年修订的，因此很多新内容在教材中没有及时呈现出来。又比如，我们党消除绝对贫困、实现全面脱贫的艰苦行动，我们党实施乡村振兴战略、巩固脱贫攻坚成果的伟大行为，我们党在百年历史中进行理论建设、努力奋斗、自我革命的宏伟诗篇等等，这些都需要思政课教师及时跟进学习并补充到教学活动中，也只有如此才能提高课堂的时效性和针对性，达到更好的教学效果。另一方面，通过各种方式提升自己的修养、境界和人格魅力，用良好的个人修养、高尚的思想境界、脱俗的人格魅力来感染学生引领学生。只有实现这两个方面的共同提升，当代思政课教师才能达到传道、授业、解惑等各个领域的时代要求，才能实现“学高”与“身正”的齐头并进。只有如此，教师才能在课堂内外勇于“亮剑”、敢于“发声”，才能够切实有效解决学生对自身的困惑、对社会的疑问。

人格修养就如同人生起航的重要基石，它涉及重学、慎独、内省、力行等方面。所谓“重学”，就是从自觉和自律的角度高度重视理论学习，这一点在当今信息碎片化、消费主义盛行、浮躁风气充斥的背景下，显得十分重要和难能可贵。在第四次科技革命方兴未艾、言必称“科技创新”的时代氛围里，人们往往将社会的重心、个人的精力置放在物质生活、自然科学、技术创新等领域，无视或者选择性忽视理论的学习和积累。但理论和“重学”的重要性是不言而喻的，正如习近平总书记在全国宣传思想工作会议上讲到的："要炼就'金刚不坏之身'，必须用科学理论武装头脑，不断培植我们的精神家园。"①更进一步，思政课教师需要在"重学"的过程中层级递进，达到一种良好的境界。例如可以先从"知之"做起，在这一初步的探寻过程中逐步做到"好知"，然后再上升到"乐知"的纯粹境界。所谓"慎独"，也就是要求我们无论外界有无监督，无论自己身处何种环境，都能够显示出强大的自律和自由意志，能够凸显道德的力量和内在人格的光辉。所谓"内省"，就是在人生遭遇挫折的时候，更多地是从自身寻找原因，也就是中华传统文化所讲的"反求诸己"。面对偶发的、突发的事情，思政课教师不能怨天尤人，不能迁怒于他人和社会。"内省"在哲学上还有一个专业名词，就是"自我反思"，这一概念的核心要义就是指自己能够站在旁观者的角度，善于从"他者"的视角来看待自己与他人、社会的关系。能够进行适时的内省是任何个体当然包括思政课教师在内的人格高尚的重要表征。当教师具备了良好的、自发的内省能力的时候，就说明他们具备了一定的理性反思能力，能够客观、公正地审视人生的意义和价值。正因为如此，《论语·学而》就讲到了"吾日三省吾身"这一人生重要的修养原则和方式。所谓"力行"，指的就是思政课教师在课堂内外要求自己做到"知行合一"，在现实生活中将自己的所学、所感、所得切实转化为自己的日常行为，能够做到内化于心、外化于行，更具体一点，就是能够始终做到明大德、守公德、严私德，即对党忠诚的大德、为民造福的公德、严于律己的私德。只有思政课教师做到身体力行，课堂上所讲的内容才不会流于形式和说教，才可能给学生树立榜样和典范，才能让思政课在现实生活中落地生根。总体来讲，人格修养是一个宏大的、精深的学问。思政课教师要提高人格修养，就必须告诫自己要时时为学生树立表率、

① 《习近平关于社会主义文化建设论述摘编》，北京：中央文献出版社 2017 年版，第 61 页。

处处为社会树立典范，只有这样，才会真正去严于律己、宽以待人，用自己的人格魅力去彰显学科的深刻内涵和时代风貌，这就是爱岗敬业的鲜明体现，也是培育和践行社会主义核心价值观的具体行动。可见，新时代要切实提升学生的获得感，进而推动"大思政课"的有序健康发展。广大思政课教师必须以过硬的专业素养、高尚的道德人格去吸引学生、感召学生，在此过程中实现立德与树人的高度有效统一。只有如此，教师才能在课堂上做到游刃有余、得心应手，而学生才能在学习过程中更加坚定马克思主义理想和信念。

对于思政课教师来说，理想型的人格必定是有温度的，必定是内含一定的师德与师爱的。优秀的思政课教师除了必须具备扎实的专业内功、宏大的学术视野、长远的国际眼光，还需拥有师德、师爱，甚至可以说，经师易得、人师难求。师风师德是思政课教师得以立足的根本。这个"德"既指向教师本身必须拥有的品质，如爱国、敬业、诚信、友善等等，同时也指向了教师应该具有民主、平等的人格风范。前者要求思政课教师要有一种责任感、使命感，真正热爱自己所从事的职业，具备良好的职业精神与态度；后者要求思政课教师在课堂内外要以一种平等的、民主的、富有人情与爱心的姿态去与学生相处。只有这样，学生才可能真正发自内心去亲其师、尊其师、信其道，这个"信其道"就是思政课的最终目的。"信其道"意味着学生思政课获得感的切实增强与提升，还意味着青年学生对马克思主义理想信念的笃信和坚守，更意味着广大青年对共产党执政规律、社会主义建设规律以及人类社会发展规律有着更为深刻的认知。正如一位学者所指出的："依靠人格之善和本领之真形成示范效应，规范和引领学生的思想和行为，提升自身和学生的思想政治素质。"[①]师生之间只有建立一种以学术、人格为主要内涵的情感，才能践行习近平总书记在思政

① 张国启：《新时代思想政治理论课教师"人格要正"的逻辑内涵及培育理路》.《思想理论教育》,2019 年第 7 期。

课教师座谈会上所讲到的“坚持主导性和主体性相统一”这一重要原则。换言之，教师是教学过程主导者，在教育教学中起着引导的作用，学生是教学过程的对象所在，其目的是提高学生的思想政治和道德素质，因而必须尊重学生的主体性。“思政课教学离不开教师的主导，同时要加大对学生的认知规律和接受特点的研究，发挥学生主体性作用。”[①]只有在充分发挥学生主体性、能动性的前提下，才能真正让学生掌握和践行马克思主义的立场、观点和方法。

更进一步，由于职业的特殊性，思政课教师人格的内涵和重要性都异于一般意义上的人格。在现实的教学过程中可以看出，往往是那些积淀了丰富的教学素材、掌握了多样的教学形式和手段、在课堂上能够从容应对以及拥有较强的课堂驾驭能力的教师，在人格上更容易影响和感召学生，因为在这些教师的教学过程中所显露出来的价值观念、意义追寻、审美品位等无不呈现出他们潜藏的人格魅力。显而易见，教学风格的塑造和形成是教师在其漫长的教学实践过程中所形成的，具有唯一性和独特性。一般来讲，教学风格主要呈现自然型、理智型、情感型和幽默型等诸多种类，但是无论教学风格属于何种类别，思政课教师都需要在教学过程中展现强大的求知精神和良好的理论基础，还需要在自己的课堂内外展现具有强大人格魅力的精神境界。教师只有将这两个方面有机融合起来进而在具体的教学实践中呈现出极具个性和独特性的教学状态，才能实现预期的良好教学效果。思政课教师在长期的教学过程中所展现的教学艺术，是合规律性与合目的性的高度统一，即在教师熟练掌握教授内容、灵活运用教学方法以及适当的技能的基础上所达到的一种审美活动。这种层次和境界不仅仅需要良好的专业知识，更需要具备一定的方法、技能和技巧。教学艺术关涉教学过程的诸多环节和整个过程，这

① 习近平：《在学校思想政治理论课教师座谈会上的讲话》，《人民日报》2019 年 3 月 19 日。

种“艺术”能够在深层次上影响甚至决定教学内容的效果、方法与技能的应用。毋庸置疑，只要教师具备一定的教学艺术，就能够给课堂上的学生带来美学的享受，能够让他们在知识性、趣味性、价值性、审美性等多个领域提升获得感。在这一过程中，教师既发挥了他的主导性地位，学生也充分发挥了自己的积极性、能动性和创造性，因而也在课堂上实现了自己的主体性。当然，教学艺术的获得和提升不是一蹴而就的，它不是教师在一朝一夕就能够获得的。这种艺术性教学的生成是对授课教师综合素质的考验，同时也是任课教师在一定场域下教学能力发生质的飞跃的良好机会。

最后，思政课教师要想具备高尚的人格魅力，形成积极向上的人格境界，就必须在现实生活、教学实践过程中砥砺人格。人格的塑造、修养的提升，首先必须在专业知识领域下足功夫；其次，在建设“课程思政”从而形成育人合力、建设“大思政课”的背景下，思政课教师更应该在“专”的基础上尽量实现“博”，即涉猎其他专业的相关知识，在遵守思政学科专业边界的同时勇于跨界、进行学科交叉；再次就是勇于、敢于、乐于接受新鲜事物。在互联网技术逐渐成为影响我国发展的最大“增量”、在我们可能在第四次科技革命浪潮中实现弯道超车的时代条件下，教师更要保持好奇之心和创新的劲头，始终对新兴事物保持一种包容、开放、乐学的心态，只有这样的教师才能激发学生的进取、创新精神，才能够培养出能够勇于担当、大胆创新、锐意进取的时代新人。正如已故著名学者、我国思想政治教育学科的先驱者和奠基人郑永廷教授强调的，思政课教师在教书育人的过程中首先要坚持马克思主义理论的指导地位，同时还要用自身的言行去为学生树立榜样和典范，以此引导学生成为德智体美劳全面发展的社会主义建设者和接班人。我国思想政治教育学科的另一位泰斗级人物张耀灿教授也持有类似的观点。他认为，思政课教师在讲授专业的课程知识，进而帮助学生认清世情、党情、国情的同时，还要积极引导学生思考人生的意义和价值。换言之，在改革开放稳步推进、市场经济向纵深发展的今天，除了要推动经济发展，还要对人们的精神文化进行积极的引导和引领。一方面，这是由人的本质决定的。人的本质不是固定不变，而是不断变化发展的。一旦人被物欲支配，拜金主义盛行，人就蜕变成了消费动物。正如马克思所讲的："吃、喝、生殖等等，固然也是真正的人的机能。但是，如果加以抽象，使这些机能脱离人的其他活动领域并成为最后的唯一的终极目的，那它们就是动物的机能。"[①]人作为历史发展主体，正是通过实践活动来满足自己的需要、实现自己的发展。另一方面，我国的发展已经进入了新时代这一全新的发展阶段。新时代，要实现人的自由全面发展，思政课教师除了要在专业知识与技能方面教育引导学生之外，还需要在理想信念、价值观念、意义追寻方面做学生的领路人和照明灯。所谓"立德树人"，就是要培养德才兼备的社会主义建设者和接班人；所谓"学高为师，身正为范"，就是要彰显教育的知识性和价值性，在教授学生谋生技能的同时还注重他们内在的人文精神培养和人格的塑造。

总而言之，正如先秦典籍里面讲的："水之积也不厚，则其负大舟也无力。"思政课教师一方面要具备良好的专业知识和专业能力，不断提升自己驾驭课堂和课程的能力，另一方面还要拥有大境界、大格局，以良好的精神风貌和人格魅力去影响和感召学生。正如习近平总书记所要求的，必须将"德"摆在突出的位置，真正做到以德立身、以德立学、以德施教，用深厚的理论功底、高尚的个人人格感染学生，真正做到从根本上提升思想政治理论课的含金量。在此基础上，才可能坚持教书和育人相统一、言传和身教相统一、潜心问道和关注社会相统一、坚持学术自由和学术规范相统一。总而言之，正如习近平

① 马克思：《1844 年经济学哲学手稿》. 北京：人民出版社 2000 年版，第 55 页。

总书记所要求的："人格要正，要有堂堂正正的人格，用高尚的人格去感染学生、赢得学生，用真理的力量感召学生……"[①]提升思政课教师的人格魅力在增强学生获得感的过程中有着不可取代的重要价值。

三、坚持内容为王，实现趣味性和学术性相统一

在教学手段不断丰富、授课方式日新月异的新时代，要从根本上讲授好思政课，真正提升学生的接受度和获得感，就必须真正做到内容为王。所谓做到"内容为王"，就是指在中华民族奋力崛起、日益走近世界舞台中央的过程中必然会面临一些质疑、抹黑和打压的事件，而要辨清是非，提升国际范围内的文化软实力，改变长期以来"挨骂"的不利境地，就必须从理论深处讲清楚为什么要坚持马克思主义、为什么要坚持中国共产党的领导、为什么要始终坚持和发展中国特色社会主义。只有坚持这种"内容为王"的价值取向，才能让当代学生真正明白和理解马克思主义的时代价值与现实意义，才能让当代青年群体真正感悟到为什么要坚定旗帜和方向，为什么要不断强化理想信念教育。只有坚持"内容为王"，才能在深层次的学理层面展现马克思主义的魅力和吸引力，而这是提升大学生在思政课堂上的获得感、认同感的关键一环。时代的发展、现实的境遇、具体的国情要求思政课教师必须做到"内容为王""在马言马"，以此来实现马克思主义的真理性、价值性与科学性的统一，这样就能在课堂上一方面凸显理论的现实性和亲和力，另一方面不断增强学生的获得感和认同度，在提升学生获得感的同时，向大家讲清楚中国共产党为什么能、马克思主义为什么行、中国特色社会主义为什么好等重大的理论与实际问题。

---

① 习近平：《用新时代中国特色社会主义思想铸魂育人　贯彻党的教育方针落实立德树人根本任务》，《人民日报》2019年3月19日第1版。

（一）用思想政治理论课画出最大同心圆

思想政治理论课具有鲜明的特征，即它在彰显自己所属学科的思想性、学术性的同时，还必须兼顾政治性、意识形态属性，这也就决定了这门学科是宣传中国特色社会主义理论体系、培育社会主义核心价值观的重要阵地。要达到教学效果的预期目标和期待，就必须坚持马克思主义这一条理论主线，以此来贯穿课堂教学的始终，进而提升思想政治理论课的理论高度与深度，培养具有坚定理想信念的时代新人。由此可见，思想政治理论课吸引力的增强、获得感的提升必须在其教学过程中秉持学理性与价值性有机统一、科学性与政治性有机统一的基本原则。

马克思主义哲学告诉我们，任何一件事物的科学发展都必然离不开“合目的性”（人的属性）与“合规律性”（物的属性），毫无疑问，思想政治理论课教学过程中教师也必然要遵循和践行这一基本要求。具体来讲就是，“合目的性”要求教学内容必须体现一定的政治属性和意识形态特征，而“合规律性”就要求体现学科的特征和本质，并且在此过程中必须彰显学科建设规律、教书育人规律、学生成长规律等等。这两个重要方面彼此影响、互为表里。只有如此，马克思主义的阶级性、科学性才能得到彰显，思想政治教育学科的价值性、政治性才得以确立，而前者是实现后者的重要前提和必要保障。所以，我们也就理解了这一提法，即思政课只有极力凸显这一学科的立场、观点和方法，在最大程度上体现这一学科的真理性、价值性、政治性等特征，才能实现“用真理的力量感召学生”这一重要目标，才能在当代大学生群体中凝神聚力，画出“同心圆”。当然，如上所述，其中一条根本的原则就是在发挥授课教师的主观能动性的同时，还必须尊重一些原则性、规律性的前提，这就包括教育规律、工作规律和学生成才规律。这也就启示我们，在大学生思想政治理论课的整个过程中，要始终注意提升教授内容的专业合理性，例如通过不断强化学生理论思维训练来消化和掌握教师所教授的专业知识，在坚守规律性的同时让当代学生真正感受所学内容的真理内涵和价值导向。总而言之，与时俱进地提升思想政治理论课的专业深度和理论视域，是思想政治理论课得以成立和发展、异质于其他学科的关键所在，也是在有效统筹国内外“两个大局”的时代背景下有效提升思想政治理论课教学质量、不断增强大学生获得感的重要路径。但是不容否认的是，当前思政课建设的现状、国内外复杂多变的局势使得目前的思想政治理论课的状况还有不尽如人意的地方和有待提升的空间。例如，在思政课堂上我们亟须敢于发声、敢于面对，而不是采取回避和迂回的措施，只有如此，才能使我们的课堂体现时代性和价值性。马克思主义经典作家认为，“理论只要彻底，就能说服人”。作为21世纪的马克思主义、马克思主义中国化最新成果的习近平新时代中国特色社会主义思想，也是十分重视理论的价值、思想政治理论课的时代意义的。习近平总书记在多个场合数次强调，时代的发展要求必须重视如何强化思想政治理论课的学理性与时代性、凝聚力与亲和力，始终要用科学有效的理论为学生答疑解惑，用马克思主义的真理力量鼓舞学生、激励学生、感召学生。只有在思政课堂上实现这种知识传授与价值引导的有机结合，课堂教授才能提升大学生的融入感、获得感，同时也能在学生群体中强化我们党初心和使命的理论教育，有效捍卫人们对中国共产党、马克思主义以及中国特色社会主义的坚定信仰。

教书固然是基础，但立德育人才是根本。先秦思想家荀子早就作出“学莫便乎近其人”这样的感慨。这就启示我们，思想政治理论课教师在教学过程中具有极强的示范价值和溢出效应。毋庸置疑，不仅仅是专业能力，思政课教师内在素养的强弱在一定程度上决定了其对这门课程驾驭能力的高低，尤其是在强调“内容为王”的今天这一点就显得尤为突出和重要，正所谓“打铁还需自身硬”。所以思政课教师教书育人有一个前提，就是必须首先将自身武装好、提升好，不仅让自己“学高”，也让自己“身正”。一方面，思政课教师必须不断强化自身的理论素养，对专业经典内容做到了然于胸，做到博闻强记、认真钻研，从而拥有渊博的知识和宏阔的理论视野；另一方面，也要不断提升自己的人格魅力，用自己的修养、人格和境界去感染学生、影响学生。只有将上述两个方面有机结合、相互补充，才能从根本上提升学生的获得感，才能在根基处实现思政课立德树人的关键作用。与此同时，在给思想政治教育学科“划界”以此来凸显其学科特性的同时，还要展现宏大的学科视域。具体来讲就是，为了真切提升学生的获得感，除了“划界”，还需要做好专业交叉，充分汲取其他学科的专业营养，才能在网络化时代提升学生的兴趣。新时代的思政课教师既要在理论课上“专”，同时在面对不同专业的学生时还要“广”；既要在讲授方式上接地气，同时在个人修养上要有足够的魅力。只有这样，才能从学术性和价值性、科学性和政治性等多视角的融合上来增强思政课堂的理论魅力，才能从内心深处提升学生的获得感和认同感。

（二）通过思想政治理论课来观照现实

聚焦提升思想政治理论课的现实效果，重要之处就在于真正重视这一课程的现实性、实践性与实效性。现实性要求思政课教师紧密关注社会问题，既不无病呻吟，也不视而不见。实践性就是教师要树立宏大的教学视野，在课堂内外建立一种紧密的联系，牢牢树立“大思政课”的全新理念。实效性指的就是思政课堂要紧跟时代步伐，在讲好学术性的同时，讲好中国故事、传播好中国声音。目前的思政课堂，实效性就在于讲好脱贫攻坚、实现全面小康社会的故事，讲好党的百年奋斗史。显然，现实性、实践性与实效性三者是环环相扣、密不可分、缺一不可的。这就要求我们立足于课程的实践创新来体现这一学科的实效性。从表面上看，实践性是一个操作性极强的行为，但事实是，这种实践性的凸显还需要建立在理论创新和批判的基础之上，并且在这一前提下将经典作家的理论与现实中国有机联系起来，这是理论联系实际、逻辑与历史统一的必然要求和鲜明体现。只有如此，才能真正提升思想政治理论课的实效性。

可见，思政课堂的实效性、有效性要求必须强化这一课程的理论基础建设。理论往往是对现实的一种逻辑化、规律性的表述，与现实往往有一定的距离，甚至表现出一定的抽象和晦涩，因此我们就要有效、准确地将马克思主义理论话语转化为一种学生能够容易理解和接受的表述。这就是说，思政课教师既要钻研专业理论，还要留心、思考社会现实问题，带着自己的专业知识去考量当今中国社会正在发生的事实，进而用学生喜闻乐见的、易于接受的话语和表达方式传递给学生，这也是有效增强思想政治理论课吸引力、亲和力、感染力的要求。从表面上看，这种大众化的甚至口语化的表达方式也许缺乏深刻性、专业性，但事实上，只要有了如上所述的前期的理论积淀，这种日常化的表述和语言不仅不会显得苍白无力，反而会因为其背后的学理支撑而更加具有解释力、穿透力和现实性。正是通过这种方式，才能增强学科意识和问题意识，进而引起广大学生的思想共鸣与时代信仰，这正是思政课实现其立德树人重要价值的主渠道。只有如此，思政课才能真正赢得当代青年大学生的理论认同、价值认同以及情感认同，才能让大学生充分理解坚持马克思主义、坚持改革开放、坚持中国共产党领导的必要性，才能真正从内心深处理解中国共产党为什么能、马克思主义为什么行、中国特色社会主义为什么好。只有这样，当代大学生才会矢志不渝地坚定中国特色社会主义道路，坚定道路自信、理论自信、制度自信和文化自信。

四、运用新兴方式提升参与度与关注度

高校学生作为在新时代背景下的年轻群体，正受到前所未有的数字化、信息化的影响，他们的思想和行为模式具有新媒体时代的显著特征，其价值取向、信息获取方式和人际交往模式都值得进行深入的探讨。新形势下，高校思想政治理论课依旧充满挑战，但在挑战中也孕育着新的机遇，如何针对当前大学生这一特点，增强思想政治理论课的教学效果成为重要课题。为此，高校教师需要更加充分地借鉴现代的新兴科学技术，不断增强课程中学生的获得感，增强学生在课堂上的参与度。拥有和应用互联网思维，要求教师首先要对网络这一工具充分地了解与掌握。互联网的发展经历了信息提供者、公众平台、智能工具三个阶段，在不同阶段呈现出不同特征，很大程度上影响了青年学生思想观念和行为方式。要想从根本上把握互联网发展的规律和特征，思想政治教育者就要深入探寻互联网不同阶段的发展历程，并在思政教育中对互联网进行高效利用，这样才能对互联网环境下的青年学生进行更深层、更准确的认知与研究。习近平总书记在全国高校思想政治工作会议上强调，做好高校思想政治工作必须坚持做到三个要求，即因事而化、因时而进、因势而新，某种意义上就是要把握时代特征，充分借鉴和使用好互联网的优势平台，抓住机遇，找到进路。

（一）利用网络增强思想政治理论课的互动性

互联网平台思维，首要的就是开放包容、共享共赢。应当重视各种不同的互联网平台对大学生思想行为的影响。当今社会网络信息平台更迭换代十分迅速，为了实现互联网对大学生思想和行为的积极正面引导，除了加强对各个网络平台的监管治理，统筹协调网络信

息内容，努力营造清朗的网络环境等基本措施，最重要的是应当树立牢固的核心价值观。价值观是一个平台运行的根本指导，对平台的建设与发展起到支撑作用。有了统一的价值观，网络平台的文化宣传内容、组织形式、教育素材乃至发展规划才有统一标准与价值定位，互联网平台才能建设得更加多姿多彩。在对互联网平台进行统筹管理之外，要打造思想政治理论课的网络教学主阵地，也需要一个切实可行的教育模式。首先要促使专业课与思想政治理论课的衔接有效，统一价值基调，发挥不同课程的长处，特别是人文社会课程的教诲育人功能，统筹协调大学生各门课程的步伐。思想政治理论课的主阵地功能要发挥积极作用，为学生奠定马克思主义理论思维基础，塑造正确的价值观，更要围绕思想政治理论课构建全方位育人的大思政格局，制定科学可行的政策措施，打造大思政育人平台。建设思想政治教育协同育人的"软环境"成为当今高校思想政治教育管理的主题。[①]

制度是执行的根本保障。高校思想政治教育管理中行之有效的制度政策不可或缺，要聚焦重点问题，打造思想政治教育硬约束，营造日常思想政治教育协同育人的软环境。在思想政治课堂上要更加注重学生的主体能动作用，首先，要积极推进教育路径改革，由单边输出转向师生双向互动，加强老师与学生的交流，提高思想政治教育的亲和度，打造良性的师生关系，推进教育主客体协同发挥作用。其次，要从学生身边的人和事中挖掘新鲜事例，找寻教育素材，让原本停留于课本的理论知识真实地展现在学生的生活中。再次，充分利用互联网信息，转变教学方法，合理改进思想政治教育的教学手段。对教育内容应当不断创新，更加注重思想政治教育中的"感性"。坚持推进思想理论、科学论述、政治时事、社会实践等的有机融合，增强

① 冯刚：《思想政治理论课与日常思想政治教育协同育人的理论思考.《学校党建与思想教育》2017年第21期。

教学的感染力，使学生更加感同身受。

（二）加强跨界与迭代增强思想政治理论课的育人合力

跨界思维和迭代思维，让用户得到多样化的选择和体验，提升用户主体的黏度。如何完善育人机制、挖掘育人要素，全面提高人才培养的能力，打造高效完善的思想政治工作质量体系，形成全员全过程全方位育人格局，是思政大格局打造的切入点。要充分发挥中国特色社会主义教育的育人优势，构建健全完善的思想政治工作体系，坚持立德树人准则，引导各教育部门广泛开展理想信念教育。与此同时，强化保障措施，加大执行力度，充分发挥教书育人、管理、服务、组织建设等多方面的功能，优化评价机制。

一般来说，教育者与被教育者在接触新鲜事物方面存在着较大差异，在这个互联网技术逐渐提升，信息瞬息万变的时代，高校学生往往能更早感知到不同事物的变化更新并展现出迅速的接受能力。而相对来说，一些教育者经常是在学生已经熟悉相关内容后才开始被动了解和使用某项互联网技术的。新鲜事物迭代更替的速度很快，比如微博、微信接替兴起，当学生已经由微博转到微信时，教师很多才刚开始接触微博，诸如此类的现象不胜枚举。拥有互联网思维不仅仅是能够使用互联网工具和平台，思想政治教育者想要真正应用好互联网思维，就需要将“求真、开放、平等、协作、分享”的互联网精神作为工作要素，有效地融入思想政治教育工作中。单纯的拥抱技术，本质上并不能让思政工作实现质的改变，唯有将互联网的即时性和智能化与思想政治教育的内容、方法、载体等有效结合，才能顺应时代的快速发展，才能积极应对时代挑战。北京师范大学冯刚教授指出：“在网络舆论引导工作中，要把握好时、度、效。首先要深入研究和把握经济社会发展的阶段性特征；其次要研究和把握青年学生的网络思想行为特点。要研究网络传播发展趋势和演变规律，在此基础上改进和创新网上宣传方法和策略，运用科学战略战术，提升议题设置能力。"①

(三) 通过大数据来增强思想政治理论课的智能化

大数据思维从本质上说是一种智能思维，它要求我们从样本数据中精准地提取所需信息，关注数据的全面性和系统性，运用更加复杂的思维关系，对我们所需要了解的内容进行更大格局的衡量和把控。在当今的大数据背景下，加强创新思想政治教育工作刻不容缓，我们要更加充分借鉴和利用大数据思维，将互联网思维进行内化，在工作中坚持平等的价值观念，拥抱互联网技术，建立健全工作机制、完善工作模式，全面掌握和了解教育对象的信息，根据教育对象的特点进行引导，精准发力，用大数据思维挖掘学生的思想特点和行为特征，积累相关经验，指导下一步工作实践。

在互联网思维中，成功不再是唯一标准，学生们共同处在一个平等包容的环境中，能够充分发挥自己的优势，培养自己的兴趣，找到志同道合、共同进步的好友，一同体验和分享成长历程中的喜悦欢欣。基于这种特点，教育者要审时度势，根据不同学生的特点，充分挖掘、发现和尊重学生的优点长处，引导学生在多元文化背景下的价值观塑造。毋庸置疑，网络技术的发展深刻影响了人们的生活，社会更加信息化、科技化，向着更加美好的未来发展，然而人们享受着社会提供便捷服务的同时，也有人猜测着社会是否还存在着风险性、不确定性等弊端。但不可否认的一点是，这些观点或看法"都明确地认识到这个社会是一个以海量信息供应引起了快速流动的社会"②。

在互联网的浸润下，当代大学生接触到的网络信息前所未有，势必会面临更多的选择和挑战，青少年正处于人生的"拔节孕穗期"，及

---

① 冯刚：《探索思想政治教育发展的内生动力》，北京：人民出版社2017年版，第128页。
② 刘少杰：《海量信息供应下的预期判断与选择行为》，《中国人民大学学报》2018年第1期。

时对青少年开展正确的引导成为重中之重。要把握时代潮流，在培育新一代年轻学子的过程中，严正教育方法、丰富教育内容、灵活教育方式，因材施教、言传身教。鼓励学生抱爱国之心、怀青云之志，接受思想政治教育和理想信念教育，敢于织梦、勇于逐梦。引导学生找寻自己热爱的事物，发掘自己的兴趣，在生活实践中丰富自身本领，寻求价值归宿。思想政治教育工作者要在多元文化的背景下聚焦主流文化价值观，努力打造高水平、高质量、具有独特吸引力的思想政治教育平台，为年轻一代提供更高水平的教育。

五、打通和融合“两个课堂”

习近平总书记在2019年3月召开的学校思想政治理论课教师座谈会上明确指出，思想政治理论课的核心目标是要明确“解决好培养什么人，怎样培养人，为谁培养人这个根本问题”。这一问题的提出和回答，为思想政治理论课的教学指明了方向：新时期要努力培养担当民族复兴大任的时代新人，培养德智体美劳全面发展的社会主义建设者和接班人。

（一）通过交流互鉴、取长补短提升思政课的吸引力与亲和力

习近平总书记指出，要不断增强思想政治理论课的思想性、理论性、亲和力和针对性。思想政治工作本质上是做人的工作，针对人的思想特点解惑释疑，青年学生的思想还不够成熟，需要有价值观的引导，浇花浇根，育人育心，帮助和引导学生树立正确理想和远大志向。根据习近平总书记的指示，我们要深入理解思想政治工作必须坚持的重要原则，落实立德育人的根本任务。要遵循思想政治工作规律、教书育人规律、学生成长规律，在新形势下，要优化思想政治工作方

法，以增强思想政治工作实效性为导向，推进思想政治理论课改革，使思想政治理论课在生活中潜移默化地启迪学生。

习近平总书记明确指出，理论工作者在推进学术研究的同时，必须兼顾政治原则。所谓“学术无禁区，宣传有纪律”；在传播知识的同时，必须体现理论的价值，而不是所谓的“价值中立”；在坚持批判的同时，更要注重社会的和谐发展和理论的建设方向；在坚持理论的同时，要通过实践检验理论的正确性，坚持统一与多元的有机结合，一方面要坚持马克思主义在意识形态领域的指导地位，另一方面要相互交流学习，取长补短；在坚持教师的领导、指挥性质的同时，充分发挥学生的主体性和主动性；在向学生灌输理论的同时，也必须具有一定的启发性，课堂显性教育与课外隐性教育必须相辅相成。华中师范大学张耀灿教授认为，要切实增强大学生思想政治理论课的获得感，必须坚持以改革创新为驱动。加强元理论研究和具体运行学研究，坚持马克思主义的基本立场，运用历史唯物主义研究范式，并以这一总范式为根本指导，坚持学科建设中历史与理论相结合，共同加强理论与实践研究，互相提升。

这需要我们做到以下几个方面：第一，理论与实践要互相提升，即把马克思主义理论研究与思想政治教育的历史经验研究结合起来，促进学科建设和理论创新。其次，要加强元理论与操作指导理论的联合研究。有必要深入研究思想政治教育的原理，以便在思想政治教育的指导思想、目标价值和历史规律方面发挥重要的指导作用。此外，需深入思想政治教育方法论研究，在实践和应用中发挥指导作用。因此，元理论研究与操作指导理论研究不可偏废，在思想政治教育学科建设中应予以重视。第二，坚持历史与理论的结合，特别是中国共产党思想政治教育的历史经验。思想政治教育的理论和方法要深入历史实践，要从历史中丰富，立足历史。第三，要转变研究范式，推动马克思主义人本主义研究范式的转变，利用各学科特别是社会学的研究范式，开拓研究视野，加强对先进经验的吸收和应用，实现理论升华。最后，要重视学科建设和课程建设。学科建设要全面推进教材体系、课程体系和教学体系的转型，为培养社会主义建设者和接班人服务。思想政治教育不是一纸空文的战略，而是要能够实际服务于实践活动，使思想政治教育理论研究与实践操作同步进行。

要做好上述工作，思想政治理论课必须实现创新发展。一方面，要深化教学形式和教材改革。近年来，在高校理论工作者的不断努力下，教学改革出现了许多生动的例子，如网络课程等。这些形式多样、内容丰富的教学改革案例，为思想政治理论课形式创新提供了优质的思路。例如，2016 年秋季以来，武汉大学与高等教育出版社借助中国高校 MOOC 平台（“爱课程”网）精心打造了四门思想政治理论课的网络公开课，并在此基础上，先后引进和完善了思想政治理论课混合教学模式，得到了师生的一致认可和好评，截至 2019 年 7 月，该课程已连续三次革新换代，累计上课人数已超过 55 万人次。对于广大教育工作者来说，我们需要做的是不断探索和提炼理论内容，将教学形式的新探索升华到理论层面，加快新时期思想政治理论教学形式的建设。另一方面，在教材的创新上，要注重内容的创新，以中国特色社会主义建设事业为素材，体现新时期思想政治工作的整体精神，并顺应时代要求进行教材改革与创新。党的十九大以来，高校思想政治理论课程已经全面修订，新版本的教科书已经成为大学教育工作者在新时期开展教学活动的基本依据。在教学过程中，要避免“捧新教材”“讲旧教案”等形式主义。总之，推动思想政治教育在中国特色社会主义生动实践中的创新和发展，必须与时俱进，只有不断创新，思政课教师才能肩负起培养民族复兴大任时代新人的战略要求，真正成为青年大学生思想成长的引领者。

（二）实现“两个课堂”的相辅相成、相得益彰

从本质上来讲，“第一课堂”与“第二课堂”的教学设计思路是极佳的，“第一课堂”是教学主阵地，由专业的思想政治理论课教师进行教授，期末主要以考试作为考核形式，这种教学方式是从理论层面教授学生的。“第二课堂”主要以课外拓展为核心，由共青团、大学生德育相关部门等组织开展实践活动，在实践活动中更深层次地展现思想政治教育的精髓。而传统形式的“第一课堂”与“第二课堂”并没有创建协同合作体系，彼此容易脱节，若要使“两个课堂”克服形式主义弊端，真正实现理论与实践的有机统一，就必须将两个课堂的教学策略统一化，通过课堂实践对相关理论进行说明、论证，并以理论指导实践。

从根本上来说，我们需要以习近平总书记提出的思想政治理论课“八个相统一”为指导原则，以年度时政热点为范本，将两个课堂进行有机融合。对于思想政治理论课教师来说，要想教好这门课，最根本的还是要坚守情怀，真正信仰马克思主义，真正做到以培养时代新人为己任，在思想政治理论课这个主阵地上旗帜鲜明讲政治，夯实自身的理论功底，理直气壮开好思想政治理论课，真正做到为国育才。

从以往的经验来看，“第二课堂”的灵活性较强，在实践阶段，对组织者的能力存在着较大的考验，并且由于教学场景的不断转变，其教育内容不可能是完全固定的，故而若想将两个课堂完全实现“无缝对接”是有着一定的操作难度的。因此，“第一课堂”要采用学生熟知的话语方式，通过案例剖析、示范讲解等多种形式，提升理论的说服力。“第二课堂”要想抓出实效，就要高度融合“第一课堂”的教学内容，在形式设计与内容精髓上与“第一课堂”相结合，共同完成教育目标。

要从根本上真正地把课堂理论教育和课下社会实践教学这“两

个课堂"衔接和融汇起来，让当代大学生对思想政治理论课有准确的理解和感悟，从而在他们的内心深处激起他们的探索欲、求知欲和获得感，同时也是为了更深入地让教育部颁布的《关于进一步加强高校实践育人工作的若干意见》等文件的精神要义真正在校园内、在课堂上生根发芽。河南师范大学马克思主义学院的思想政治理论课充分发挥本省红色资源的教书育人功能和价值，让红色资源在"两个课堂"上真正地"活起来"。河南省的红色文化众多，已经开发或者可以进一步挖掘的优秀资源极其丰富，相较其他某些地区来说具有特点显、规模大、价值高、影响大等诸多特质，并且通过实现形式创新，让红色资源进课堂的效果提升。正是这一实质性创新，使学院能够有效灵活运用课堂叙事性教学、基地体验式教学、平台情景式教学、网络延展式教学等多种教学手段，这些立体化、多层次、全方位的教学手段实现了教学过程中诸多元素的渗透融合、互相支撑，不仅丰富了教学形式和活跃了教学气氛，也极大地增强了学生的认同感和获得感。大致来讲，河南师范大学马克思主义学院的多元化、立体式的教学框架由四个重要部分组成：

第一个部分是课堂叙事性实践教学。红色资源是鲜活的历史教材，是我们党宝贵的精神财富，它由诸多历史事件组成，贯穿中国近代革命史的始终，在艰苦岁月的背后是无数革命前辈和无名先烈舍身为国、奋力搏杀、不惧艰苦，用鲜血和生命铸就的一个个精神高地，树立的一座座红色丰碑。这些红色精神蕴含着丰富的革命内涵和厚重的价值底蕴，很多红色精神资源妇孺皆知，成为永久传承的红色经典，包含许多令广大师生敬仰、感动、震撼的红色故事。党的十九大以来，我们党一再强调开展"不忘初心，牢记使命"的主题教育，其中重要的一点是为了提醒我们"历史是最好的教科书，也是最好的营养剂"，通过回顾红色历史，从革命的传统中领悟到我们党"培养什么人、怎样培养人、为谁培养人"的责任和担当。为此，河南师范大学马克思主义学院以“小故事大主题”为主线，结合史实资料记载，通过使用学生明白易懂的话语体系，最大程度联系学生的生活实际，力求生动诠释红色精神的历史底蕴和时代内涵，从红色基因中汲取前进力量。河南师范大学马克思主义学院结合特定的教学内容，在课堂上开展以讲红色故事为主要形式的课堂叙事性教学。

第二个部分是基地体验式教学。河南师范大学马克思主义学院充分利用河南省以及新乡市丰富的红色文化资源，加强教育教学，引导我校全体师生学习革命先辈对党忠诚、主动担当、坚守初心的政治品格，为民服务、为民造福、无私奉献的公仆情怀，自强进取、朴实纯粹、淡泊名利的高尚情操，深入发掘其背后所蕴含的教育价值，大力构建校外实践教学基地。河南师范大学马克思主义学院先后与红旗渠干部学院、南水北调干部学院、新乡县七里营刘庄、全国文明村回龙村、共青团河南省委、新乡市委组织部和宣传部等保持紧密合作，建立了十多个思想政治理论课校外实践教学基地。河南师范大学马克思主义学院秉承“实践是检验真理的唯一标准”和“没有调查就没有发言权”的理念，深刻认识到要深挖红色精神内涵，就必须亲自到红色圣地去感受，为此，马克思主义学院每学期都会组织专业老师带领学生党员、部分学生代表到各个基地进行实践教学、社会调研，引导学生带着问题、带着思考去感知历史，在接受革命传统教育熏陶的同时坚定自己的理想信念。

第三个部分是平台情景式教学。自 2010 年以来，马克思主义学院在研究红色文化资源上就得到了学校领导的重视和支持，先后投资 350 余万元，建成了校内思想政治理论课教学平台，构筑了多功能实践教学场所，实现了开发、移植、整合、展演、制作等功能一体化，在平台上充分发挥了河南师范大学校内外红色资源优势，通过还原历史史实，重现了革命先烈不畏牺牲的精神和亘古不变的革命信念。该平台以“寓道于业、寓教于策、寓学于做、共同成长”为理念，以学生的所感所悟为本，切实把红色文化资源打造为主题教育的经典课堂，在此基础上将教师的“教”演化在教学活动的策划之中，将学生的“学”转换在探究与体验的实践之中，增强红色教育实效。

最后一个部分是网络延展式教学。“只有赢得互联网，才能赢得青年；只有过好网络关，才能过好时代关。”[①]河南师范大学马克思主义学院充分借助思想政治理论课公众微信号、学院官方微信和微博、超星学习通 APP、网上精品课程和慕课、学院官网红色版块等网络教学资源平台，在把完整教材体系推送给学生的同时，极大程度地延伸教学空间、拓展教学资源，实现即时互动的实践教学形式。河南师范大学马克思主义学院依托本地区红色文化资源，利用网络信息技术而创建的虚拟仿真项目“中国共产党革命精神虚拟实践教学”，一经投入就得到学生的认可和喜爱，大大提高了思想政治理论课的实效性和学生们的获得感。

（三）在“活”字上做文章、下功夫

灵活性是使思想政治理论课实现教师与学生的双向积极互动的源泉，“活”就是要在教学各层面上做到灵活运用，随实际而变，在教学形式上灵活多变、教学内容上与时代接轨，教学语言生动易懂。而要做到教学各方面灵活多样，最关键的在于要坚持教师的主导性与学生主体性的统一，在教学过程中充分利用教师与学生之间的双向交互，充分发挥教师的主导作用，并在此基础上充分激发学生的学习主体性和能动性。在教学过程中深入关注学生的思考动态和思想过程，充分了解学生的思维特性和学习中遇到的困难，给予适当指引和帮助，使学生积极主动参与教学活动，积极地提出自己的疑惑，积极地思考学习所得。只有这样，师生之间才能真正产生沟通互动和思

---

① 李明：《切实增强大学生思政获得感》，《人民日报》2019 年 1 月 25 日第 9 版。

维共鸣，而教师深厚的理论功底和真诚的教学情感，还有对学生无私的关爱是产生这一切的主要原因，我们常说的“教学相长”就是这样的状态。教师要深入了解学生，就要在教学活动中深入把握学生的学习规律、思想变化规律和认知规律，关注学生所关注的热点、疑难点，注重学生思想状态的变动，以学生为中心进行深度的交流和教学设计。要抓住教师与学生进行交流探讨的机会，无论是课堂教学、课后作业还是课外活动，都是深入了解学生的良好时机。关键在于教师，思政课教师只有真正热爱本职工作，做到无私奉献，思想政治理论课才能真正走入学生心中，不会流于表面形式，学生的思政课学习才不会仅限于词句背诵和应付考试，流于表面。

要想学好马克思主义，最重要的在于研读经典。经典著作包括马克思主义经典作家的理论经典、中华民族的文化元典。从当前的趋势来看，大学生阅读经典的比例不断上升，但是由于数字化时代而产生的碎片化阅读，大大限制了学生阅读经典的效率。就目前来看，大学生阅读经典的接触面还不够广，阅读的数量和深入的程度都有待提升。马克思主义著作阐述了共产主义真理，是社会主义前进的方向指引，中华文化元典是中国人的精神家园，是坚定民族文化自信的理论根据，阅读经典不仅是培养社会主义建设者和接班人的内在要求，而且也是陶冶情操、启迪心灵的重要方法。思想政治理论课作为引领大学生思想防线的主阵地，理应注重经典给学生的启发，教师要对学生相关经典的阅读进行适时的引导。

教师本人与思想政治理论课的教学效果密切相关。如何将习近平总书记的八个统一落到实处，讲活思想政治理论课，需要全体思想政治理论课教师的共同努力。从根本上说，这是对教师教学信念、理论功底、教学把握能力、科研能力等各方面的综合考量。在这其中，最根本的是教师是否对马克思主义真学真懂真信，只有在教师自身真正信仰马克思主义的前提下，才能始终坚持对中国特色社会主义的道路自信，进而达到感染学生的效果。教师本人深厚的理论积淀和知识储备、为党和国家培养人才的深厚情感是真正产生思想政治理论课感染力的重要基础，精湛的教学技法和教学手段在此基础上更能凸显思想政治理论课的感染力。在新时代的挑战下，思想政治理论课教师要抓住时代特点，迎难而上，积极改革教学方法、创新教学内容，政治要强、情怀要深、思维要新、视野要广、自律要严、人格要正，真正沉下心来打磨课程，真正发挥思想政治理论课的主阵地作用。

六、有效依托“四个着力点”

习近平总书记在多个会议与文章中强调加强高校宣传思想工作和加强思想政治理论课教师队伍建设的重要性。为实现全程育人、全方位育人，要求社会各界配合教育工作者在习近平总书记系列重要讲话精神的指引下，重点把握立德树人的教育教学原则，注重依托四个着力点，即课程育人、实践育人、文化育人和网络育人进行教育研究。

（一）依托课程来育人

课程育人，就是坚持将思想政治理论课作为第一主阵地，坚持用马克思主义中国化的最新理论成果武装学生的头脑，引领学生进步。马克思主义中国化是中国共产党在社会主义革命和建设实践过程中形成的，为党和人民提供了先进理论的指导，为中国特色社会主义事业指出了一个光明的未来。习近平总书记在中央政治局第二十次集体学习时明确要求：“必须高度重视理论的作用，增强理论自信和战略定力，对经过反复实践和比较得出的正确理论，要坚定不移坚持。”[①]争取与时代、实践能够同向、同步发展，不断地在历史与实践中

① 习近平：《在中央政治局第二十次集体学习时的讲话》，《人民日报》2015年01月25日第1版。

积累经验、吸取教训,有效推进认识的升华。为使21世纪马克思主义的发展更进一步,我们应促使理论与实践相互作用,处于良性互动之中。具体到高校的思想政治工作,就是将马克思主义作为必修课这一做法一以贯之,将教育教学工作重中之重的位置让渡给习近平新时代中国特色社会主义思想,使思想政治理论课逐步成长为马克思主义理论宣传研究的重要阵地和关键平台。在这个过程中,要着重考虑理论与实践相结合的问题,即马克思主义基本理论同中国实践相结合的问题,推动理论研究内容向增强理论自信的方向转化并延伸,在理论的研究探讨中坚持马克思主义,以达到增强理论自信与文化自信的效果。

课堂教学这个重要的主阵地是否能够真正利用好,取决于课程质量的好坏。教育工作者可以通过有效提升思想政治理论课的吸引力和亲和力来实现解答学生成长过程中的"惑",传授其内心所期待的人生之"道"的教育目的。当然,这一理想状态的达成也需要其他学科相应地具备强烈的"共同体"意识,积极协调,做到相互配合。其他诸多课程与思想政治理论课之间能够实现有机互动,能够形成促进学生健康发展、为社会主义培养人才的有效合力,依赖于大家共同坚持"守好一段渠,种好责任田"的这一前提。

坚持课程育人,一是坚决不放弃对理论研究的探索,思想政治教育的学科建设需要强大的理论支撑,只有具备深厚的理论基础,学科建设的高质量发展才能够逐步实现。二是要始终走在实践的前沿,加强理论与实践的结合,只有在实践问题的研究中才能够深刻理解思想政治理论课的问题意识和问题导向,才能够做到"为有源头活水来",才能够保持理论创新的不竭动力,否则我们的课堂就会变得僵硬、枯燥,缺乏活力,退化到自说自话的不良状态。强烈的问题意识是理论发展与创新的逻辑原点和不竭动力,只有紧扣时代的脉搏,积极应答时代的疑问和难题,倾听现实的呼声,真正重视和应对重大而紧迫的社会焦点，才有可能发现和顺应社会前进的规律，实现理论的飞跃和创新。三是要注重教师队伍的建设，人是实现社会主义伟大事业的根本动力，所有事业的根本也都在于人，因此，高校思想政治工作能否成功推进，关键在于是否拥有一支高素质的教师队伍。

（二）依托实践来育人

实践育人，就是在课堂之外的社会实践活动中实现对大学生的有效教育。个人价值的实现，不只是依靠自己的力量，还要依赖社会与国家的作用。正如习近平总书记所指出的，只有将个人的理想信念与国家民族的宏伟蓝图有机结合起来，才能创造自己的辉煌人生，所以广大青年学子要“勇做走在时代前面的奋进者、开拓者、奉献者，努力使自己成为祖国建设的有用之才、栋梁之材，为实现中国梦奉献智慧和力量”[①]。在教育过程中把握时代特点，坚持问题导向，从实践中来、到实践中去，培养走在时代前沿的开拓者、创造者，这就是实践育人的根本。明晰理论学习与实践学习相一致的思路，鼓励和引导大学生参与社会实践，在实践中发现问题、思考问题，助推学生们思维的成长、思想的成熟。同时，还要制定相应的制度，形成稳定的制度保障机制，利用制度化的方式将实践育人这一模式固定下来。

这就需要我们从以下两个方面来着手：第一，要明确高校创新创业教育的方法、内在规律和实现路径。高等学校创新创业教育改革，是从国家战略的高度提出的发展措施，是推进经济提质增效的内在要求，有助于推动高校大学生就业质量的提升和高等教育的改革。全社会、各领域都要积极营造支持青年创新创业的氛围并为之提供

① 《习近平给北京大学学生的回信》.《人民日报》2013 年 05 月 05 日。

发展的机会，为他们创造更大、更全、更广阔的平台，让广大青年能够在创新创业的征途中充分发挥自己的潜能，实现自己的价值。在高校创新创业教育过程中，实现路径与改革渠道是需要着重讨论的。校内教育与校外创业在强调差异的同时，也要注重协同推进，以便形成良好的双向衔接关系。第二，要体会时代发展中实践育人的深层内涵。时代是思想之母，实践是理论之源，要想准确把握思想政治教育工作的本质，必须置身于时代的发展进程中，把社会主义核心价值观的教育和中国梦的宣传工作放在突出位置，为思想政治教育注入鲜明的政治属性。

（三）依托文化来育人

文化育人，就是坚持在思想政治教育工作中注重提升大学生群体的文化自觉与文化自信。习近平总书记在多次论述中提到，要对中华优秀传统文化所蕴含的价值理念、道德观念进行创造性转化、创新性发展，要立足于时代现状，坚持古为今用、破旧立新的原则，“有鉴别地加以对待，有扬弃地予以继承，努力用中华民族创造的一切精神财富来以文化人、以文育人”①。习近平总书记还指出，相较于理论自信、制度自信与道路自信，文化自信是更基础、更广泛、更深厚的自信。习近平总书记的相关论述，为高校思想政治工作者提供了明确的教育发展思路，强调了中华优秀传统文化的继承和创新应当在扬弃中进行。文化自信是一个民族精神凝聚力的重要支撑，也是实现中国梦的重要保证。高校思想政治教育工作者要担负起弘扬优秀传统文化以及增强大学生文化自信的重任。

文化育人的关键在于其民族性。在国家的鼓励下，中华优秀传统文化一直保持其根本地位，在探索发展中迅速实现了在国际范围

① 《习近平总书记重要讲话文章选编》，北京：党建读物出版社、中央文献出版社 2016 年版，第 120 页。

内的广泛传播。习近平总书记反复强调:“中华优秀传统文化是中华民族的突出优势,中华民族伟大复兴需要以中华文化发展繁荣为条件,必须结合新的时代条件传承和弘扬好中华优秀传统文化。”①在新时代的背景下,我们要更加灵活地运用历史唯物主义和辩证唯物主义的立场、观点和方法,达到进一步发掘中华优秀传统文化的目的。应当做到以当前时代的视角来解读传统文化中兼爱、非攻、诚信、大同等思想,正确把握这些传统思想的现实内核,处理好传承与创新的关系。在高校教育中,要重视人文教育,深刻理解文化育人的科学内涵;要督促教学方式方法的改进,注重隐性教育与显性教育相结合,以潜在的、持久的方式感染人,感化人,达到润物无声的教育效果,让青年大学生顺其自然地接受正确的、高尚的文化熏陶。

要普及社会主义核心价值观教育,使文化育人与之相协调,用社会主义核心价值观来助力文化建设。习近平总书记强调:“核心价值观是文化软实力的灵魂、文化软实力建设的重点。这是决定文化性质和方向的最深层次要素。一个国家的文化软实力,从根本上说,取决于其核心价值观的生命力、凝聚力、感召力。”②社会主义核心价值观与文化育人两者密不可分,社会主义核心价值观是社会主义的灵魂支柱,是社会主义本质的生动诠释,对社会群体的意识形态起到了根本的影响作用。社会主义核心价值观以凝练的话语表达了中国特色社会主义先进文化的深刻追求,体现了中国人民丰富的精神世界。教育工作者应当在文化育人的活动中融入社会主义核心价值观的宣传教育,利用其价值内涵来引领文化建设。社会主义核心价值观不仅是文化育人的核心教育内容,更是社会主义先进文化建设的根本内容。可以看出,文化育人和社会主义核心价值观是不可分割、相辅

① 《习近平总书记系列重要讲话读本》. 北京:学习出版社,人民出版社 2016 年版,第 201 页。
② 习近平:《习近平谈治国理政》. 北京:外文出版社 2014 年版,第 163 页。

相成的，要以社会主义核心价值观为根本，以文化育人为抓手，在文化育人的过程中体会社会主义核心价值观的根本精神，以社会主义核心价值观的研究反哺文化育人的教育内容。

在文化育人的过程中，要考虑具体的教育环境。大学生群体日常接触最多的就是学校的校园文化，校园文化对大学生群体的影响不可低估。优秀的校园文化对大学生而言，不仅可以提高审美品位、提升人文修养和道德追求，还有助于塑造高尚的人格，培养优秀的个人品质。所以，在文化育人的过程中，要着重于优秀校园文化的建设，以创作和引进精品课程和高质量的文化作品来打造优秀的校园文化，推动高校校园文化的改革创新，使大学生在日常的生活中就能够真正感受到思想和文化的力量与深度。大学之大，贵在独立之精神，包容之思想。古今中外优秀文化经典的熏陶，使校园环境更加纯粹、自然，实现了教育与环境的有机统一。

（四）依托网络来育人

网络育人，就是要在当前数字化的大背景下，注重网络空间的建设与网络舆论的引导，培养中国的新网民。现今社会，网络的触角无处不在，人们习惯于生活在这个数字化、虚拟化的网络世界之中，“作为社会整体中的有机组成部分，高校的网络化趋势同样引人关注，网络元素正冲击和改变着传统的教学模式、管理方式和育人手段”①。网络的即时性和信息传播的不确定性也是影响高校德育工作进程的重要因素，如何帮助学生端正对待网络的态度成为当务之急。在文化育人上，要加强网络文化建设，创新网络教育的手段和方法，守住网络这一舆论场，正确发挥网络文化育人的功能。

要做好网络文化育人这一工作，首先就要掌握网络和信息化的

① 蒋广学、张勇、徐鹏：《高校网络育人工作的系统思考与实践探索》[J].《思想理论教育导刊》2014 年第 3 期。

工作规律,进而明确工作方法。一个是推动社会网络平台与校园网络平台的融合发展,在全国建立高校校园网络联盟,如中国大学生在线引领工程、“易班”推广行动计划等,以便通过校园与社会等网络平台的共享共建、信息的互联互通,实现要素资源的合理配置,基于此,可以建立高效的示范推广机制,快速推进高校校园网络联盟的建立工作。另一个是要对传统媒体与新兴媒体在渠道、内容、平台和管理机制等各个方面进行深度解析,促使二者能够互联互通,实现更完美地融合。探索建立立体的、多样化的校园信息传播体系,综合考虑、积极鼓励传统媒体与现代媒体实现最大程度的同频共振与优势互补。

其次,要培养和提高校园网民这一群体的素质。最根本的是要加强如教学名师、学术大师等校园优秀文化工作者在网络文化建设中的教育示范作用。建立对优秀网络文化成果进行评价和认证等类型的动力机制,推进落实将网络文化成果也作为教师的科研成果统计、职称职务评审和评先争优中认定与应用的重要参考内容。通过活跃网络文化的建设氛围等方式吸引更多人参与网络文化建设,在此基础上,加强网民培育机制的研究,制定优秀网民的行为标准。统筹校园相关管理部门的职能优势培育校园好网民,深入发掘在网络安全意识、网络文明行为、网络防护技能和网络守法行为等不同方面表现良好的“四有”校园师生好网民,弘扬和宣传正能量。

七、通过多种形式和路径来扩大思想政治理论课的覆盖面

除了利用好思想政治理论课“第一课堂”和“第二课堂”等主阵地,还可以利用多种媒介和多样形式,把课堂教学和学生的常规教育结合起来,随时随地进行思想政治教育,增强教育的灵活性。

（一）经由可视化的艺术作品来增强人们的获得感

红色文化不仅是我们中华民族的文化瑰宝，还是我们世世代代需要发扬传承的宝贵精神财富，更是中国共产党一路走来从未丢失的初心，它深刻地体现着中华民族自强不息的民族品格。红色基因是一种红色文化和革命精神的传承，有利于培养广大师生爱国主义精神、塑造师生良好品格、增强国民文化自信。如今互联网信息纷杂，对高校大学生的价值观塑造具有很大影响，为了抵御不良网络信息的侵蚀，塑造大学生正确价值取向，红色文化教育刻不容缓。因此，2017 年 10 月，首届全国高校思想政治理论课“赤子初心”大学生艺术作品巡展在清华大学正式启动，值得一提的是，此次巡展是由教育部亲自指导并委托清华大学主办，由清华大学马克思主义学院具体承办的。此次大学生艺术作品巡展在巡展主题上下了大功夫，最终决定选用“赤子初心”，旨在更好地体现其历史性意义和首届举办的特殊寓意。所谓“赤子”，即信仰马克思列宁主义、毛泽东思想，具有坚定的理想信念，以实现中华民族独立、解放和富强为己任去不懈奋斗的仁人志士。而“初心”，指的是甘愿将自身奉献给为人民服务的事业、勇担责任使命、永远对党和国家忠诚、胸怀共产主义最高理想信念的一片赤诚之心。应对世界百年未有之大变局，“初心”永远是精神航标。本次巡展之所以将“赤子初心”定为主题，意在体现中国共产党领导人民群众在革命时期、社会主义建设时期各阶段为实现共同理想而浴血奋战、艰苦卓绝的精神面貌和革命气概。

为引导广大青少年学生探寻红色文化，认清自己的“中国根”和“中国魂”，需要抓好红色基因传承，切实用好红色文化资源。本次大学生艺术巡展全部作品来自全国 32 个省市及新疆生产建设兵团，总计展出 450 件作品，其中包含清华大学马克思主义学院 200 余位同学的作品。这些同学有一个鲜明的共同点是，他们均参与了 2017 年春季学期《中国近现代史纲要》的课程，在课程设置的16周时间内，学生们会系统学习中国近现代历史，能够对我们党和国家的历史有更为深刻和透彻的理解。课程结束之后，学生们将自己的所学所得以绘画、书法、雕塑、编织、陶瓷、海报设计和摄影摄像等多样的形式展示出来，这不但抒发了他们对中国共产党百年光辉历史的“初心”，而且也包含了他们对红色文化资源的传承之心。清华大学马克思主义学院一直以来致力于探索思想政治教育与艺术的创新和融合，无论是理论内容还是形式改革都初显成效，每年的思想政治理论课学生艺术作品展，都吸引了一大批学子踊跃参与，自2011年以来作品展已持续了六年。为了提高作品展的趣味性，每届都会围绕一个不同的主题进行创作，按时间顺序，主题依次是“百年印象”“人间正道”“寻梦中国”“峥嵘岁月”“山河浩气”以及“雄关漫道”。在一届届清华学子接过“开展艺术作品活动”接力棒的同时，也在广大青年学生心里埋下了“心中有信仰，脚下有力量”的种子。

在贯彻落实习近平总书记在学校思想政治理论课教师座谈会上的重要讲话精神，探索思政教育模式的时代主题背景下，高校要注重将红色经典艺术作品的普及教育贯穿于日常思政教育工作中，既能提高大学生的思想政治素养，也能有效提升学生对艺术的认知和鉴赏能力。2017年的高校思想政治理论课“赤子初心”全国大学生艺术作品展顺利举办，便是采取“因材施教”新模式的重要成果，因而得到了教育部社科司、北京市教工委、清华大学党委的大力支持，以此为契机，教育部社科司指出，未来全国高校思想政治理论课大学生艺术作品巡展将成为新模式的起点，通过采用科学、灵活的教育方法来大力推进红色文化和思想政治教育之间的有机融合。采用“因材施教”新模式，丰富思政课的教学内容并创新教学手段，通过合理和差异化的教学改革，如对不同院校的实际教育情况进行教学管理工作的差别设计，打造全国高校思想政治理论课文化平台等。通过一系列的创造性艺术教育活动，不但能够使学生增强对红色文化的认识与理解，而且能提升思想政治教学的趣味性，改善课堂教学效果。

（二）经由广大学生的切身参与来提升自身的获得感

党的十八大以来，为贯彻习近平总书记关于“要把红色资源利用好、把红色传统发扬好、把红色基因传承好”的重要指示精神，全面推动习近平新时代中国特色社会主义思想进教材进课堂进学生头脑，深入学习贯彻习近平总书记在北京大学师生座谈会、纪念马克思诞辰200周年大会上的重要讲话精神，由教育部社会科学司、教育部高等学校思想政治理论课教学指导委员会联合主办，吉林大学马克思主义学院承办的“思想政治理论课学习之星”——第二届全国高校大学生马克思主义理论学习夏令营开营仪式于2018年7月23日在吉林大学东荣大厦二楼多功能厅隆重召开。该夏令营的开展，有利于全面推进国内各高校对红色基因的弘扬与对革命文化传统的继承，深入落实各高校思想政治理论课教师队伍建设专项工作，持续打好提升高校思想政治理论课的水平和质量的攻坚战，不断增强学生关于思想政治理论课的获得感，使深厚的红色文化和悠久的革命传统教育在学校里蔚然成风、历久弥新，在新的时代下熠熠生辉，呈现出新的时代内涵。

红色文化生机勃勃，红色传统代代相传。吉大夏令营聘请国内著名的马克思主义理论专家李忠军、陈秉公、韩喜平、陈松友教授进行授课，在活动安排上，既有集中教育，又有自主学习，既有经典导读和对马克思主义理论的学习，又有实践考察，突出了红色文化是马克思主义基本原理同中国具体实际相结合的精神结晶，是对中华优秀传统文化和世界优秀文化的继承、发展与创新。为此，夏令营课程设置了4场马克思主义理论学习讲座、3堂优秀思想政治理论课体验、2场分组研讨、2次主题班会、2次实践考察以及素质拓展、1次马克思主义经典著作导读以及红色影片观摩和时代楷模先进事迹视频展示。通过对红色文化的学习，既拓宽了广大师生的理论视野，夯实了理论基础，提升了理论素养，坚定了理想信念，又提高了青年人对红色文化思想、理念的自觉认同，这种结合红色经典内容与时俱进的学习形式，大大提升了大学生思想政治理论课的获得感。

第七章 增强大学生思想政治理论课获得感的路径建设

增强思想政治理论课的获得感是提升思想政治教育质量的要求,也是检验思想政治理论课教学成效的标尺。增强大学生思想政治理论课的获得感,需从价值获得、内容获得、方式获得和实践获得着力,打造高精尖水平的思想政治理论课的"金课"。

一、价值获得:落实思想政治理论课教学目标

增强大学生思想政治理论课的获得感,就要发挥思想政治理论课的课程特色,明确思想政治理论课的政治方向、目标指向和实施策略,解决好"如何培养人以及为谁培养人这个根本问题"[①]。

(一)明确为国效力的政治方向

信仰决定方向,犹如引领航向的灯塔;信念决定道路,犹如破浪前行的舵盘;信心决定命运,犹如乘风蓄力的帆帏。

坚定的信仰是理清政治方向的基础,也是大学生思想政治理论课获得感提升的核心要素。习近平在庆祝改革开放40周年时强调:

---

① 习近平:《把思想政治工作贯穿教育教学全过程 开创我国高等教育事业发展新局面》,《人民日报》,2016年12月9日。

“无论过去、现在还是将来，对马克思主义的信仰，对中国特色社会主义的信念，对实现中华民族伟大复兴中国梦的信心，都是指引和支撑中国人民站起来、富起来、强起来的强大精神力量。”[①]中国共产党始终把马克思主义视为信仰，奉作理想信念的灵魂。马克思主义为什么“能”，核心在于它是科学的世界观和方法论，以“剩余价值学说”为钥匙厘清了资本主义特有的运行规律，并揭示了人类社会发展的方向和图景，更重要的是实现人类自由全面发展这一价值指向。马克思主义能够得到广泛的传播，还在于其具有科学魅力、吸引力。石川康宏在《青年们，读马克思吧！》一书中这样谈道：“写《共产党宣言》的时候，马克思只有 29 岁，恩格斯只有 27 岁。这么年轻就开始思索如此高深的问题，并且自己还给出了丰富而大胆的回答。印象中，还在读大学一年级的我，为他们这种无畏的精神感到震撼，同时感到了前所未有的兴奋。怎么描述好呢？‘虽然不知道为什么，但是我觉得这精神的后面似乎藏了一个了不起的世界’。”[②]因此，提升大学生思想政治理论课的获得感，不仅要掌握正确的世界观、人生观和价值观，还要有探求人类社会发展规律的精神驱动、服务人民群众的思想意识。

增强大学生思想政治理论课获得感，必须坚持远大理想和共同理想，深化党史和国史教育，理解只有社会主义才能救中国，只有中国特色社会主义才能发展中国。自近代沦为半殖民地半封建国家以来，中华民族面临民族独立和人民解放两大历史任务，各个阶级也都拿出了救国方案并付诸行动，结果却以失败告终。中国人民最终选择了中国共产党，选择了社会主义，经过浴血奋战，建立了新中国和社会主义制度。在此基础上，我们党经过艰苦的探索，成功开辟了中

① 习近平：《在庆祝改革开放四十周年大会上的讲话》.《人民日报》2018 年 12 月 18 日。
② ［日］内田树，日石川康宏：《青年们，读马克思吧！》. 于永妍、王伟译，北京：红旗出版社 2016 年版，序言，第 1 页。

国特色社会主义道路，创立了中国特色社会主义理论体系，使我国走向了民族复兴的康庄大道。

增强大学生思想政治理论课获得感，必须抱有对实现中华民族伟大复兴中国梦的信心。中国梦视野宽广、内涵丰富、意蕴深远。赵可金认为，国家富强，就是要全面建成小康社会，并在此基础上建设富强民主文明和谐美丽的社会主义现代化强国；民族振兴，就是要使中华民族更加坚强有力地自立于世界民族之林，为人类文明作出应有贡献，为人类社会提供中国方案；人民幸福，就是要坚持以人民为中心，增进人民福祉，促进人的全面发展，朝着共同富裕方向稳步前进。以习近平新时代中国特色社会主义思想为指导，以“八个明确”和“十四个坚持”为核心，以“四个伟大”为依托，以“四个自信”为着力点，聚焦“精准扶贫”，通过更为艰苦、更为艰辛的努力，实现中华民族的伟大复兴。

高等学校要明确高等教育办学方向，这是增强大学生思想政治理论课获得感的主要依托。习近平同志强调：“我国高等教育发展方向要同我国发展的现实目标和未来方向紧密联系在一起，为人民服务，为中国共产党治国理政服务，为巩固和发展中国特色社会主义制度服务，为改革开放和社会主义现代化建设服务。”①坚持“为人民服务”就是要以立德树人为核心，把提高教育质量作为中心工作；坚持“为中国共产党治国理政服务”就是进一步强化意识形态工作，为中国共产党治国理政提供坚实的文化基础；坚持“为巩固和发展中国特色社会主义制度服务”就是要秉承社会主义办学方向，不断强化中国特色社会主义的“四个自信”；坚持“为改革开放和社会主义现代化建设服务”就是要扎根中国大地，高等教育要服务于中国经济社会发展需要，致力于中华民族伟大复兴，不断获取自身发展的动力。秦宣教

① 习近平：《把思想政治工作贯穿教育教学全过程　开创我国高等教育事业发展新局面》，《人民日报》2016年12月9日。

授认为,“四个服务”是相互联系、内在统一的有机整体,既是党的教育实践成功经验的总结,也是我国教育必须长期坚持的基本原则。高校思想政治工作事关高校“办什么样的大学,怎样办大学的根本问题”,关乎“为谁培养人,怎样培养人的根本问题”,思想政治理论课作为高校思想政治工作的核心,要秉承“四个服务”,确立为国效力的政治方向,建构起大学生思想政治理论课获得感的情感归属。

青年是时代的觉醒者、责任的担当者、精神的倡导者,一个时代的开启,以思想觉醒为先导;一个时代的责任,以历史延续为基础;一个时代的精神,以世代传承为纽带。“在实践方式上,对人民的情感、对中国共产党的情感、对中国特色社会主义的情感、对改革开放和现代化建设的情感呈现为‘四个坚定’,即坚定人民群众是历史的创造者的唯物史观,相信群众、依靠群众、尊重人民群众的首创精神;坚定‘四个意识’,为党的治理体系和治理能力现代化献策献力;坚定我国的根本政治制度和基本政治制度,坚定制度自信、保持制度定力、创新制度体制、发挥制度活力、彰显制度优势;坚定改革开放只有进行时,没有完成时的科学论断,明白新时代中国特色社会主义只有通过改革开放才能破解发展难题,实现伟大梦想。”①

(二)秉承立德树人的教育宗旨

法安天下,德润人心。道德建设是社会发展的基石,建设和谐人际关系的基础。以道德精神的“富矿”破解资本逻辑的弊端,弘扬社会正能量,积极践行社会主义核心价值观,树立社会发展的风向标,争做社会道德的示范者和维护者,为中国特色社会主义事业提供精神动力和道德滋养。

习近平总书记在北京大学师生座谈会上引用“国有四维,礼义廉

---

① 王会民:《增强大学生思想政治理论课获得感的四重向度》,《思想教育研究》2018 年第 11 期。

耻，四维不张，国乃灭亡”来勤勉学生。每个时代都有每个时代的价值观念和时代精神，每个国家都有自己独特的治国方式，这是中国先人对中华民族核心价值观的认识，也是中国“大一统”的内在支撑。这是一个理论问题，同时也是一个实践问题。

用今天的观点进行审视，先贤圣哲提出和推崇四维，其实也是在推崇以德化人、以德治国，这是一种软约束，与规范性的法律制度一样，都是人类社会文明发展不可或缺的本质要求，须臾不可脱离和偏废。在当今中国，我们推进治理能力和治理体系现代化，提出社会主义核心价值观，这就回答了我们要建设什么样的国家、建设什么样的社会、培养什么样的公民的问题，也回答了我们要通过何种方案、何种路径来实现的问题。可见，治理体系和治理能力现代化、社会主义核心价值观，立意高远、内涵深邃，极大地丰富、拓展了礼义廉耻的精神内涵和功能范围。在积极践行社会主义核心价值观方面，黄大发就是一个先进的典型。黄大发曾担任贵州省遵义市播州区平正仡佬族乡团结村党支部书记，为解决吃水难问题，秉承着“生命到哪一天，就干到哪一天”的誓言，30 年如一日，硬生生在绝壁上凿出一条长 9400 米的“生命渠”，结束了当地“滴水贵如油”的历史，这条渠被当地群众亲切称为“大发渠”。他带领群众树立主体意识、发扬自力更生精神，修村路、架电线、“坡改梯”、建学校，改变了当地贫穷落后的面貌，用实际行动践行了新时期愚公移山精神，更诠释了家国情怀、人民本位的价值理念。

立德树人是高校的立身之本和第一要务，同时也是检验学校一切工作的根本标准，表现在概念属性上，首先要明确立德树人“立何德”“树何人”。高等教育立德树人，习近平总书记以“明大德、守公德、严私德”对“立何德”做了深刻的回答。“明大德”就是要明国家发展、民族复兴之“大德”；“守公德”就是守社会文明、风清气正之“公德”；“严私德”就是严慎思笃行、严于律己之“私德”。从立德的标准出发,"树何人"就要树能认清自我、德法兼修又有浩然正气的中国人;树有真才实学、民族精神又有全球视野的文明社会人;树能全面发展、艰苦奋斗又勇担大任的时代新人。

具体而言,首先,"明大德"。"小胜靠智,大胜靠德"。青年学生要明确树立投身于社会主义伟大事业和民族复兴奋斗目标的家国情怀。这就需要加强中国历史、中华优秀传统文化、中国共产党历史的教育,把知识教育和情感教育、信念教育结合起来,培养青少年学生对伟大祖国、中华民族、中华文化、中国共产党、中国特色社会主义的认同,构建共同的家国记忆。将爱国情感与报国之志结合起来,将个人理想和民族梦想、个人价值与社会价值、个人命运和国家命运融为一体。

其次,"守公德"。"大道之行也,天下为公"。公德就是公众之德、公权之德和工作之德,就是自觉履行现代社会对公民的道德价值要求。教育学生守公德,就是要引导学生做到心底无私天地宽,自觉践行社会主义核心价值观。习近平同志讲到价值引领作用,就提出了"系扣子"论断,"第一粒扣子扣错了,剩余的扣子都会扣错"[①]。"怎样让学生系对第一粒扣子、走好自己人生的第一步,就要让科学的理论浇灌灵魂,让先进的思想武装头脑,让马列主义、毛泽东思想、邓小平理论、'三个代表'重要思想、科学发展观、习近平新时代中国特色社会主义思想进教材,进课堂,进头脑。强化共产主义远大理想、社会主义共同理想培育。"[②]公德没有大小之分、长幼之别,没有人可以置身之外,如果每一个人只管自扫门前雪,这样一个社会必然是冷漠的。爱护每一棵花草,给羸弱的孕妇让座,伸手帮助摔倒的小孩,向不文明行为说不,将个人"小我"融入社会"大我",践行社会公德。

---

① 《习近平谈治国理政》(第1卷).北京:人民出版社,2014年版,第172页。

② 王会民:《增强大学生思想政治理论课获得感的四重向度》.《思想教育研究》2018年第11期。

在这方面，时代楷模曲建武就是一个典型的例子。曲建武老师出于对教育事业的热爱、对思想政治工作的坚守、对青年学生的关心，主动辞去领导职务，回到高校教书育人第一线，做了一名任课老师和本科生辅导员，谱写了新时代以德立身、以德立学、以德施教的一曲赞歌。

最后，“严私德”。“百行德为首，品洁人自高。”私德常指个人修养、行为习惯以及个人处理爱情、婚姻、家庭问题、邻里关系的道德规范。《后汉书》有杨震“四迁荆州刺史、东莱太守。当之郡，道经昌邑，故所举荆州茂才王密为昌邑令，谒见，至夜怀金十斤以遗震。震曰：‘故人知君，君不知故人，何也?’密曰：‘暮夜无知者。’震曰：‘天知，神知，我知，子知。何谓无知?’密愧而出”。一个人道德水平的高低不仅仅体现在社会交往中，更与个人的自律活动息息相关，在这方面，“暮夜却金”成为了严私德的典范。

慎独慎微是古人修私德、严私德留下的宝贵经验和思想资源。牢记“勿以恶小而为之”的警示，谨记“物必先腐，而后虫生”的真谛，铭刻“千里堤坝溃于蚁穴”的教训，做到心中有责、心中有诫，严格约束自己的操守和行为。习近平总书记曾多次强调，要多积尺寸之功。要从小事上着力，从一点一滴中积累。教育学生像徐溥那样，对自己行为要高标准约束，保持强烈的自律意识，即使是在个人独处时，也能自觉地严于律己，谨慎对待自己的一言一行。慎独是自律的最高境界，更是严私德的客观要求，它能让一个人在独立工作、无人监督的时候仍然能够不被外物所左右，丝毫不放松自我监督的力度，谨慎自觉地按照一贯的道德准则去规范自己的言行，一如既往地保持道德自觉。

严私德才能守公德，守公德才能明大德。明大德、守公德、严私德，人生的三种德行缺一不可。新时代不仅要有新使命、新担当，更要有高品德、厚修为。道不可坐论，德不能空谈。幸福是奋斗出来的，德行同样要靠实践才能修得。“加强爱国主义、集体主义教育；推进社会公德、个人品德建设；引导形成科学的世界观、人生观和价值观。做好马克思主义理论的坚定信仰者和忠实传播者、社会主义核心价值观的自觉认同者和模范践行者、中国特色社会主义现代化事业的拥护者和建设者、中华民族伟大复兴的参与者和贡献者，实现与祖国一起奋斗、出彩和收获的机会”①，才能落脚到能认清自我、德法兼修又有浩然正气的中国人；有真才实学、民族精神又有全球视野的文明社会人；能全面发展、艰苦奋斗又勇担大任的时代新人。

（三）把握三全育人的政策导向

实现立德树人，就要“把思想政治工作贯穿教育教学全过程，实现全程育人、全方位育人”②。

顾名思义，“三全育人”的出发点是培养人。我国的社会性质，要求我们培养社会主义建设者和接班人，要求学生价值观端正，具有崇高理想和服务人民的情怀，能够积极践行社会主义核心价值观；知识丰富，知识掌握地越多，看待世界的能力就越全面，认知世界的广度和深度就越强，就越能把握世界的客观规律；能力全面，强调学生要用自己的知识改变世界。马克思曾说过：“哲学家们只是用不同的方式解释世界，而问题在于改变世界。”③学生要把自己丰富的知识转变为改造世界的能力，做到内化于心、外化于行。“三全育人”的中心在育。教育不是生产流水线，不能按照一个模板走统一标准。习近平总书记指出：“人才培养一定是育人和育才相统一的过程，而育人是本。”④育人与养花一样，要养好花，就要了解每一种花的属性，做到精

---

① 王会民：《增强大学生思想政治理论课获得感的四重向度》.《思想教育研究》2018 年 11 期。

② 习近平：《习近平在全国高校思想政治工作会议上强调：把思想政治工作贯穿教育教学全过程　开创我国高等教育事业发展新局面》.《人民日报》2016 年 12 月 9 日。

③《马克思恩格斯文集》(第 1 卷). 北京：人民出版社 2009 年版，第 502 页。

④ 习近平：《在北京大学师生座谈会上的讲话》.《人民日报》2018 年 5 月 3 日。

准施肥和控温。育人也要因材施教，要把握每个学生的特点，遵循教书育人规律，精耕细作，摒弃“千人一面”的教育模式，实现“千姿百态”的教育效果。“三全育人”的重心在于“全”，全表现在全员、全程和全方面，全员主要从施教主体而言，全体教职工都是施教主体；全程主要从过程而言，要关注学生成长成才的全过程；全方面主要从领域而言，要涵盖课上课下、网上网下、校内校外，实现育人无处不在。例如，桂林医学院在学生宿舍区开设了“雷锋超市”“诚信超市”。“雷锋超市”是大学生扶危济贫、开展志愿服务的平台，有助于促进他们养成常做好事的行动自觉；“诚信超市”则采用“无人化、开放式”经营，自助购、扫码购，可暂时赊账。超市营业 3 个月来，接待师生 2.6 万人次，累计营业额 15 万余元，总销售利润 3 万元，全部用于资助贫困大学生。因赊欠而主动还款的金额 1500 多元，无人恶意欠款，大学生的诚信意识在实践中得到了巩固和弘扬，育人成效显著。

2017 年 2 月 27 号，中共中央、国务院印发《关于加强和改进新形势下高校思想政治工作的意见》，在意见中就提出了坚持全员全程全方位育人的基本原则。党的十九大以来，教育部为聚焦三全育人的政策导向，遴选产生 5 个“三全育人”综合改革试点区、10 个“三全育人”综合改革试点高校、50 个“三全育人”综合改革试点院（系），并于 2019 年 1 月遴选了第二批试点单位。围绕这些要求，学习试点单位先进经验，依据自身特点，要积极践行三全育人。这主要从以下几个方面发力。

其一，实现“三全”育人，要提高政治站位，提高思想自觉和行动自觉。这就要以新思政观引领改革，以一体化思维破除阻碍，坚持问题导向，聚焦短板，着力打通盲区和断点，真正把各项工作重点和目标落在育人效果上，使教育教学更有温度、思想引领更有力度，切实增强学生获得感。武汉大学实施的“烛光导航工程”，聘请教学名师担任本科生的烛光导航师，为学生导航、导心、导学，立足实现精准帮扶，健全关爱学生的长效机制，从入学到毕业一体化服务，教师依据自己人格、学识和精神言传身教、悉心导学。同时，利用新媒体，开通校园“BBS部门直通车”，解决学生的疑难问题，并给出具体解决方案。“校领导与学生面对面”活动现场更是“火爆”，有时，负责人会被较真的学生问得脸红出汗。河南师范大学马克思主义学院践行育人为本当先锋、科学争创促发展的理念，建立起比较完善的本科生导师制，着力提升本科人才培养质量。学院采用多种方式开展教师与学生的交流活动，全方位掌握学生最新的心理状态与学习状态，对学生进行思想引导、专业教导、学业辅导、生活指导、心理疏导，促进学生品德、知识、能力的更好发展与提高。

其二，实现“三全”育人，就要按规律办事，形成育人合力。从系统论上，思想政治理论课本身就是一项系统工程，包括施教主体、客体、内容、方式和环境等方面，这就既要彰显整体性，秉承习近平新时代中国特色社会主义思想，夯实育人思想基础，做好思想政治教育课的顶层设计，提高育人实效，又要保持各部分的独立性，相互之间的依存性、互动性和协调性。从过程论上，要抓住“关键少数”和“关键环节”。在关键少数上，领导干部要发挥模范带头作用，落实意识形态工作责任制，做好思想政治工作的组织者、参与者和建设者；学科带头人要发挥好引领作用，做好青年教师榜样，增强教师的“育人”意识；学生干部和党员要发挥示范作用，发挥同龄优势，以自身践行激励大家。在关键环节上，要发挥创新意识，将思想政治理论课与时代创新、教育创新的大环境对接起来；要发挥协同意识，着力实现平台对接，优势互补和资源共享。从目的论上，要实现精准、全面育人，实现通识教育和专业教育、分层教育和专题教育、理论教育和实践教育相统筹，提高育人针对性；加快改革力度，构建立体化教学模式，实现思想政治理论课无“盲区”。①

其三，实现“三全育人”，要聚焦问题，精准解决，强化担当。首先，要打好“共识”攻坚战。要实现从理论共识到实践共识，从教师共识到全学校的思想共识。“三全育人”不是教师的专属，不是党委的专责，需要每一个教职工同向发力，心往一处想，劲往一处使，努力提升教育水平、管理水平、服务水平，积极营造良好的宿舍文化、饮食文化等校园文化氛围，诸如一些高校开展“红色公寓”“平安公寓”“和谐公寓”“魅力公寓”，以及各个学校的特色“网红餐厅”，让学生有更多的更全面的获得感。其次，要打好“融入”攻坚战。“三全育人”并不是另起炉灶，而是要使得学校各项制度有机融合，发挥制度合力。这就需要从制度发力，落实责任，实现学校体系融合、课程融合、教材融合，达到硬件与软件相融合，显性教育与隐形教育相融合。最后，是打好“协同”攻坚战。这就需要党委工作与行政工作、思想政治理论课与专业课、文化育人与实践育人相协调。

二、内容获得：提供思想政治理论课优质供给

增强大学生思想政治理论课的获得感，其中关键的一环在于提供优质的内容，这主要以经典教材为基础，以课程设置为条件，以教师传导为桥梁，实施精准供给、优质供给，使学生在享受这个营养大餐时，提升获得感。

（一）打造经典教材，提供精准输出

新中国成立70年以来，我国高校思想政治理论课的课程设置经历了数次调整与变革，思想政治理论课的教材随着课程设置而不断

① 王会民：《增强大学生思想政治理论课获得感的四重向度》，《思想教育研究》2018年第11期。

完善和发展。在名称上，曾用过公共必修课、政治理论课、公共政治理论课、马列主义课、马克思主义理论课、共产主义思想品德课、“两课”，但绝大多数时间都是采用“思想政治理论课”这一名称。

从历史而言，从 1949—1952 年，根据新民主主义建设和坚持中国共产党领导的需要，学习苏联的高教模式，创建了新中国的思想政治理论课，主要开设三门课程，即”新民主主义论”、“政治经济学”、“辩证唯物主义”和“历史唯物主义”，同时，对不同类型的高校开设思想政治理论课的门类、次序和学时做了规范性要求。从 1953—1959 年，开设五门课程，主要是“马列主义基础”、“中国革命史”、“政治经济学”、“辩证唯物主义”和“历史唯物主义”、“时事政策”。从 1957—1960 年，1957 年教育部要求高校各年级开设“社会主义教育”课程，原来四门课一律停开。1958 年又提出各个高校开设“马列主义基础”、“政治经济学”、“辩证唯物主义”和“历史唯物主义”。从 1961—1966 年，课程开设分文理科，文科开设“中共党史”、“马克思列宁主义基础”、“政治经济学”、“哲学”，理科开设“中共党史”、“马克思列宁主义概论”，所有专业均开设“形势与政策”课，这些课程开设的突出特点是适应反对修正主义的需要，加强毛泽东思想教育。从 1966—1976 年，开设“政治课”。从 1977—1984 年的改革开放初期，主要开设 4 门课程：“辩证唯物主义和历史唯物主义”(1980 年以后改为哲学)、“政治经济学”、“中共党史”、“国际共运史”(文科)，课程设置基本上恢复到文革前的状况，并有所发展，从此以后，高校思政课实际上已经包含“马克思主义理论课”和“思想政治品德课”。从 1985—1997 年新时期的建设和发展时期，1985 年 8 月，中共中央正式颁布《关于改革学校思想品德和政治理论课程教学的通知》，明确了不同层次学校政治理论课和思想品德课的基本要求和内容，对高校思想政治理论课提出了新的调整要求。1986 年 3 月，新的课程设置方案主要为四门课程：“中国社会主义建设”、“世界政治经济与国际关系”、“马克思主义原理”、“中共革命史”。其中前两门为新设置课程，后两门由哲学、政治经济学和试开的科学社会主义合并而来，7 月，将“形势与政策”课纳入必修课程，9 月，增加“法律基础”课程，10 月，国家教委推出《关于高等学校思想教育课程建设的意见》，对思想教育课程作出规定：法律基础、形势与政策为必修课，“大学生思想修养”、“人生哲理”、“职业道德”为选修课。1995 年 5 月，国家教委发布《关于高校马克思主义理论课和思想品德课教学改革的若干意见》，第一次明确将马克思主义理论课和思想品德课简称为“两课”，提出改革的重点是以邓小平建设有中国特色社会主义理论为中心内容，同时首次对“两课”设置做了统一规定：马克思主义理论课设有“马克思主义原理、中国社会主义建设、中国革命史”，思想品德课设置“思想道德修养、法律基础、形势与政策教育”。从 1998—2005 年，这一阶段主要称为 98 方案，开设 8 门课程，“马克思主义哲学原理”、“马克思主义政治经济学原理”、“毛泽东思想概论”、“邓小平理论概论”、“当代世界经济与政治”、“思想道德修养”、“法律基础、形势与政策”。98 方案主要体现了马克思主义理论教育、中国化马克思主义成果教育和人生观、价值观教育的有机统一。2003 年，教育部发出通知，将邓小平理论调整为“邓小平理论和‘三个代表’重要思想概论”。从 2005—2017 年，针对 98 方案存在的问题，诸如课程体系不尽合理、衔接度不够，可能内容重复多，课时相对较多等。通过全国性的调研，在 2005 年，中宣部、教育部下发《关于进一步加强和改进高等学校思想政治理论课的意见》，明确了新的课程设置，明确了四门必修课，同时开设形势与政策课，另设“当代经济与政治”等选修课。2010 年，将“毛泽东思想、邓小平理论和‘三个代表’重要思想概论”改为“中国特色社会主义理论体系概论”。与此同时，随着时代的发展，版本在不断优化，但是课程设置没有出现变化。随着十九大的召开，就深入推进习近平新时代中国特色社会主义思想和党的十九大精神

“进教材、进课堂、进头脑”，对原有的教材进行了进一步的修订。

从思想政治理论的历史发展中，我们可以看到以下特点：(1)党中央高度重视思想政治理论课建设；(2)思想政治理论课的调整反映了时代的变化和对人才的要求；(3)思想政治理论课的突出特点是强调马克思主义基本理论；(4)思想政治理论课始终以发展着的马克思主义，即中国化的马克思主义为中心；(5)思想政治理论课始终坚持理论联系实际的原则，以培养大学生的世界观、人生观和价值观为根本遵循，以培养大学生分析问题、解决问题为重点。

尤为重要的是，党的十八大以来，中国取得了历史性成就和历史性变革，主要表现在经济建设、全面深化改革、民主发展、思想文化、人民生活、生态文明、强军兴军、外交布局、全面从严治党等方面成效显著。但是在取得成就的同时，我们需要面对的问题还是非常严峻的，这些问题对高校大学生的不良影响应该引起高度重视。高校是国内外各种思潮聚集和交汇的前沿阵地，虽然和平与发展是时代的主题，但是一些国家利用经济、军事、科技、传媒的优势推行霸权主义和意识形态渗透，尤其是利用西方宗教的渗透更不容忽视；经济全球化带来的资本逻辑、文化扩张，使学生在价值取向、思维方式、审美情趣等方面都会受到一定程度的冲击。在国内，随着全面深化改革，经济体制、社会结构、利益格局都在不断调整和完善，一些学生的拜金主义、享乐主义和极端个人主义思想滋生；网络的发展虽然提供了获取知识的便捷通道，但是由于其秘密性、交互性、便捷性等特点，网络资源呈现出鱼龙混杂的状态，使得回应网上舆论、占领话语高地成为时代课题。在社会转型过程中，大学生的思想呈现出复杂、多元、易变、难测等特点，具体表现为时代感强，责任意识减弱；进取心强，辨别能力弱；社会认同感强，践行能力弱；主体意识强，集体观念弱，等等。

基于此，立足当代大学生的实际需求，为了让大学生树立正确的价值观念，强化明辨是非的能力，廓清错误社会思潮，为准确把握“马克思主义基本原理概论”“毛泽东思想和中国特色社会主义理论体系概论”“中国近现代史纲要”和“思想道德修养与法律基础”这四门高校思想政治理论课 2018 年版教材的指导思想、基本精神、核心内容、修订重点和难点等内容，按照教育部教材局《关于做好高校思想政治理论课 2018 年版教材使用培训的通知》要求，2018 年 5 月 14 日，全国高校思想政治理论课 2018 版教材使用培训会开班仪式在北京召开。培训采用网络同步直播形式，在北京设主会场，并设有省级分会场和高校分会场，全国共有 1830 多所高校、66365 名思想政治理论课教师参加培训，切实在时间上确保进入，做到过程与阶段相统一；在空间上确保进入，做到范围与状态相统一；在方法上确保进入，做到作用和效果相统一；在工作上确保进入，做到使命与责任相统一；在思想上确保进入，做到感情与行动相统一，切实提高大学生思想政治理论课的获得感。

（二）优化课程组合，各类课程与思想政治理论课同向同行

习近平总书记在全国高校思想政治工作会议上强调指出：“要用好课堂教学这个主渠道，思想政治理论课要坚持在改进中加强，提升思想政治教育亲和力和针对性，满足学生成长发展需求和期待，其他各门课都要守好一段渠、种好责任田，使各类课程与思想政治理论课同向同行，形成协同效应。”① 从中不难看出，增强大学生思想政治理论课的获得感，就要充分发挥思想政治理论课的课堂作用，发挥专业课的育人功能，形成“1＋1＞2”的协同效应。

思想政治理论课与各类课程能够同向，主要基于三个方面。第一，政治方向一致。思想政治理论课和各类课程首先在政治方向上

① 习近平：《习近平在全国高校思想政治工作会议上强调：把思想政治工作贯穿教育教学全过程开创我国高等教育事业发展新局面》，《人民日报》2016 年 12 月 9 日。

具有一致性。思想政治理论课要秉承习近平新时代中国特色社会主义思想，坚持政治方向，把握政治大局，与"各类课程"一道，共同推动大学生的国家政治认同、培育民族情感、聚力民族复兴，这就需要思想政治理论课与各类课程相互发挥各自优势。讲好思想政治理论课，需要专业课程知识来支撑，需要对不同专业的学生因材施教，各类课程要培育好专业人才，最基础的是培养人才正确的价值抉择。因此，思想政治理论课与各类课程虽然学科有别，理解上具有差异性，但是在政治方向上要坚定不移，不能相互拆台，而是要相互"补台"。第二，育人方向一致。社会主义现代化建设是一个巨大的系统工程，需要各方面人才尤其是复合型人才，不管是思想政治理论课还是各类课程，归根到底都要回归到"育人"这一主题，都是在解决"培育什么样的人，为谁培养人的"问题，都要统一到"四个自信"和"四个服务"中来。第三，文化方向的一致。思想政治理论课与各类课程毫无疑问都会深层次地触及到文化问题、价值观问题。文化自信能否落地开花，关键就是两者要统一起来，不能各自自扫门前雪，或者自说自话，要统一到社会主义核心价值观，统一到中国特色社会主义"文化共同体"上，结伴而行，步调一致，共荣共生。

思想政治理论课与各类课程能够同行，主要基于四个方面。恩格斯在阐释人类社会发展的时候，提出了著名的"历史合力论"。思想政治理论课与各类课程也要遵从"历史合力论"的方法论原则，要方向一致、步调一致、合力培育、合力育人。其一，步调一致。两者在课程标准上要顶层设计，在课程内容、课程大纲上要统筹规划，在课程的建设要求、规范体系、评估方式上都要以"立德树人"为根本遵循。其二，相互补充。两者要做到功能互补，构建以"思想政治理论课"为轴心的教育体系，进一步理清各类课程的边界和任务，设置各门课程的施教空间。其三，相互促进。思想政治理论课要能体现自己的优势和特色，能够为各类课程的建设提供示范作用、建设标准和政治导向,发挥引领作用。而各类课程能够为思想政治理论课提供学科支撑、理论支撑、队伍支撑,发挥内在供给作用。其四,共享发展。实现人人参与、人人尽力、人人享有的目标,不仅是马克思主义、社会主义和当代中国执政者的追求,也是全人类不懈探求的目标。共享也成为课程建设的发展趋势,尤其是在信息化时代,课程资源共享是一种重要态势,因此,两者的共享需要在思想观念上实现变革,在课程资源上相互使用,在教学方式上相互借鉴,不断优化共享结构,分享共享成果。

2018年3月,教育部部长陈宝生指出:要啃下一批"硬骨头",包括教师思政、课程思政、网络思政等,解决思政课和思想政治工作发展中的一些难点问题。如何做好同向同行的工作,显然是一个难啃的硬骨头。这个"硬骨头"主要表现在以下三个方面:

首先,育人主体不明确,削弱了协同育人的效力。对比,常胜在《高校思想政治理论课与各类课程育人协同效应的思考》一文中指出,高校思想政治理论课要与各类课程协同育人,必须解决两者间育人主体问题。这种主体既包括协同育人中的主体责任,也包括在教学过程中的主体作用。① 但是一些高校的党委对意识形态工作认识不深,对高校面临的意识形态挑战存在怀疑,导致"虚化"和"弱化",并由此使思想政治理论课呈现出"说起来重要,做起来次要"的状况。此种情况严重影响到思想政治理论与各类课程的协同,而且在协调过程中,关于谁是主体、谁是主导,并没有得到科学厘定,进而造成一些教师产生狭隘意识,认为培育社会主义建设者和接班人仅仅是思想政治理论课教师的责任,没有意识到社会主义建设者和接班人是德智体美全面发展的,更是协调推进的,专业中有德育,以德育促专业,从而一定程度上导致专业课的德育培育不足,造成协同育人的低

---

① 常胜:《高校思想政治理论课与各类课程育人协同效应的思考》,《井冈山大学学报(社会科学版)》2018年第4期。

效问题。

其次，协同育人方式不多，弱化了协同育人的吸引力。由于受制于历史原因和专业思维，基本上都是种好自己的责任田，在协同创新的方式上陈旧呆板。在一些人眼里，协同创新不外是开开会、传达精神、总结经验。也有一些学校开展“第二课堂”，但是出现应付大于实干的现象，难以有效持续。这些现象的产生，根源在于学时上没有打通，忽略了教师利益。

最后，协同育人体制机制受限，协同育人难以展开。在这方面，长期存在“教管分离”的现象，虽然教书育人和管理育人目标一致，都重在培育时代新人，但是教书育人和管理育人遵循的规律不一，如果按照管理育人评价教书育人，就会分解协同效应。同时，基于评价体系的差异，思想政治理论课独有的特殊性，考核评价需要重点看待，要在体制机制、保障激励上重点倾斜，虽然中央三令五申，但是一些高校仍难以落实。动力机制弱化，许多教师认为教师的职责是“解惑”，而非“传道”，仅仅关注学生的技能，而忽视德育。一些高校重科研、轻教学，以科研论能力大小，造成对教学的重视不足，教师的积极性不高。

由此可见，构建思想政治理论课与各类课程协同发展，仍需从责任意识、协同方式和体制机制上发力。

其一，新时代做好大学生思想政治教育工作，高校党委应承担起主体责任，统筹好“思政课程”和“课程思政”二者的协同性。要深刻认识到思想政治理论课承担着为党立言、为党育人、为党守土的重要使命。基于此，高校党委应该确保思想政治理论课的核心位置，确保人、财、物的及时到位，认真贯彻教育部《高等学校思想政治理论课建设标准》的要求，以实际行动推进协同发展。在这方面，有学者提出“三个轮子”一起转、“三支队伍”一起抓、“三个责任”一起落实就是一个很好的策略。具体言之，“三个轮子”一起转主要是对学生主体、学生培养和学生工作重要性的认知；“三支队伍”一起抓主要是对学生队伍、教师队伍和机关干部队伍的有机融合；“三个责任”一起落实讲的是把党委的主体责任、学院（系）的第一责任、学生工作部门的直接责任统筹起来。

其二，创新思想政治理论课与各类课程协同教育的方式，有效发挥大学生的主体作用和教师的主导作用。常言说：教无定法、贵在得法，强调的是教学方法的灵活性和适宜性。思想政治理论课要实现与各类课程的创新，首先，要加强思想政治理论课的建设，构建“大思政”格局，实现思想政治理论课为主导，专业课教师为辅，学生积极参与的教育常态。思想政治理论课教师要依据自己的专业特色，吃透理论，才能把“老祖宗”讲对，又能把“新话”说好；关注学生成才规律，注重大学生的个性特点和内在需求，打造“金课”，树立示范效应；专业课教师对主流意识形态的观点要有所了解，关注世界、国家、社会，具有知识分子的责任感，在课堂上不该讲的不乱讲，而是要将专业课与思想政治理论课有机结合，把握恰当、自然渗透的原则；专业课教师要有“育人意识”，在传授本门课的专业知识的同时要开发专业课程内容教学中的思想政治教育元素，比如科学的、辩证的思维方法，科学家励志故事，爱国情怀等，做到与思想政治理论课教师协同育人；要让学生讲思想政治理论课，让学生当主角，让思想政治理论课展现活力。全体在校本科生、研究生都可自愿组团参赛，立足自身专业背景，讲述所学专业所在领域的发展动向和自身专业为社会进步、国家发展所能带来的贡献。其次，利用新技术制作网络思政课程，建立课堂联动机制。不断求新、求变的新时代，慕课已不只局限于传统屏幕上的视频教学，包括虚拟仿真、VR 等新技术手段在内的线上线下混合教学逐步走入学校，共同打造新的“翻转课堂”。最后，要抛弃“单打独斗”的教学旧方式，采取教学实践、思想政治理论课实践教学、专业实习结合起来的新方式，实现联动育人。

其三,创新体制机制,形成思想政治理论课与各类课程协同发展的体制机制。主要体现在以下几个方面:首先,教研协同。主要关注思想政治理论课教学与教研的相互促进,以教促研,以研促教。这主要表现理论传授——教学实践——理论升华的循环往复、渐进上升。理论如果掌握不牢、研究不深就会出现“讲不准、讲不透”。教学如果不与时俱进,不具有问题意识,不注重与日常结合,就会造成理论的简单传授,偏离实践领域,偏离学生生活,出现教与学、主体和客体的分殊。建立名师引领、教研讨论、难点解析、实践引导等方式深化教研协同机制。通过“备理论”“备学生”“备热点”“备方法”等方式,推动教师悟真经,促科研,展教学,做到理论有深度也有问题,故事中有道理也有情感,增进学生认同。其次,建立和完善思想政治理论课的评价机制和激励机制。在遵循教育评价一般规律性的同时,依据思想政治理论课的学科特点,科学分析思想政治理论课的内容设置,优化符合自身发展,符合课程内容的评价方案。同时,设立交叉学科的教学改革和科学研究专项基金,鼓励教师从事与思想政治有关的交叉学科教学科研,激发教授的积极性和创造性。再次,教学协同,解决学生“人到心没到”的学习中动力不足问题。首要阻力是学生“要我学”的被动接受认知图式。在该图式中,学习信息呈现出单线传递、学习内容侧重现成结论、学习考核针对知识记忆,导致学习结果出现理论与实践、守正与创新的分裂,造成部分学生认为理论学习就是背诵、记忆的过程。依据教学协同,探讨对话式教学、探究式教学、实践式教学、主体对换式教学,激发学生对理论的兴趣,培育解决问题的能力。最后,队伍协同,解决育人体系育人主体合力问题。通过优化队伍协同构建,使理论主课堂、网络新课堂和活动大课堂一体贯通,各种教育主体同向同行的整体态势和系统合力,整体提升教学效果。

（三）履行教师职责，搭好桥梁纽带

传统的思想政治教育课教学模式，教师是主体，学生是客体，主要采用单线“灌输”方式。新时代要求新思想，新思想内涵新思维。教师要转变传统的教学观念和模式，充分发挥学生的创造力和积极性，激发主体意识，实现双向互动，让思想政治教育课由枯燥、无聊到有趣、亲和。

首先，增强自身实力，提高教育者的“言值”。提升大学生思想政治教育的亲和力，重点要从施教主体上着手，如果教师对思想政治教育缺乏理论兴趣、感情缺乏投入，就难以引起学生兴趣，更难以企及亲和。因此，增强施教者的授课本领，提升“言值”，成为增进“亲和力”的基础工作。为此，教师要注重自身角色定位和能力培养，提升内涵式互动。首先，教师要能够树立起人格魅力。能够以饱满的热情投入教学，确立以学生为主体、以学生需求为导向、以激发学生主动学习为重任，引导学生树立正确的精神消费观，让学生感觉可亲可敬，实现用思想碰撞思想、用灵魂触动灵魂、用情感引起共鸣。其次，教师能够树立起学术魅力。要主动培养自己的理论学习能力，精通经典，吃透教材，聚焦问题，提升能力，才能被学生认同和欣赏。最后，教师能够担当起教学魅力。通过调查研究，摸清学生有效需求，实现精准供给、优质供给，能够使教学目的契合学生实际、教学内容符合学生需要、教学情境贴近学生生活。

其次，创新授课的方式，提升课程的“颜值”。提升大学生思想政治教育的亲和力，在实施路径上改变思想政治课的“扮相”，提升课程的“颜值”，既要追求“神”，也要注重“形”；既要让学生感觉“有意思”，更要让学生认为“有意义”，以“形”促“神”，增进认同。习近平同志曾指出：“惟创新者进、惟创新者强、惟创新者胜”。[①] 提升课程“颜值”，

① 习近平：《在欧美同学会成立100周年大会上的讲话》，《人民日报》2013年10月12日。

首先，创新形式。思想政治教育的形式犹如产品的包装、餐桌上的菜肴，能够引起顾客的认同，就要美观与质量、色香与味美相协调。因此，思想政治理论课也要更新“配方”，调整“工艺”，改良“包装”，满足学生期待，提高思想政治理论课的温度，提升思想政治理论课的亲和力和针对性。其次，载体创新。在大数据的今天，新技术、新媒体的运用已经非常成熟，诸如爱课程、MOOC 等网上在线学习，这些极富时代感，极具吸引力的学习方式，非常符合新时代的学生实际生活，更容易增进亲和力。最后，话语创新。做好思想政治理论课教学，就要用自己的话讲自己的故事，真正做到“讲理论要接地气，要让马克思讲中国话，让大专家讲家常话”。这就要求学术生活化、生活家常化、家常贴心化，在家常“唠嗑”中实现心理获得。因此，开展思想政治理论课教学，不能照本宣科，要注意自身的输出方式，以学生喜闻乐见、认可接受的方式进行输出，不仅要讲得出，还要讲得好！

最后，改革教育主客体关系，增进师生“产值”。提升大学生思想政治教育的亲和力，就要转换教育主客体关系，由单维传授向双方共享转换，提升思想政治理论课的“产值”。传统型的“传道、授业、解惑”的全能角色难以适应瞬息万变的当代社会，信息接受的多元化一定程度上造成对教师信任的缺失，容易导致师生关系的疏远、冷漠，造成“产值”低下。因此，改革教育主客体的关系，实现双向置换，提升“产值”是必由之路。首先，实现师生角色置换。教师要从居于主导地位、具有权威性和话语权的施教者转变为学生的帮扶者和指引者。学生要从居于被动地位的接受者转变为课堂的积极参与者，甚至是主讲者和建设者。在置换过程中，充满了情感交流、思想碰撞、学术争鸣、信息共享、和谐共生与生动活泼。在置换过程中，既显示了教师的劳动价值，也满足了学生追求真知的愿望。其次，实现师生心灵的换位思考。师生双方要站在对方的立场和角度思考问题。教师要秉承“先做学生，后做先生”的育人精神；学生能够体味教师对自己成才的殷切期望和劳动之苦。同时，教师能够体验到学生的活力与激情，学生能够体会到教师的辛苦与奉献，实现心灵融通、共建共享、教学相长，达到思想政治教育的“产值”的增量增长。①

三、方式获得：创新思想政治理论课教学形式

传统思想政治理论课教学形式过于呆板、偏重讲解、不注重师生互动，严重限制了学生的想象性思维和创造性思维能力。这是思想政治理论课教学中的老问题，是思想政治理论课教学改革创新的主要“拦路虎”。如果不能从根本上解决现有问题，思想政治理论课课堂就难以保证优秀的教学质量和良好的教学氛围。因此，不断改革创新思想政治理论课教学形式，打造共生协同的教学格局，推动教学手段现代化，创新思政课教学模式，让学生认识到思想政治理论课的重要性，激发学生爱学思想政治理论课的热情，不断增强大学生思想政治理论课的获得感。

（一）共同建设：打造共生协同的教学格局

打造共生协同的教学格局，必须转变教师的“独角戏”和学生的“看戏”状态，把教师主导、学生主体、学校主管统一起来，共同创新思想政治理论课教学形式。

其一，由灌输式向启发式教学转变。灌输式教学在当前的具体教学中仍广泛存在，思想政治理论课教学也不例外。但是，思想政治理论课不单单是理论知识的解惑，更是肩负着铸魂育人、为党和国家培养社会主义事业接班人的崇高使命，因此，思想政治理论课教学不能单靠灌输式教学来传授理论知识，为了不负使命，改进“灌输式”教

① 王会民：《增强大学生思想政治理论课获得感的四重向度》，《思想教育研究》2018 年第 11 期。

学方式，鼓励教师的“教”与学生的“学”双向积极互动，转变以“灌输式”为主体的教学方式，教学相长，达到教学高效化。

所谓启发式教学，就是依据教学目的、教学内容，从学生的知识水平和掌握知识的规律出发，灵活运用多种教学形式，采用引导启发的教学方法向学生传授理论知识、培养学生独立思考、分析问题、解决问题的能力，以达到学生积极主动地学习，促进身心健康发展的目的。在思想政治理论课教学中，选择“授之以渔”而非“授之以鱼”，是每位有责任、有远见的教师的无悔选择。教师要灵活运用案例教学法、讨论教学法、合作教学法等多种教学形式，增强学生学习思想政治理论课的积极性和兴趣性，激发学生积极参与课堂教学的热情，带起学生主动学习的情绪，进而利用学习内容的趣味性，激发学生的求知欲。同时，教师还要在授课过程中逐步引导学生掌握解决问题的方式方法，掌握好课堂教师主讲和学生探讨、自由学习的时间分配，让学生直接参与探索教学，充分发挥学生的主观能动性，使得学生在课堂“自主”学习中提高自身的综合素质和分析问题、解决问题的能力。通过对解决问题的方法的探索，激发学生的创造热情，开发学生的创新能力，使学生在学习中有获得感，教学过程中教师与学生相互合作，促使教学效果和教学质量质的飞跃。

其二，由封闭式课堂教学向开放式课堂教学转向。封闭式课堂教学是指教师提问的是封闭式问题，即只预设唯一的标准答案，学生亦只能做出机械式答案，教师进而对学生答案做出肯定或否定的封闭式反馈。开放式课堂教学是灵活运用各种教学资源，以课堂为教学中心，以学生为教学主体，以灵活、延展式的教学内容为教学主题，以多视角、多思路的解决问题方法为教学形式，具备正确、快速地应对课堂开放性的教学智慧，对学生课堂生成资源进行恰如其分地梳理、提炼和指导，推动课堂教学真正成为师生交流对话、相互交融、共同推进的过程。其主要表现为学习内容、学习方式、学习方法、课堂管理、课堂评价的开放。

思想政治理论课在教学过程中应尽量避免封闭式课堂教学，积极主动向开放式课堂教学转变。思想政治理论课课堂要设计新颖、科学规范，具备知识性、理论性、学术性和前沿性，体现思政课的思想性、理论性和亲和力、针对性。课堂教学要凸显“内容为王”，运用学生感兴趣的方式方法，结合学生的认知规律，提升学生的思想认识水平。如在讲授“全面深化改革”内容时：要从改革开放40年来的关键节点（十一届三中全会、十八届三中全会、纪念改革开放40周年）切入概述中国改革开放的基本历程，从学生感知的衣、食、住、行、用等巨大变化以图片的方式展现改革开放带来的中国巨变，激发学生学习兴趣和好奇心：中国为什么只用了40年就取得了西方发达国家用200年多年才取得的成就？由此得出“改革开放是实现中华民族伟大复兴的关键一招”这一结论。未来的路要怎样走，改革如何“再出发”？在此，引用经典“习语”“改革开放已走过千山万水，仍需爬山涉水”转入为什么要全面深化改革、什么是全面深化改革、怎样全面深化改革，从而引出全面深化改革的意义、内涵和实质；最后鼓励同学们不负新时代，努力做全面深化改革的实干家和促进派。这种开放式课堂教学既提升了学生对全面深化改革的思想认识，又坚定了学生走中国特色社会主义道路的信念和“四个自信”，还培养了学生用马克思主义的立场、观点、方法来认识解决中国现实问题的意识。

开放式课堂教学中学生参与度高、获得感较强，引导学生深化对社会主义的认识，更好地增强学生的学习体验，真正调动了学生学习、思考的积极性和主动性，达到了课堂、教师、学生的有机融合。

其三，由单向传授式教学向双向探究式教学转化。单向传授式教学是一种传统的教学方法，它以教师讲授为主，基本上是把学习的主要内容以定论的形式传授给学生，重在传授知识本身；学生在教师的指导下，把教师传授的知识经过加工后内化为自身的知识结构。该教学方式容易忽视学生主体，总是使学生处于被动中。但是由于传授式教学能够高效地把大量的教学知识传授给学生，因而在教学中被广泛应用。双向探究式教学是指教师在教学过程中创设某种特定的治学情景，学生通过阅读、观察、查阅、实验、调查、思考、讨论等多种方式自主、独立、主动发现问题，开展交流与合作等探究活动，从而获取知识和创新能力的一种教学形式。在该教学的过程中，学生能够有效发挥主观能动性，自觉地、主动地探索、分析问题，掌握认识和解决问题的方法和步骤，建立自身的认知结构和系统的学习方法，既发挥了教师的主导作用，又加强了学生的主体地位、主动能力。

思想政治理论课教学在有效发挥单向传授式教学的优势、避免其缺陷的基础上，充分运用双向探究式教学形式，做到提高教学效果和人才培养质量的“双丰收”。首先，通过深刻把握教学内容、深入了解教学对象，精心选择探究式问题。然后，在充分尊重学生人格，鼓励学生提出不同见解，创新求异的前提下营造融洽的课堂探究气氛，提示并帮助学生采取质疑、争辩、探讨、问难、合作学习等探究式方法推动学生开展独立思考、自由探究的学习。最后，建立开放性、多元化、多层次的评价机制。既要重视结果评价，又要重视过程评价，对学生在探究中表现出来的态度、能力、智力、信念等做出全过程评价；同时既要重视课堂评价，又要重视课上课下、线上线下的评价，全面了解学生行为表现和思想状况，以及学生在多领域多层面的努力、进步和成就做出综合性评价。

其四，变说教式教学为情感式教学。说教式教学，简单地说就是教师告诉学生应该“学什么、为什么学、怎么学”的一种教学方式，教师处于绝对主导，是课堂的主体，学生仅仅作为教育对象，对于自己需要“学什么、怎么学”没有发言权和主导权，造成教师的“教”和学生的“学”之间的相互隔阂，是一种机械式、单向性的教学形式。情感式教学指教师以激发、调动和满足学生的情感需要为教学手段，促进教学活动积极化的教学形式。

情感式教学在思想政治理论课教学中发挥着不可替代的作用。情感作为学生精神生活的主宰，是学生学习各种知识、培养学习兴趣、转化学习能力的催化剂。教师在思想政治理论课课堂教学中要合理调节和充分利用情感教学，努力调动学生的学习激情，提高思想政治理论课的课堂教学效率。因此，在思想政治理论课教学中，教师通过有针对性地分析所任教班级的学生心理活动，探索学生的内心世界，捕捉学生的思想情感，和学生展开真诚的情感交流，进行真实有效、平等互动的教学活动。再者，要注重创设师生间的交际情境，从真实生活中汲取思想政治理论课的教学素材，构筑多元互动、学生自主的情感体验活动，引导学生饶有兴趣地积极地观察、思考、想象创设的教学问题，进而对学生展开适当的引导、点拨，促进学生在生生合作、师生合作的教学中，更加喜欢、爱学思想政治理论课，达到学习知识和坚定理想信念的有机统一。

（二）科技支撑：推动教学手段信息化

科学的迅猛发展，大数据、云计算、微博、微信、自媒体等逐渐融入人们的日常生活，尤其是新时代的大学生，正是在这种氛围中成长起来的，是新技术的主要使用者。因此，思想政治理论课教学也应该因时而化，依托科学技术，创新教学形式。

其一，教育手段信息化应遵循的主要原则。当下，思想政治理论课课堂教学已与现代信息化教育手段紧密融合在一起，推进思想政治理论教育走向新台阶。现代信息化教育手段应该紧紧服从和服务于高校思想政治理论课课堂教学和实践教学，遵循“双主体”意识协同、实然性与应然性相统一、育化与导向相统一、虚拟性与现实性相结合等原则。

(1)“双主体”意识协同

学生在整个学习过程中,自主学习的能力可以得到充分激发,利用虚拟情景、交互、协作、反馈讨论等环节充分发挥学生的主动性、积极性和首创精神。教师在整个教学过程中扮演着学生建构知识的设计者、引导者和帮助者角色。在学习过程中,应该充分发挥教师对教学内容设计的主观能动性和个性化创造性。首先,教师要甄选教学内容、设计教学内容,将教学内容与虚拟仿真技术融合;其次,设计学生在虚拟环境中的交互体验环节,指导学生进行虚拟仿真实践;再次,要提供新旧知识之间联系的线索来激发学生的思考与兴趣,引导学生知识建构。

(2) 实然性与应然性相统一

把现代化信息技术运用于思想政治理论课教学之中,使同学们能深刻体验这种自然事实的内涵,借助于同学们的立体移情感受能力浸染思想政治理论课教育的实然性属性,使他们体会到思想政治理论课的闪光点和可取之处。从而在学生们的思想层面唤起对思想政治理论教育的赞同之情,使他们在新时代的背景之下更加清楚自身的行为应当如何,也可以加强思想政治理论对于新时代青年的规范效应与应然之力。

(3) 育化与导向相统一

以现代信息技术融入思想政治理论教育,不是以娱乐化的教育方法或教育手段开展教育活动。无论是教育形式、教育内容还是教育主体责任都要坚持以政治为导向,避免价值取向虚无化、审美取向感官化、政治取向戏谑化,以及道德取向崇高化。因此,坚持政治导向首先要维护社会主义意识形态的主导地位,其次要以大学生思想政治教育内容为主导,特别要紧扣教材,进一步加强大学生的爱国主义、集体主义和社会主义核心价值观教育。

(4) 虚拟性与现实性相结合

思想政治理论课教学,借助现代化信息技术开展理想信念教育和中国特色社会主义认同化教育,可以使学生在现实和虚拟环境中通过感官的行为切实、深刻地感知到思想政治理论课教育的客观现实性。作为一种现代化教学活动,把虚拟性和客观现实性有机融合,学生通过现代信息化手段进行交互活动获得真实感受,无论在心理上、思想上、观念上都会产生一定现实的变化,并通过行为反应在现实社会中。因此现代信息化的思想政治理论课教育,无论从教学设计、教学过程、教学反馈等环节都应遵循虚拟性与现实性相结合的原则。

其二,现代信息化教育手段推进教学创新。现代信息化教育手段应用于思想政治理论课课堂教学和实践教学之中,推进了思想政治理论课的教学方法、评价体系的创新,延伸并拓展了思想政治理论课的传统教学形式。

(1) 教学方法创新

情境再现。把现代信息化技术应用于思想政治理论课教学之中,能够把现实场景再现,如通过建立起虚拟实训基地、虚拟现实场馆,"其'设备'与'部件'多是虚拟的,可以根据实际需要随时生成新的'设备'"[①]。虚拟仿真的沉浸性和交互性,使学生能够置身于虚拟现实的环境中,成为体验者、经历者、角色扮演者。再者,在课堂教学中,可以通过视频、图片等形式把以往的历史场景和当代现实生活再现,使得学生能够通过所见所闻的真实感受,成为虚拟的真实经历者。

互动学习。现代化信息技术使得学生不仅是接受者,更是主动参与者。置身虚拟和现实生活中的学生在不自觉中建立了与现代化

① 王娜娜:《新媒体时代 VR 技术嵌入高校思政课教学研究》,《南京广播电视大学学报》2018年第3期。

信息技术所呈现场景的互动交流，实现了学生与现代化信息系统各个要素构成之间的主客体转换，学生在互动中获取最大化信息。

协同提升。现代信息化技术能够融合学生、教师、教材、实地、基地、场馆等多方面教学资源、教学途径、教学手段，全方位、立体化满足学生学习需求，学生学习效果的提升也是综合因素协同提升的结果。

（2）评价体系创新

评价主体的多元化。由于学生全方位应用现代信息化技术，对学生的学习效果的评价必须延伸到学生涉足的诸多情境要素中，一套涉及学生互动的要素多元化评价体系将随之建立，改变针对学生自身的单一评价。

评价途径的多样化。由于学生全过程应用现代信息化技术，对学生的学习效果的评价必须体现学生参与的互动过程，即把学生的互动过程与学生的互动结果结合起来，构建多样化的评价途径，提高评价结果的客观性。

评价结果的复合化。把对学生学习效果的定性等级制、定量分数制评价拓展为对学生综合素质的评价，着重考查学生参与互动的积极性、主动性以及参与后运用所学知识的态度和能力。

（3）教学形式创新

突破时空限制。现代信息化技术可以“打破传统教学中的时间与空间的限制，教师将想要传达的信息在计算机模拟的三维立体空间中进行编辑与投射，为高校学生提供多感官学习体验”[①]，为思想政治理论课提供多样化视角。

丰富教学资源。现代信息化技术“依附的是庞大的网络资源，学生也可以通过运用现代信息化技术进行网络空间的学习探索，在同

① 王娜娜：《新媒体时代 VR 技术嵌入高校思政课教学研究》,《南京广播电视大学学报》2018 年第 3 期。

等时间内获取更多的知识”[①]，同时，现代信息化技术可以把抽象的内容具体化、形象化、直观化为易于掌握的多媒体形式，大大提高学习效率。

实现教学拓展。传统教学模式囿于地域、学生、环境等客观因素难以推广，现代信息化可根据学校情况、学生素质、学生构成、社会环境由系统进行适应性调试，确保现代化教学模式不断得以拓展。

（三）模式多样：创新思想政治理论课教学

信息化时代，在新媒体的猛烈冲击下，调整、转型高校思想政治理论课教学模式已是当前高校思想政治理论课教学创新发展的必然趋向和紧要任务。因此，高校思想政治理论课既要全面、完整地讲授基本理论知识，又要充分利用新媒体技术，结合当代大学生生活和学习的特点，主动建构契合新媒体的教学模式，即构建和完善“一主两型三特色”教学模式，已是当前高校思想政治理论课教学模式创新发展的必然选择。

“一主”是指主题教学。黄爱华指出，主题教学是充分利用信息技术尤其是多媒体技术特点，以学生为主体，以学习情景创设为前提，以师生、生生“协作”“会话”为媒介，推动教学内容、教学形式、教学方法、互动方式的变革，建构以“教”为主导与以“学”为中心替代传统的以“教”为中心的一种新的教学模式，是理论创新和实践探索的统一体。围绕主题教学改革，要积极打造多样态的课堂形式，努力探索“经典课堂”“对话课堂”“创意课堂”“行走中的课堂”等多类型课堂教学形式，不断积累主题教学模式的课堂实践经验。同时，还需要结合教师特点打造主题教学的特色课堂。根据掌握每位教师的授课特

---

① 王娜娜：《新媒体时代 VR 技术嵌入高校思政课教学研究》，《南京广播电视大学学报》2018年第3期。

点和教学特征，挖掘主题教学的“个性”和“魅力”，打造带有不同教师个人风格的特色课堂，形成教学特色。

“两型”则是指研究型教学模式和互动型教学模式。对于研究型教学，高校思想政治理论课教师需要涉猎广泛天地、增强理论深度、钻研各类问题、加强思想修养。在此基础上，结合学生所思所想，不断地努力回应学生的多种多重理论和实践困惑，在对学生的答疑和思索中，进一步深耕课程内容，厚植理论深度，突出主题优势，讲透难点热点，激发学生兴趣。对于互动型教学，核心要秉承“立德树人”的目标，依照人才培养方案和课程标准，依据学生关注的社会热点开展互动教学。如果问题生僻导致学生不知道或不熟悉，课堂互动就难以开展起来，造成各说各话，效果不佳。对于教学重点选择，在把握大纲和教材重点、难点的基础上，选择更具有价值的互动问题，推进学生在思维碰撞中生成知识，培养分析、解决问题的能力。对于教学疑点选择，王润芳认为，教学中应围绕学生容易生疑的知识点设计互动问题，可以促使学生开放求知心态、激活创新能力。其次要转变教学观念，在课堂上营造比较民主的课堂气氛，构建平等、和谐的师生关系，凸显学生主体地位，巧妙促成生生互动与师生互动。因此，这就需要教师把课堂还给学生，通过创造学生需要的交际情景、场合，把课堂组织还给学生，使其创造性地、自由地表达，交流自己的意念和思想。

“三特色”指的是问题教学、专题教学和实践教学。问题教学层面，突出问题导向，精心打造“问题链”，增强教学的现实针对性。首先，通过系统地研读教材，根据教学目的，把教材中的重点和难点通过问题形式呈现出来。其次，把学生结合课程学习感兴趣或有疑惑的问题征集起来，再进行选择和分门别类的梳理。再者，对接、整合征集的学生问题与研读教材形成的问题，形成以教学主题为重点的内容相联、层次分明、逻辑递进的问题链条。最后，围绕着教学主题，根据所形成的问题链，以“问题环”的递进形式，运用案例、论理、史料等方式，编写结构优化、说理透彻、资料详实的教学详案，组织教学内容结构。在专题教学方面，依据教材和教学实践活动，规范专题教学的模块设置；进一步整合和发挥教师的教学专长和专业研究，邀请校外专家、劳动模范、革命前辈等走向课堂，与学生进行面对面的交流。同时，完善集体备课制度，尝试和创新专题性教学，提高思想政治理论课的温度和深度。

在实践教学方面，实践是思想政治教育的重要组成部分，可以加深对知识的领悟水平，转化为内在能力。各学校、各单位不断创新实践教学模式，提升思想政治理论课程的吸引力、感染力和教育力。例如，中央财经大学依托“千人百村”社会调查等品牌活动积极探索第二课堂教学，组织学生深入社会、基层，了解国情、探求新知。北京科技大学形成了依托课堂的思想政治理论课实践教学、依托第二课堂的校园实践以及集中于假期的大学生社会实践各成体系的“课堂实践、校园实践、社会实践”三位一体的系统性、立体化实践教学模式。河南师范大学经过多年探索、实践，形成了“课堂叙事性、平台情景式、基地体验式、网络延展式”多空间、混时段的实践教学模式。

四、实践获得：用好思想政治理论课社会实践

“社会实践”是大学生的必修课，是他们用“脚”体察中国的旅程，也是他们用“心”感悟社会最直接的方式。社会实践作为思想政治理论课的重要教学环节，也是检验思想政治理论课成效的最佳途径。同时也是大学生深入社会、领悟社会、融入社会、适应社会的最佳途径，更是培育品质、锻炼意识，树立科学的世界观、人生观和价值观的可靠方式。因此，提高思想政治理论课的获得感，就要用好思想政治

理论课社会实践,让广大学生在实践中有所学、有所得、有所悟、有所用。

(一)立足广袤大地,明确实践获得

思想政治理论课社会实践作为一场声势浩大的"活动课",在取得实效的同时,难免存在着一小部分"走过场""糊弄事""挣学分"等不和谐的声音。因此,要立足广袤大地,首先要理清实践获得,坚持正确的行为导向,彻底把思想政治理论课教学重视社会实践的思想融入教育教学全过程。这需从以下"三个问题"着手:

第一,社会实践,为了什么?"青年要成为国家栋梁之材,既要读万卷书,又要行万里路。"[①]开展思想政治理论课教育教学时重视以社会实践为内容的"第二课堂"建设,是坚持教育同生产劳动和社会实践相结合的重要表现,也是践行实践育人的重要环节,深入开展思想政治理论课社会实践,能够开阔学生眼界,顿悟学生思维,增强学生的社会责任感、勇于探索的创新精神、善于解决问题的实践能力,让学生在社会实践中受教育、长才干,从而更加坚定自身"不忘初心、牢记使命"的主人翁意识。其实社会实践本身就是高校人才培育的重要抓手。实践出真知,社会实践既能增强理论的科学性、指导性、目的性,又能使学生通过自身体验增加新知识、新才能,自觉成为中国特色社会主义的合格建设者和可靠接班人。"学校即社会""教育即生活",如今的大学生们,可以说是一只脚停留在学校,而另一只脚已迈向了社会,社会实践则是其完成人生角色过渡的重要方式。社会实践多种多样,主要围绕社会调查、生产劳动、志愿服务、公益活动、科技发明、勤工助学等形式展开,极大地推进了实践活动的有效性。现在很多高校积极开展红色教育主题实践活动,让学生亲身感悟红

---

① 吴玉程:《让高校思想政治工作做到家人心田》.《光明日报》2017年10月13日。

色教育，重走“长征路”，在瞻仰革命先烈的家书、遗物，聆听他们的革命故事中，感受家国情怀，激发正能量。

第二，社会实践，做了什么？社会实践不是走马观花，要能够做到“知担当、懂使命、真实践”，努力做到“小实践、大作为”，让社会实践成为大学生强化获得感的重要依托，走向社会的重要名片。然而，仅从红色社会实践教育来看，“样板化倾向的表现还是比较明显。主要体现在：首先，实践形式同质化倾向。红色教育的实践教学主要集中在唱红歌、咏经典，重构革命情景，重走革命道路，重温红色遗址，主要通过对革命符号、革命事件和革命遗迹的回溯和记忆中来感知、体悟革命文化。但是欠缺了从当代发展的角度诠释革命文化。诸如，从新时代的新方位、新成就、新征程中，尤其是从革命老区的新发展、新变化、新成绩中体悟革命文化，提炼当代革命文化故事。其次，实践过程程序化倾向。在教学实践过程中，基本上是按照标准动作进行，不可置疑，在实践目标的设计上要严格遵从立德树人的教育目标，但是在实践过程中，也可以根据学生的自我实际情况增加自选动作。譬如，暑假期间探求家乡红色文化资源，挖掘家乡革命文化故事，进行整理、分享和宣传。最后，实践效果空心化倾向。在开展实践教学过程中，往往出于完成课程任务、增加课程学分的实用心理抑或把红色实践当成红色旅游的异化心态，这种对实践认识不足，重视不够，导致革命实践流于形式。”①如何把“好钢”用到“刀刃”上，就要把“青年服务国家”重大责任写到心头，就要有“俯首甘为孺子牛”的脚踏实地，就要有“敢教日月换新天”的奋斗情怀，才能切实把社会实践做深、做细、做实。

第三，社会实践，收获了什么？开展社会实践教学的初衷，就是能够起到有效对接社会资源和学生需要的作用，建立“社会实践项目

① 王会民、王婧锐：《革命文化融入思想政治理论课的基本路径》，《学校党建与思想教育》2020年第3期。

超市”，开创学生共育、基地共建、成果共享的良好局面，提高思想政治教育的实效性。对学生而言，通过社会实践活动，以场景演出、调查研究、美篇推送、视频录像、座谈汇报、系列征文等形式，不仅能够夯实理论基础，同时还能够锻炼能力、增强才干。然而，也存在着一部分学生“随大流”现象，让学校实践项目变成为自己“增光添彩”，让社会调查变成“材料堆砌”，敷衍对待，虚于应付，造成虚假获得。社会实践从本质而言，就要青年学生能够践行改造世界的使命和担当，从主动思考替代被动接受，从杂乱无章到有条不紊，将抽象的理论知识转变成解决问题的能力，对教学内容进行延展和补充，结合国家需要、社会需求、个人成长规律，积极拓展个人领域，满足个体发展需要，以此实现“塑精神高地、重质量成色、强育人实效、行服务情怀”的实践获得。

（二）树立实践标准，甄别理论成色

实践是理论产生和发展的土壤，理论作用于实践并在实践中发展创新才有生命力。思想政治理论课是宣传主流思想、传播社会正能量的主阵地，其社会实践教学也应该又红又专。为此，从参与性、融入性、反思性三个层面着手，树立思想政治理论课实践标准，以此甄别理论成色，才能实现理论在实践中大放异彩。

第一，注重参与性，“以实践教学感知理论，实现‘情景式’体悟。增强大学生思想政治教育‘获得感’，要利用好实践教学这个主渠道”[①]。思想政治教育的目标就是要在丰富多彩的现实世界中引导学生树立正确世界观、人生观和价值观。实践教学有效避免了课堂教学单线型的理论“灌输”，注重教育主体的参与性，通过舞台展演，“以可感、可知、可柔的方式，达到润物细无声的渗入效果。通过情景参

① 王会民：《增强大学生思想政治理论课获得感的四重向度》，《思想教育研究》2018 年第 11 期。

与，促使学生由‘被动’接受转向‘主动’参与，提升主体认知力和实践能力，激发其积极性和创造性，有效弥补了理论抽象性在教学场景中存在的不足，从而实现‘情景式’体悟。然而，做好‘情景式’体悟，就不能仅仅是走过场、展形象、追时髦，要真抓实干，既要有整体规划，又要兼顾地方优势，在坚持目标一致的原则下，可以开展多主体、全方位、立体化实践教学”[①]。

例如在场景布置中，要坚持教材中心地位，以教师和学生为主体，以深化知识、实践体验和培育情感为目标，“以文本、新媒体、剧场为主要载体，以创设、描绘、体验为实现路径。与此同时，‘情景式’体悟还可以利用本地区的教学实践基地、红色资源进行实地参观学习，红色教育基地在增强高校思想政治教育获得感中，扮演着重要的角色，发挥着不可替代的作用，其具有纸质教材无法超越的直观优势、教师讲评无法比拟的生动形象、现代影视无法体验的身临其境，它的视觉感、震撼力、刺激度会对现场的学生直击心灵、有所感慨、引发深思，对学生的教育更为直接、更为明显。让红色文物‘活’起来、‘动’起来，不再是只存在于学生的想象中，而是进行现场式情景体悟，达到事理结合，情景结合”[②]。

第二，强调融入性，以社会活动身体力行，实现“剧中式”体悟。唯物主义历史观认为，研究现实的、世俗的历史，就要把人“既当成他们本身的历史剧的剧作者又当成剧中人物”[③]。“青年大学生既要志存高远，也要脚踏实地，做好新时代的参与者、贡献者，绽放出自己瑰丽的人生。理论指导实践方向，实践检验理论成色。思想政治教育获得感的增强，就应该让学生进行‘剧中式’体验，学生既是理论的剧

---

① 王会民：《增强大学生思想政治理论课获得感的四重向度》.《思想教育研究》2018 年第 11 期。

② 王会民：《增强大学生思想政治理论课获得感的四重向度》.《思想教育研究》2018 年第 11 期。

③《马克思恩格斯文集》(第 1 卷). 北京：人民出版社 2009 年版，第 608 页。

作者，也是理论的践行者。通过实践转化与检验，夯实理论基础、优化理论构成、推进理论创新。通过生活实践，能够正确引导学生探索和改造客观世界，并在探索和改造过程中来提升自己的能力和素养、增强自己的理解和感悟、形成自己的想法和判断、树立正确的观念和理念。在社会实践中学生所表现出来的规范的言行举止、积极的思想观念、健康的心理生理，既是思想政治教育获得感增强的具体表现，同时又是促进思想政治教育获得感增强的有效路径。”[①]诸如，在每年的“三月——文明月”活动中，学生通过向雷锋同志学习做好事，既熟知了雷锋同志的先进事迹、感受到了雷锋精神的伟大，又明白了人间美好的存在、体会到了“举手之劳”的非凡，帮助其树立正确的人生价值观，明白人生价值的实现就在于对社会的责任与奉献，人生价值的实现不一定在于做出轰轰烈烈的大事，平凡点滴的小事也足以激励学生的服务热情。

第三，重视反思性，以实践活动甄别理论，实现“反思式”体悟。马克思认为，“凡是把理论引向神秘主义的神秘东西，都能在人的实践中以及对这种实践的理解中得到合理的解决”[②]，从“这层意义讲，这种理解就是在实践过程中对实践过程和结果进行反思、拷问和透彻。但是，反思不是简单的追忆，而是深层次的思想反刍和思维的审视，是一种具有目的性和系统性、深刻性和批判性的反思。反思的内容并非仅仅针对实践的内容、过程和结果，同时还要涉及思想导向和实践路线。反思的过程聚合了心灵的感触、情感的表露、思想的萌发、理论的逻辑”[③]。反思的结果是实现理想和现实、观念与行为、理论和实践之间的良性互动。通过“反思式”体悟，学生能够以批判性

① 王会民：《增强大学生思想政治理论课获得感的四重向度》.《思想教育研究》2018 年第 11 期。

② 《马克思恩格斯文集》(第 1 卷). 北京：人民出版社 2009 年版，第 501 页。

③ 王会民：《增强大学生思想政治理论课获得感的四重向度》.《思想教育研究》2018 年第 11 期。

的思维对实践活动进行整体性的重新认知，在杂多的社会思潮中明辨真伪、廓清是非、明确方向。在实践内容上，既要能够立足客观事实，进行科学分析，总结成功经验，查找缺点与不足，更要认清从意识形态终结到普世价值的泛滥的缘由，认清从全盘西化到高唱中国威胁的根源；认清无边界的“张扬个性”，无底线的拜金主义，无原则的“嘲笑崇高”等非马克思主义思潮的生成机理，增强马克思主义的科学性、真理性，展现指导性、预见性。

（三）融入日常生活，构建美好家园

对于广大思想政治教育受众来讲，“得”和“感”是衡量思想政治教育实效性的两个基本维度。基于思想政治教育主体认知不足、供需矛盾突出、价值认同不高的影响，“有得”而“无感”现象突出，思想政治教育获得感在一定程度上处于缺失状态。然而，思想政治教育获得感“无时无刻不与人们的日常教育生活紧密相连，并通过人们循环往复、波澜不惊的日常生活实践加以深化和表现”[①]。可见，提升思想政治教育获得感，要积极推进思想政治教育社会实践融入日常生活，构建美好家园。为此，应从三个方面发力：

第一，思想政治教育社会实践要服务于日常生活需要。思想政治教育在实践上的有效性是增进大学生获得感的基本前提条件。从理论上讲，就是思想政治理论课要在实践发展中与时俱进，既要从顶层设计上整体布局，让学生感知思想政治理论课的科学性，还要对人民群众所关心的问题进行理论回应，从细节处让学生感知思想政治理论课的温度。从实践上讲，思想政治理论能够有效地融入日常生活，就要让学生能够有看得见、摸得着的现实获得。其中最为关键的是要把自己的专业知识融入日常行为中去，这样才能增进融入的效

① 韩一凡：《日常生活视域下的思想政治教育获得感研究》.《学校党建与思想政治教育》2017年第7期。

果，让青年学生参与锻炼，既能够学有所用，也能够学而知不足。具体而言，“从人民群众的生动实践中汲取知识、智慧和力量，在为人民服务的过程中明晰‘德才皆备’的真实内涵；在边干边学中，达到开阔眼界视野、积累人生阅历、增长实际才干的实践目的”①。唯有如此，广大青年学生才能在社会实践中结合课堂所学，不断强化专业素质，从而为将来很好地立足于社会打下坚实基础。从实施主体上讲，学校作为“立德树人”的主要基地，应当积极引导、开展社会实践，让社会实践成为融入日常生活的有效路径。当前，以“奉献、友爱、互助、进步”为主题的志愿服务正在大学生群体中蔚然成风。比如：北京外国语大学每年一次的暑期社会实践活动——“歆语工程”，每一年该校都会组织成千上百的志愿者，奔赴西部欠发达地区、革命老区等基础教育比较薄弱的地区开展语言服务、义务支教，实现以智扶贫。如今这一活动已成为北京外国语大学的品牌志愿服务项目。丁雅诵在《人民日报》撰文指出，在服务于日常生活需要的方向指引下，志愿服务针对特殊人群，需要专业化的团队和解决方案，与专业学习相结合的志愿项目，这样也更容易吸引学生，满足学生的成长需求。如今，北京外国语大学“歆语工程”发展越来越好，相关的实践项目越来越丰富，覆盖的领域越来越广。在社会实践的广阔大地上，学校能够依据自己专业特色，让学生把理论融入日常生活中去，让学生在实践中感受自己的所得、所长、所用，极大地提升了“课程思政”的效果。北京林业大学的杨柳树雌株调查志愿服务团队，依据科学技术，对重点示范区树木进行二维码数据采集，并建立雌株数据库，从而为北京飞絮治理奠定了基础；中国政法大学的法学院法律援助中心，通过为广大群众提供法律咨询，从而为弱势群体撑起一片明镜天空；上海外国语大学的志愿者通过组建中国问题回答小组，向世界传播中国声

---

① 邓卓明：《社会实践对培养大学生的作用》.《光明日报》2012－01－14。

音……

第二，思想政治教育社会实践宣传要从宏大叙事转向日常生活叙事。韩一凡指出，当前的思想政治教育，意识形态宣传侧重于宏大叙事而忽略日常生活，意识形态课堂教育偏向概念阐述和理论堆砌而缺乏对日常生活的实践指引，思想政治教育社会实践在一定程度上脱离了日常生活，这也是思想政治教育"有得"而"无感"的直接原因。因此，思想政治教育社会实践需要克服某种程度上远离日常生活化倾向，避免过于侧重宏大叙事而较少深入人民群众日常生活，要采用接地气的形式、鲜活生动的事例，反映群众日常生活的点滴。当前，"三支一扶""援疆援藏""西部计划"等已成为国家战略，每到毕业季，各高校都会按照国家要求，大力宣传这一带有方向性的活动，于是"到西部去，到基层去，到祖国最需要的地方去！""支援边疆就是为国服务！"等口号层出不穷。同时，一些学校也会借此机会，开展相关的社会实践活动，比如：北京航空航天大学连续 14 年坚持"研究生支教"项目，中国人民大学专门服务于"一带一路"国际合作高峰论坛的实践服务活动，这些社会实践活动都是用较短时间，做一件终生难忘的事，也是一件件生活化的事。另外，基于艺术离不开生活，丰富的社会生活是成就艺术家的土壤的事实，中央美术学院每年都会在寒暑假期间，组织各专业学生积极参与社会实践，将绘画画到祖国大地上，扎根时代生活，弘扬美育精神，用青春书写伟大新时代。

第三，思想政治教育社会实践教学语言要从教材语言转向教学语言。虽然思想政治教育"第二课堂"离不开社会环境的实践场域，但其主要开展空间仍是校内环境。主阵地仍旧是在课堂教学，尤其是思想政治理论课教学，核心是教材语言向教学语言转变。广大思想政治教育者在进行社会实践教学时，要注重将"重逻辑、严结构、明层次"的思想政治教育传统书面语言，进行"灵活性、情感性、感召力"层面的改造，对理论语言进行进一步的科学性、生活化的阐释，从而将其转换成易于学生理解、贴近学生生活、符合学生心理特点的教学语言。《光明日报》刊发《大学生社会实践真正实起来》一文指出，大学生社会实践的重要性不言而喻。但是，目前社会实践存在着大学生社会实践质量不高、效果不佳的抱怨声以及学生混学分、走过场的负面现象。[①] 如何提升大学生社会实践的“含金量”，已成为许多高校努力探索的方向。为此，大学生社会实践教学语言从教材语言转向教学语言是重要的探索方向。譬如，清华大学尝试将思想政治教育理论课与大学生社会实践紧密结合，实现两种教学语言的互通有无。学校将社会实践与课程的专业特点相结合，依据课程内容为学生提供针对性的社会实践方向和一份调研指南，激励学生能够利用假期积极参与社会实践，在实践活动中提升自己的理论水平，在调查研究中洞察时代问题。通过对问题的思考进行课程学习，就能对理论的深度、历史的厚度、时代的进度有着深刻的掌握。此外，天津大学为规范大学生社会实践，为派出的每一支社会实践团都发放一本厚厚的“实践白皮书”，用课堂作业的形式对社会实践的目标、内容、问题、效果等进行规范，充分保证了学生们实践过程的科学性，也确保了社会实践效果。

综上所述，高校思想政治理论课教学应该适应新时代发展形势和大学生成长发展需求，在价值获得、内容获得、方式获得、实践获得等几个方面入手和发力，实现价值与情感的内外贯通、内容与需求的良性互动、方式与技巧的有效衔接、实践与课堂的相得益彰，整合发力、协同提升大学生思想政治理论课获得感。

---

① 《大学生社会实践真正实起来》.《光明日报》2015－08－27。

参考文献

一、经典文献类

[1]《马克思恩格斯选集》(第1—4卷),北京:人民出版社2012年版。

[2]《马克思恩格斯文集》(第1卷),北京:人民出版社2009年版。

[3]《毛泽东选集》(第1—4卷),北京:人民出版社1991年版。

[4]《毛泽东文集》(第3、7卷),北京:人民出版社1999年版。

[5]《邓小平文选》(第3卷),北京:人民出版社1993年版。

[6]《江泽民文选》(第3卷),北京:人民出版社2006年版。

[7]《胡锦涛文选》(第3卷),北京:人民出版社2016年版。

[8]《关于社会主义市场经济的理论思考》,福州:福建人民出版社2003年版。

[9]《习近平谈治国理政》,北京:外文出版社2014年版。

[10]《习近平总书记重要讲话文章选编》,北京:党建读物出版社、中央文献出版社2016年版。

[11]《习近平谈治国理政》(第二卷),北京:外文出版社2017年版。

[12]《习近平谈治国理政》(第三卷),北京:外文出版社2020年版。

[13]《在庆祝海南建省办经济特区30周年大会上的讲话》,北京:人民出版社2018年版。

[14]《在科学家座谈会上的讲话》,北京:人民出版社2020年版。

[15] 中共中央宣传部编:《习近平总书记系列重要讲话读本》,北京:人民出版社2016年版。

[16] 中共中央宣传部编:《毛泽东邓小平江泽民论思想政治工作》,北京:学习出版社2000年版。

[17] 中共中央纪律检查委员会、中共中央文献研究室编:《习近平关于严明党的纪律和规矩论述摘编》,北京:中央文献出版社2016年版。

[18] 中共中央文献研究室编:《建国以来重要文献选编》(第1册),北京:中央文献出版社1992年版。

[19] 中共中央文献研究室编:《建国以来重要文献选编》(第 9 册),北京:中央文献出版社 1994 年版。
[20] 中共中央文献研究室编:《建国以来重要文献选编》(11 册),北京:中央文献出版社 1995 年版。
[21] 中共中央文献研究室编:《建国以来重要文献选编》(第 14 册),北京:中央文献出版社 1997 年版。
[22] 中共中央文献研究室编:《十四大以来重要文献选编(中)》,北京:人民出版社 1997 年版。
[23] 中共中央文献研究室编:《十六大以来重要文献选编(中)》,北京:中央文献出版社 2006 年版。
[24] 中共中央文献研究室编:《江泽民思想年编(1989—2008)》,北京:中共中央文献出版社 2010 年版。
[25] 中共中央文献研究室编:《毛泽东思想年编:1921—1975》,北京:中央文献出版社 2011 年版。
[26] 中共中央文献研究室编:《邓小平思想年编:1975—1997》,北京:中央文献出版社 2011 年版。
[27] 教育部社会科学司编:《普通高校思想政治理论课文献选编(1949—2008)》,北京:中国人民大学出版社 2008 年版。
[28] 中共中央办公厅、国务院办公厅:《关于深化新时代学校思想政治理论课改革创新的若干意见》,北京:人民出版社 2019 年版。
[29] 中共中央文献研究室、中共中央党校编:《刘少奇论党的建设》,北京:中央文献出版社 1991 年版。

二、著作类

[1] [美]安东尼·奥罗姆:《政治社会学》,张华青译,北京:高等教育出版社 1995 年版。
[2] 陈先奎:《邓小平治国论》,华美出版社 2016 年版。
[3] 崔粲:《历史教学论纲要》,沈阳:辽宁大学出版社 2010 年版。
[4] 冯刚:《探索思想政治教育发展的内生动力》,北京:人民出版社 2017 年版。
[5] 高峰:《美国政治社会化研究》,北京:首都师范大学出版社 2004 年版。
[6] 何东昌:《中华人民共和国重要教育文献》,海口:海南出版社 1998 年版。
[7] 吕达、周满生:《当代外国教育改革著名文献》(美国卷·第一册),北京:人民教育出版社 2004 年版。
[8] [日]内田树　石川康宏:《青年们,读马克思吧!》,于永妍、王伟译,北京:红旗出版社 2016 年版。
[9] 倪素香:《高校思想政治理论课程的国际视野》,北京:中国社会科学出版社 2013 年版。
[10] [美]乔纳森·特纳:《社会学理论的结构》(上),印泽奇译,北京:华夏出版社

2001 年版。
[11] 苏振芳:《当代国外思想政治教育比较》,北京:社会科学文献出版社 2009 年版。
[12] 唐克军:《比较思想政治教育学》,武汉:华中师范大学出版社 2010 年版。
[13] 王瑞荪:《比较思想政治教育学》,北京:高等教育出版社 2001 年版。
[14] 周文华:《美国核心价值观建设及启示》,北京:知识产权出版社 2014 年版。

三、期刊类

[1] 艾政文:《中国与韩国思想政治教育方法之比较》,《教育探索》2010 年第 1 期。
[2] 常胜:《高校思想政治理论课与各类课程育人协同效应的思考》,《井冈山大学学报(社会科学版)》2018 年第 4 期。
[3] 陈成文:《周恩来的思想政治工作思想初探》,《理论与改革》1998 年第 4 期。
[4] 陈国海:《李燕娜,蔡宇翔.美国哈町大学宗教教育访谈录》,《大学教育科学》2010 年第 1 期。
[5] 程仕波、熊建生:《论思想政治教育获得感》,《思想教育研究》2017 年第 7 期。
[6] 都月:《韩国思想政治教育对我国思想政治教育的启示》,《改革与开放》2010 年第 12 期。
[7] 杜先涛、赵婷:《泰勒科学管理思想对我国高校思想政治教育管理的启示》,《哈尔滨学院学报》2008 年第 5 期。
[8] 杜月菊:《罗杰斯的教育思想及对我国思想政治教育的启示》,《学校党建与思想教育》2009 年第 26 期。
[9] 房广顺、李鸿凯:《以大学生获得感为核心提升思想政治理论课教学质量》,《思想理论教育》2018 年第 2 期。
[10] 冯刚:《思想政治理论课与日常思想政治教育协同育人的理论思考》,《学校党建与思想教育》2017 年第 5 期。
[11] 付安玲:《大数据时代思想政治教育"获得感"的人学意蕴》,《思想教育研究》2018 年第 2 期。
[12] 高燕、李扬:《创新教学机制提升大学生对高校"形势与政策"课的获得感》,《思想理论教育导刊》2017 年第 11 期。
[13] 顾海良:《高校思想政治理论课程体系的演化及其基本特点》,《教学与研究》2007 年第 2 期。
[14] 韩一凡:《日常生活视域下的思想政治教育获得感研究》,《学校党建与思想政治教育》2017 年第 13 期。
[15]《胡锦涛在全国加强和改进大学生思想政治教育工作会议上发表重要讲话强调进一步加强和改进大学生思想政治教育工作大力培养造就社会主义事业建设者和接班人——温家宝曾庆红吴官正罗干等出席李长春主持并讲话》,《思想教育研究》2005 年第 2 期。
[16] 黄冬霞、吴满意:《思想政治教育获得感:内涵、构成和形成机理》,《思想教育

研究》2017 年第 6 期。
[17]《进一步学习苏联的先进教育经验——迎接中苏友好月》,《人民教育》1952 年第 11 期。
[18] 蒋广学、张勇、徐鹏:《高校网络育人工作的系统思考与实践探索》,《思想理论教育导刊》2014 年第 3 期。
[19] 揭水平:《皮亚杰社会学理论研究》,《甘肃社会科学》2005 年第 3 期。
[20] 金文斌:《增强大学生对思想政治理论课获得感的路径研究》,《思想理论教育导刊》2017 年第 9 期。
[21] 雷蕾:《俄罗斯现代德育问题研究》,《比较教育研究》2015 年第 5 期。
[22] 李昊婷:《新时代高校思想政治理论课获得感的生成机制与提升路径》,《思想教育研究》2019 年第 6 期。
[23] 李菊英、颜州:《获得感: 思想政治理论课实效性的重要生成要素》,《思想理论教育导刊》2018 年第 1 期。
[24] 李伟:《大中小学思政课一体化建设的逻辑理路》,《河南社会科学》2020 年第 8 期。
[25] 梁杰皓:《马克思主义理论学科建设和发展的历程、问题和对策》,《西部学刊》2019 年第 1 期。
[26] 刘东桥:《班杜拉的社会学习理论对大学生思想政治教育的启示》,《教育教学论坛》2014 年第 23 期。
[27] 刘富胜、赵久烟:《增强大学生思想政治理论课获得感要坚持“四个结合”》,《思想理论教育导刊》2017 年第 6 期。
[28] 刘经纬、郝佳婧:《高校思想政治教育获得感生成探赜》,《思想教育研究》2018 年第 4 期。
[29] 刘隽:《哈贝马斯的交往行为理论对思想政治教育的启示》,《理论与改革》2013 年第 1 期。
[30] 刘少杰:《海量信息供应下的预期判断和选择行为》,《中国人民大学学报》2018 年第 1 期。
[31] 刘旭友:《习近平对马克思人的本质学说的新发展——兼论坚持以人民为中心发展的理论基础》,《改革与战略》2015 年第 12 期。
[32] 刘圆圆:《斯金纳的新行为主义对当今思想政治教育的启示》,《学理论》2011 年第 14 期。
[33] 刘长江:《俄罗斯民族主义: 思想影响与政治功能》,《唯实》2004 年第 10 期。
[34] 马福运、侯艳娜:《深度整合:“四位一体”立体化实践教学模式探索》,《河南社会科学》2020 年第 5 期。
[35] 倪素香:《日本高校思想政治教育实施简介》,《学校党建与思想政治教育》2012 年第 426 期。
[36] 欧晓静、苏国红:《大学生思想政治教育获得感的内涵、结构及本质》,《安徽工程大学学报》2018 年第 6 期。

[37] 任福全、王美娜、王鑫:《胡锦涛思想政治教育理论创新探索》,《求实》2011 年第 3 期。
[38] 邵雅利:《大学生思想政治理论课获得感现状调查分析》,《学校党建与思想教育》2018 年第 3 期。
[39] 石云霞:《高校思想政治理论课“05 方案”实施五周年回顾》,《理想理论教育》2010 年第 9 期。
[40] 宋金爽:《英国思想政治教育方法及对我国的启示》,《现代交际》2019 年第 18 期。
[41] 宋丽范:《符号互动理论及其对教育的启示》,《教学与管理》2006 年第 27 期。
[42] 苏寄宛:《21 世纪日本学校思想政治教育的主要内容》,《外国教育研究》2003 年第 6 期。
[43] 唐旭姣:《斯金纳强化理论对大学生思想政治教育的启示》,《开封教育学院学报》2015 年第 2 期。
[44] 陶利江:《论高校思政课实践教学深度体验的层次结构、制约因素及破解路径》,《河南社会科学》2020 年第 11 期。
[45] 王会民:《增强大学生思想政治理论课获得感的四重向度》,《思想教育研究》2018 年第 11 期。
[46] 王娜娜:《新媒体时代 VR 技术嵌入高校思政课教学研究》,《南京广播电视大学学报》2018 年第 3 期。
[47] 王锐、王学俭:《陈云思想政治教育方法与党员干部思想政治教育》,《思想政治教育研究》2015 年第 3 期。
[48] 王习胜:《“思想咨商”助力提升思想政治教育“获得感”》,《教学与研究》2018 年第 1 期。
[49] 王习胜:《“思想咨商”助力提升思想政治教育“获得感”》,《教学与研究》2018 年第 1 期。
[50] 王易、茹奕蓓:《论思想政治教育获得感及其提升》,《思想理论教育导刊》2019 年第 3 期。
[51] 王友良、周勇:《日本思想政治教育之剖析》,《南华大学学报》(社会科学版)2006 年第 6 期。
[52] 郗蕴超、罗树明、周颖:《从马斯洛的需求层次理论看高校德育工作的有效实现途径》,《黑龙江高教研究》2003 年第 5 期。
[53] 奚广庆:《对我国现代政治学学科建设的几点看法》,《政治学研究》2008 年第 4 期。
[54] 肖廷:《俄罗斯中小学公民教育的变革》,《比较教育研究》2001 年第 6 期。
[55] 徐萍:《从哈贝马斯交往行动理论的视角看高校师生关系的重构》,《南京社会科学》2015 年第 7 期。
[56] 阎国华:《高校思想政治理论课获得感的内在要素与形成机制》,《思想理论教育》2018 年第 1 期。

[57] 阎国华:《高校思想政治理论课获得感的内在要素与形成机制》,《思想理论教育》2018 年第 1 期。
[58] 杨晓慧:《课程链视域下高校思想政治理论课学生获得感提升路径探索》,《思想政治课研究》2019 年第 1 期。
[59] 远志明、薛德震:《马克思关于人的需要即人的本质的学说》,《江汉论坛》1983 年第 3 期。
[60] 张博、张世昌:《习近平用典中的思想政治教育元素探析》,《思想教育研究》2020 年第 1 期。
[61] 张芳、刘俊峰:《高校思想政治理论课教师人格的文化养成和培育路径》,《学校党建与思想政治教育》2020 年第 1 期。
[62] 张国启:《新时代思想政治理论课教师“人格要正”的逻辑内涵及培育理路》,《思想理论教育》2019 年第 7 期。
[63] 张雷声:《新时代思想政治理论课教学的重要遵循》,《马克思主义理论学科研究》2019 年第 2 期。
[64] 张立岩、姜军:《东正教与当代俄罗斯青少年的道德教育》,《吉林师范大学学报人文社会科学版》2006 年第 6 期。
[65] 张琦:《新时期俄罗斯高校思想政治教育的特点及启示》,《思想教育研究》2015 年第 2 期。
[66] 张树华:《20 年来俄罗斯社会历史观的嬗变》,《思想理论教育导刊》2010 年第 4 期。
[67] 张天华、孙傲:《大学生思想政治理论课获得感的价值意蕴和现实路径》,《沈阳师范大学学报(社会科学版)》2019 年第 6 期。
[68] 张婷婷:《双因素理论在高校教师管理中的应用》,《黑龙江科技信息》2010 年第 32 期。
[69] 张一:《大学生思想政治理论课获得感的制约因素及提升策略》,《思想理论教育导刊》2018 年第 12 期。
[70] 赵建超:《“思想政治理论课获得感”的哲学意蕴》,《思想政治教育研究》2018 年第 1 期。
[71] 赵阳:《中韩传统德育比较初探》,《学理论》2012 年第 36 期。
[72] 钟楚贤:《以社会存在和社会意识关系原理指导新时代思想政治教育》,《广西教育学院学报》2018 年第 4 期。
[73] 周光迅、武群堂:《试论胡锦涛同志对思想政治教育理论的创新》,《浙江学刊》2009 年第 2 期。
[74] 朱清:《江泽民思想政治教育理论的时代特征》,《徐州师范大学学报(哲学社会科学版)》2008 年第 6 期。
[75] 朱孝红:《增强大学生对“纲要”课教学获得感的路径研究》,《学校党建与思想教育》2019 年第 5 期。
[76] 邹洁、王顺辉:《日本青少年思想政治教育的经验及其启示》,《教育探索》2013

年第8期。

四、报纸类

[1]《打牢学生成长成才的科学思想基础——全国高校思想政治工作会议以来学校思想政治理论课建设综述》,《光明日报》2019年03月18日第1版。
[2]《高校政治课正大幅调整》,《中国青年报》2007年4月23日。
[3]中共中央国务院印发《国家中长期教育改革和发展规划纲要(2010—2020年)》,《人民日报》2010年7月30日第1版。
[4]普京:《千年之交的俄罗斯》,《环球时报》2002年12月2日第12版。
[5]吴玉程:《让高校思想政治工作做到家人心田》,《光明日报》2017年10月13日第7版。
[6]习近平:《决胜全面建成小康社会夺取新时代中国特色社会主义伟大胜利——在中国共产党第十九次全国代表大会上的报告》,《人民日报》2017年10月28日第1版。
[7]习近平:《青年要自觉践行社会主义核心价值观——在北京大学师生座谈会上的讲话》,《人民日报》2014年5月5日第1版。
[8]《习近平给北京大学学生回信勉励当代青年　勇做走在时代前面的奋进者开拓者奉献者》,《人民日报》2013年5月5日第1版。
[9]习近平:《在北京大学师生座谈会上的讲话》,《人民日报》2018年05月03日第2版。
[10]习近平:《在第二届世界互联网大会开幕式上的讲话》,《人民日报》2015年12月17日第1版。
[11]习近平:《在欧美同学会成立100周年庆祝大会上的讲话》,《人民日报》2013年10月22日第2版。
[12]习近平:《在庆祝改革开放四十周年大会上的讲话》,《人民日报》2018年12月18日第2版。
[13]习近平:《在中央政治局第二十次集体学习时的讲话》,《人民日报》2015年01月25日第1版。
[14]习近平:《做党和人民满意的好老师——同北京师范大学师生代表座谈时的讲话》,《人民日报》2014年9月10日第1版。
[15]《习近平在全国高校思想政治工作会议上强调:把思想政治工作贯穿教育教学全过程开创我国高等教育事业发展新局面》,《人民日报》2016年12月9日第1版。
[16]《习近平在全国教育大会上强调:坚持中国特色社会主义教育发展道路培养德智体美劳全面发展的社会主义建设者和接班人》,《人民日报》2018年9月11日第1版。
[17]《习近平在省部级主要领导干部"学习习近平总书记重要讲话精神,迎接党的十九大"专题研讨班开班仪式上发表重要讲话强调:高举中国特色社会主义

伟大旗帜为决胜全面小康社会实现中国梦而奋斗》,《人民日报》2017 年 7 月 28 日第 1 版。
[18]《习近平主持召开学校思想政治理论课教师座谈会强调：用新时代中国特色社会主义思想铸魂育人贯彻党的教育方针落实立德树人根本任务》,《人民日报》2019 年 3 月 19 日第 1 版。
[19] 邓卓明：《社会实践对培养大学生的作用》,《光明日报》2012 年 1 月 14 日。
[20]《大学生社会实践真正实起来》,《光明日报》2015 年 8 月 27 日。

五、外文文献类

[1] Haydon Graham, *Aimsin Citizenship Education*: *Responsibility*, *Identity*, *Inclusion*, Ashgate Publishing Limited, 2003.
[2] Noah Webster. *On the Education of Youth inAmerica*//Fraser. J. W. *The School in the United States*: *A Documentary History*, New York: The McGraw-Hill Companies, Inc. , 2001

六、网络文献类

[1] 教育部：《高等学校思想政治理论课建设标准》,2015 年 9 月 16 日，见 http://www.moe.gov.cn/srcsite/A13/moe_772/201509/t20150923_210168.html.
[2] 教育部：《新时代高校思想政治理论课教学工作基本要求》,2018 年 4 月 13 日，见 http://www.moe.gov.cn/srcsite/A13/moe_772/201804/t20180424_334099.html.
[3] 教育部：《高等学校思想政治理论课建设标准(暂行)》,2011 年 1 月 19 日，见 http://www.moe.gov.cn/srcsite/A13/moe_772/201101/t20110119_114966.html.
[4] 教育部：《新时代高校思想政治理论课教学工作基本要求》,2018 年 4 月 13 日，见 http://www.moe.gov.cn/srcsite/A13/moe_772/201804/t20180424_334099.html.
[5] 刘奇葆：《用中国理论回答中国问题　用中国话语解读中国道路》,2015 年 7 月 28 日，见 http://www.xinhuanet.com/politics/2015-07/28/c_1116069676.htm.
[6] 中共中央办公厅、国务院办公厅：《关于深化新时代学校思想政治理论课改革创新的若干意见》,2019 年 8 月 14 日，见 http://www.gov.cn/zhengce/2019-08/14/content_5421252.htm.
[7] 中共中央宣传部、教育部：《新时代学校思想政治理论课改革创新实施方案》,2020 年 12 月 22 日，见 http://www.moe.gov.cn/srcsite/A26/jcj_kcjcgh/202012/t20201231_508361.html.
[8] 中共中央宣传部、教育部：《〈中共中央宣传部　教育部关于进一步加强和改进高等学校思想政治理论课的意见〉实施方案》,2005 年 3 月 2 日，见 http://

www. moe. gov. cn/srcsite/A13/moe_772/200503/t20050302_80414. html.
[9] 中共中央宣传部、教育部:《关于进一步加强高等学校思想政治理论课教师队伍建设的意见》,2008 年 9 月 25 日,见 http://www. moe. gov. cn/srcsite/A13/moe_772/200809/t20080925_80380. html.

七、学位论文类

[1] 关丽丽:《中美大学思想政治教育比较研究》,大连理工大学 2012。
[2] 毛若:《美国大学思想政治教育经验及对我国高校德育实效的启示》,西南科技大学 2017 年。
[3] 巫阳朔:《中美高校思想政治教育比较研究》,中共中央党校 2012 年。
[4] 杨章文:《中韩大学生思想政治教育比较研究: 目标、内容与途径》,江西理工大学 2017 年。

后　记

思想政治理论课的魅力在于“一束光照亮另一束光，一把火点燃另一把火”，思想政治理论课的效度并非一蹴而就，而是需要以生命的热度来书写。思想政治理论课的有效性也需要授业布道者一力担当、淡泊名利、甘于奉献、上下求索。难度系数之高，一是在于坚持政治性和学理性相统一，要以透彻的学理分析回应学生，以彻底的思想理论说服学生，用真理的强大力量引导学生，这个很难轻松做到；二是在于坚持价值性和知识性相统一，要寓价值观引导于知识传授之中，也这并非轻而易举之事；三是坚持建设性和批判性相统一，传导主流意识形态，直面各种错误观点和思潮，这既需要苦练“七十二变”，也需要有“火眼金睛”；四是坚持理论性和实践性相统一，用科学理论培养人，重视思政课的实践性，把思政小课堂同社会大课堂结合起来，其难度可想而知；五是坚持统一性和多样性相统一，落实教学目标、课程设置、教材使用、教学管理等方面的统一要求，又因地制宜、因时制宜、因材施教，这要求涉此道者既要“念好真经”，又不能“鹦鹉学舌”；六是坚持主导性和主体性相统一，思政课教学离不开教师的主导，同时要加大对学生的认知规律和接受特点的研究，发挥学生主体性作用；七是坚持灌输性和启发性相统一，注重启发性教育，引导学生发现问题、分析问题、思考问题，在不断启发中让学生水到渠成得出结论，这要求教师不能仅是埋头古纸堆“寻章摘句”，更要帮助学生找对思考问题和解决问题的“打开方式”；八是坚持显性教育和隐性教育相统一，挖掘其他课程和教学方式中蕴含的思想政治教育资源，实现全员全程全方位育人，既要“硬性灌输”，也要“潜移默化”。

然而，“路虽远行则将至，事虽难做则必成”。对于一名从事思想政治理论教学研究三十多年的老兵而言，前述困难都不足以使得自己“知难而退”和“半途而废”。正所谓“世事之难，贵其所难”，吾将一如既往地不忘初心，上下求索。

《大学生思想政治理论课获得感研究》一书是教育部 2017 年度高校示范马克思主义学院和优秀教学科研团队建设重点项目“增强大学生对思想政治理论课的获得感研究”[编号：17JDSZK021]的结项成果。课题立项以来，课题组广泛收集资料、深入高校调研，并且多次召开座谈会和研讨会，对课题研究思路、总体框架、研究重点难点等进行多番交流探讨。在本书的写作过程中，注意发挥集体攻关的优势，课题组成员各伸所长，保证研究进度和质量。当然，该课题成果对于增强大学生思想政治理论课获得感之漫漫长路而言，微不足道，能达铺路搭梯之效足矣。

本书是课题组成员集体研究的成果。蒋占峰负责本书的总体框架设计、内容撰写和统稿定稿工作。张兴华、陈小娇、姚广利、李玉杰、陶利江、胡继冬、叶先进、王会民分别完成了不同章节的撰写。李东明、余保刚负责全书统稿工作。成晓春、王瑶、刘宁、苏东阳、潘博博、娄博华、陈晚晴、王裴君、韩路、吴昊、杨蜜乐、李秋实、涂张强、陈越阳、任凯歌、王晨、赵杰、张洁、张睿、殷倩倩、李倩、张鹏程等，参与课题联络和文字校对工作。

需要指出，本研究成果是“站在巨人的肩膀上”，参考和借鉴了学界已有的许多成果并且尽量做了引用和标注，在此表示诚挚的感谢，倘若有疏漏之处也非常希望得到有关作者的谅解。由于时间仓促以及能力和水平有限，书中会存在着这样或那样的不足甚至错误，恳请读者批评指正。

蒋占峰

2021 年 12 月于牧野

图书在版编目(CIP)数据

大学生思想政治理论课获得感研究/蒋占峰等著. —上海：上海三联书店，2021. 12
(河南师范大学马克思主义“牧野论丛”)
ISBN 978-7-5426-7644-3

Ⅰ. ①大… Ⅱ. ①蒋… Ⅲ. ①大学生—思想政治教育—研究—中国 Ⅳ. ①G641

中国版本图书馆 CIP 数据核字(2021)第 263575 号

大学生思想政治理论课获得感研究

著　　者 / 蒋占峰　等

责任编辑 / 郑秀艳
装帧设计 / 一本好书
监　　制 / 姚　军
责任校对 / 王凌霄

出版发行 / 上海三联书店
(200030)中国上海市漕溪北路 331 号 A 座 6 楼
邮　　箱 / sdxsanlian@sina.com
邮购电话 / 021-22895540
印　　刷 / 上海惠敦印务科技有限公司

版　　次 / 2021 年 12 月第 1 版
印　　次 / 2021 年 12 月第 1 次印刷
开　　本 / 640 mm × 960 mm　1/16
字　　数 / 280 千字
印　　张 / 22.5
书　　号 / ISBN 978-7-5426-7644-3/G · 1625
定　　价 / 88.00 元